澳大利亚研究新进展

2012—2013

顾海悦　主编

中国社会科学出版社

图书在版编目 (CIP) 数据

澳大利亚研究新进展.2012~2013/顾海悦主编.—北京:中国社会科学出版社,2015.6

ISBN 978 – 7 – 5161 – 6012 – 1

Ⅰ.①澳… Ⅱ.①顾… Ⅲ.①澳大利亚—研究—2012~2013 Ⅳ.①D761.1

中国版本图书馆 CIP 数据核字 (2015) 第 081365 号

出 版 人	赵剑英
责任编辑	罗　莉
责任校对	李　林
责任印制	戴　宽

出　　版	中国社会科学出版社
社　　址	北京鼓楼西大街甲 158 号
邮　　编	100720
网　　址	http://www.csspw.cn
发 行 部	010 – 84083685
门 市 部	010 – 84029450
经　　销	新华书店及其他书店

印　　刷	北京市大兴区新魏印刷厂
装　　订	廊坊市广阳区广增装订厂
版　　次	2015 年 6 月第 1 版
印　　次	2015 年 6 月第 1 次印刷

开　　本	710×1000 1/16
印·张	14.25
插　　页	2
字　　数	265 千字
定　　价	48.00 元

编委会名单

主　编　顾海悦

副主编　胡笑寒　吴　怡　徐芳芳

编　委　贾利军　刘　宁　张　倩

　　　　王妍玲　聂　智　徐晓红

　　　　何琳琳　田圣炳

目　录

第一编　经济管理篇

第二编　教育社会篇

第三编 语言文化篇

第四编 专题研究篇

第 一 编

经济管理篇

近些年来，澳大利亚经济保持着持续增长的势头，中国学者将经济与管理各领域中的新趋势、新特点不断充实到澳大利亚研究中。《澳大利亚研究新进展 2012—2013》"经济管理篇"按照农业经济、工业经济、服务经济、金融与保险、财政与税收等五部分的划分，在中国知网中分别以"澳大利亚"和"澳"为关键词或主题词对 2012 年、2013 年澳大利亚经济与管理领域的相关研究进行搜索与整理，并据此形成 2012—2013 年研究综述报告。

1. 澳大利亚农业经济的研究主要包括澳大利亚农业的现代化，澳大利亚农业的风险管控，中国和澳大利亚的农业贸易与技术合作，畜牧业、林业等农业子产业的发展等，同时包含了澳大利亚农业经济发展对中国的启示。

2. 有关澳大利亚工业经济的研究仍然以矿产、能源行业为主，包括澳大利亚矿产资源的储备与分布，矿产行业的发展历程，矿业管理的经验，矿业发展对社会各方面的影响，各国在澳大利亚矿业中的投资与合作，以及矿产行业的可持续发展等。对其他工业行业的研究则以轻工业、建筑业与环保建筑技术工业、电力管理等为主。

3. 澳大利亚服务经济的研究涵盖了澳大利亚发达的旅游经济、医疗服务与医疗保障、图书馆与出版业、不断成长的文化产业、高度商业化的邮政经济、城市规划与交通物流，以及网络电信业务等诸多领域。

4. 有关澳大利亚金融与保险的研究主要包括利率政策为主的货币政策研究，银行为主的金融机构研究，基于保险监管、银行监管、证券监管、综合监管等方面的金融监管研究，以全民保险制度为主的社会保障制度研究等。

5. 澳大利亚财政与税收方面的研究分为财政和税收两大部分，其中财政方面的研究包括体育财政、教育财政、财政的转移支付、财政绩效考评、政府间应急财政等；税收方面的研究则涵盖了矿产资源税、碳税、个人所得税、税收管理，以及未来税制设计等内容。

第一章

澳大利亚的农业经济

澳大利亚农业发达，农业产品的生产和出口在国民经济中占有重要地位，是世界上最大的羊毛和牛肉出口国。据统计，2012—2013年度，澳大利亚GDP达到1.497万亿澳元，农业增加值约占GDP的2.42%。农业用地4.37亿公顷。主要农作物有小麦、大麦、羊毛、蔗糖、棉花、油料作物、牛羊肉和乳制品等。其中，小麦产量2950万吨，产值60.76亿澳元；大麦产量860万吨，产值13.78亿澳元；羊毛产值28.37亿澳元；牛肉产值46.84亿澳元；羊肉产值23.75亿澳元。总结2012—2013年度对澳大利亚农业经济研究的文献，发现除澳大利亚农业产业化、农业科技创新领域外，学者们关注更多的是澳大利亚农业的现代化、农业发展的风险管控以及中澳农业贸易与技术合作等领域。

一　澳大利亚农业的现代化

（一）有机农业

有机农业是指在生产中完全或基本不用人工合成的肥料、农药、生长调节剂和畜禽饲料添加剂，而采用有机肥满足作物营养需求的种植业，或采用有机饲料满足畜禽营养需求的养殖业。有机农业是现代农业的重要组成部分。

根据国际有机农业运动联盟（IFOAM）公布的数据，澳大利亚有机土地面积居世界之首，约1200万公顷。有机农业中畜牧业所占比重最大，其次为大田粮食作物和蔬菜等园艺产品。澳大利亚有机食品包括肉类、水果、蔬菜、核果、蜂蜜、乳品和谷类等。其中有机肉类约占澳大利亚有机农场总价值的44%，牛肉是最大的有机产品，约占畜牧业的20%；有机水果、蔬菜、核果和蜂蜜总计占澳大利亚有机农场总价值的35%；有机乳品占澳大利亚有机农场总价值的6%，主要产区为维多利亚州、南澳大利亚洲和新南威尔士州。

焦翔等（2013）指出澳大利亚有机农业之所以繁荣发展，是因为其有众多致力于研究有机食品的机构、充足的资金支持以及完善的管理和法规体系。通过对澳大利亚有机农业基本情况和法律法规的研究，焦翔等对中国有机农业的发展提出了几点建议：建立健全法律、法规，建立有机农业管理部门；强化科学研究，加快先进技术应用；完善社会化服务体系，引导农村合作组织的发展；加强国际交流与合作，促进产品和标准国际互认；调整有机食品出口结构，努力开拓国内外市场。

（二）碳汇农业

在温室气体减排压力持续增大的背景下，各国纷纷积极采取措施探索有效减排途径，随着工业减排空间逐渐减小，对于减排的研究和实践逐渐转向农业。农业系统具有碳源和碳汇的双重特征，减少农业碳排放、增加农业碳汇对发展现代农业意义重大。贾敬敦等（2012）总结了澳大利亚在发展碳汇农业方面的最新政策动向，其具体做法包括征收碳税、建立碳交易机制、进行碳补偿和推动低碳农业技术开发等。并进一步指出，我国发展碳汇农业可以结合本国农业发展实情，借鉴澳大利亚相关经验，在非农领域针对高碳产业征收碳税，建立相应的碳交易和补偿机制，鼓励相关技术的研发，推进农业生产方式的转变和农业现代化等。

（三）现代农业的旱农制和盐碱地改良

旱涝是农业中常见的灾害，澳大利亚是水资源匮乏的国家，在应对旱作农业中运用了不少方法。旱地的管理是重在土地肥力和储水能力上。早期的澳大利亚学者已经发现澳大利亚土壤有机质衰竭，导致土壤结构破坏，水分入渗和储存减少，进而风蚀水蚀加剧，生态环境恶化，最终导致产量下降。因此，提出实施豆科牧草与作物轮作避免有机质下降，从而保持土壤基础肥力。《农村工作通讯》的记者（2012）经过调研，发现在南澳实行粮草轮作条件下，苜蓿每年提供土壤的氮素为2.7—6.0公斤/亩，在北澳，柱花草属植物则可提供4.7—8.7公斤/亩的氮素，土壤有机氮的积累和消耗与豆科牧草的种植期限成正比。这进一步表明粮草轮作、农牧结合的旱农制，既可持续增进土壤基础肥力，又能降低旱地农业经营的市场风险。我国应受之警示，并积极学习澳大利亚旱作农业的技术，收集雨水以丰补歉或者轮耕保护土壤有机质，实现国内部分干旱地区的农业可持续发展。高媛媛等（2012）介绍了澳大利亚水价分担的情况，包括政府政策、政府补贴、农户用水成本构成等，与旱地农业发展有一定的关系。

袁汉民（2012）介绍了澳大利亚盐碱地分布，研究其改良的基本情况，发现澳大利亚近1/3的大陆面积是盐碱地，澳大利亚通过轮作放牧，种植喜盐灌木等方法改良了不少盐碱地。袁汉民还进一步分析了中国的盐碱地情况，指出澳大利亚的盐碱地改良对中国盐碱地改良有很大的借鉴作用，对中国农业愈发严重的土地问题提供了一种解决方法。

（四）信息网络系统和现代农业专业人才培养

完善的信息网络系统是澳大利亚农业的一大特色，澳大利亚农业人才的培养也跟上了现代农业的步伐，比如唐志刚、陈武等（2012）就列举了昆士兰大学专设课程培养专业人才，为农业产业链电子化输送专业人才的例子。澳大利亚十分重视农业职业技术培训和继续教育的发展，国家专门设立了"教育、培训就业与青年事务部"（DEEF）和"国家职业培训局"（ANTA），实施规范有序的培训管理。单正丰等（2012）指出澳大利亚农业继续教育十分发达，注重培养对口实用的专业人才，通过对比分析中国与澳大利亚继续教育的异同，对我国农业人才的培养有积极的借鉴作用。

二　澳大利亚农业发展的风险管控

澳大利亚农业高效可持续发展不只依赖生产效率的提高、生产方式的优化、自然资源的保护，还依赖于对风险进行科学的管控。

农业的生存与发展既依赖于自然条件，又依靠市场，除自然灾害的风险以外，农业经济还面临着金融危机、汇率变动、资金周转等潜在风险，这些风险都是可控的，澳大利亚通过银行和政府政策互相协作，管控这些风险。

（一）银行机构支农

唐志刚、陈武等（2012）介绍了澳大利亚银行机构支农的五大特点：（1）完全市场化的现代农村金融体系；（2）全方位的客户服务；（3）贷款审批以个人决策为主；（4）较为完备的贷后监测体系；（5）高度重视客户的第一还款能力。他们还指出，在澳大利亚没有农业政策性银行，全部由商业银行按市场化运作方式提供金融服务。澳大利亚新西兰银行、国民银行、联邦银行、西太平洋银行四大核心银行设有独立的农业企业金融业务部门，为农业企业主提供全方位的客户服务，灵活地调整信贷种类，和农户一道应对各种风险。值得一提的是，银行还为农户提供包括不动产计划、退休计划、非农业投资计划等专项理财方案，保障农户的经济与生活，这不同于中国农户依赖社会保险的状况，能充分调动农户的积极性，吸引年轻人入职农业，实现农业可持续发展。另外，银行在客户第一还款能力下降的时候，采取诸如延期还款、利益资本化等方法帮助客户减少损失，共渡难关。澳大利亚银行以客户为本、互惠互利的支农模式值得中国借鉴。唐志刚、陈武等还根据对澳大利亚银行的考察，站在银行的专业角度提出了中国农业银行未来改善的建议与发展方向，值得中国其他银行借鉴。

（二）政府支农

澳大利亚政府对农业发展直接干预很小，政府主要建设农业基础设施，如修建水利工程、提供自然灾害和异常情况救助等服务。澳大利亚政府信奉市场规则，认为政府以提供巨额补贴等方式过多干预农业会扭曲国际农产品市场，不仅妨碍公平竞争，还保护了落后的生产方式。

澳大利亚政府运用利率和税收杠杆管控农业风险，并不直接介入农业市场。唐志刚、陈武等（2012）介绍了澳大利亚政府支农政策的四个方面：（1）税收优惠。在银行机构的支农服务中，有一项农场管理存款服务，鼓励农业企业或者农场主将顺年的大部分收入存入银行，以丰补歉。政府对办理该业务的农场主或农业企业实行税收优惠，支持银行的该项服务。这一点与异常情况和自然灾害救助相结合，不仅使农业企业或农场主在自然灾害带来的风险面前有备无患，也使银行愿意贷款给农业企业或农场主，保证了澳大利亚农业的可持续发展。（2）提供农业启动和发展贷款。其特点是一般金额较大，且贷款期长，利率低，无额外多种费用。该政策鼓励了不少年轻人参与农业的生产经营，确保了澳大利亚农业的竞争力和可持续发展。（3）生态资源保护项目贷款。（4）政府投资建设水利工程。（5）农村金融咨询。为农业初级产品经营者、小型农业企业等提供免费的咨询服务，帮助他们自主决策和有效地应对变革和调整，这类咨询具有最大程度的客观性和中立性。

赵峰、向佐谊（2013）通过分析、比较澳大利亚农业市场机制和政府作用，探讨了市场与政府的边界作用，为我国运用市场与宏观调控政策促进农业可持续发展提供了借鉴。

三　中国和澳大利亚的农业贸易与技术合作

唐志刚、陈武等（2012）在考察了澳大利亚的农业发展情况后指出，中国食品安全方面存在的漏洞会降低我国农产品和食品在国际市场上的竞争力，一旦高品质的国外农产品和食品源源不断地进入我国市场，将冲击我国的农业生产。为此，他们提出银行可以通过调整信贷政策，帮助符合国家食品安全管理新标准的企业改进生产技术，提高生产质量，促进农产品和食品加工企业做大做强。

何慧（2012）也预见了同样的问题，但是，提出了不同的见解。何慧指出，中澳农产品产业贸易尽管对我国农业各方面造成一定冲击，但从长远来看，该贸易会给我国农业带来长足发展的机遇。如，我国可借鉴澳大利亚的经验促进技术革新，提高农产品质量，其中包括构建完整的农产品质量检验与检疫体系，中澳农产品贸易往来能产生规模经济，加快农业发展，还能促进农业优化升级，有效降低农业结构调整的成本。

事实上，中国和澳大利亚农业的技术合作由来已久，何慧所指出的是新时代下新的预见，要落实这些想法，需要回顾历史，寻找问题。曹慧、翟雪玲等（2012）研究了中国和澳大利亚农业技术合作三十年来的特点和存在的主要问题，并提出了相关建议和参考。曹慧、翟雪玲等介绍了中国与澳大利亚农业技术合作的概况和特点，指出中澳农业技术合作常由澳方主导，中方企业参与相对较少；参与主体以政府机关和科研所为主，并且中国对合作项目缺乏有效的监督与评估机制等三大问题。对此，她们提出四点展望和五大有关政府政策的建议，以期完善中国与澳大利亚农业技术合作在产业审查、财政支持、金融服务、科技支撑和贸易协调方面的状况，使中澳农业技术合作高效有序，惠及中澳农业贸易，中国现代农业建设等各个方面。

四 澳大利亚农业内的各个子产业

关于澳大利亚农业各子产业的研究，与往年研究相似，仍有不少学者主要集中于畜牧业和林业，介绍这两个子产业的概况、发展特点、政策环境等。戴旭明、余建娣、蒋皓（2012）介绍了澳大利亚畜牧业的概况，从职责分工、人员组成、经费保障、疫病追溯体系、牲畜流通交易管理、屠宰加工管理、疫病报告处理、违法行为的查处等方面详细地介绍了澳大利亚畜牧业疫病防控体系架构，并且对中国畜牧业疫病防控与生产提出了有关主体责任、队伍、区域性实验室和信息追溯系统工作等方面的建议。张修翔（2012）详细地介绍了澳大利亚种植业的情况，其中包括小麦、大麦、燕麦、玉米、高粱、水稻、棉花、蔬菜、油菜和甘蔗等，以及澳大利亚林业的发展状况。

与往年不同的是，有学者开始注重探讨澳大利亚畜牧业、林业的发展对我国的启示。如闫旭文等（2012）提出我国需要在符合国情的基础上借鉴澳大利亚政府的做法，包括区域化、专业化牧区的规划和建设；兴建新型栽培草地，加强优质牧草品种的培育；加强草地生态保护能力等。张习文（2013）则对澳大利亚林业的行政管理体制、行政监督进行了考察，指出我国政府要加强与国外林业行政监督机构的交流，不断深化林业系统惩治和预防腐败体系建设，进一步完善行政监察监督机制，形成林业监督工作的合力，不断转变林业系统政府职能，逐步建立起体现中央要求、符合林业规律的现代林业管理体制。

另外，还有学者将奶业从农业中提出来，并对澳大利亚奶业进行了研究。牟海日（2013）比较了中国和澳大利亚奶业的现状，介绍了澳大利亚牛奶产量、牛肉出口等方面的详细情况，指出澳大利亚是全球第二大牛肉出口国，仅次于巴西，澳大利亚的牛奶在全球市场居第三。通过对比和分析，提出中国奶业走出去的建议。王凤香、刘慧（2013）对澳大利亚奶业的生产、消费和贸易情况进行了详尽的分析，指出澳大利亚是奶制品生产大国，其奶业生产主要集中在维多利亚州、新南威尔士州和塔斯马尼亚州，同时，澳大利亚也是奶制品的消费和出口大国，以饮用奶、奶酪、黄油和酸奶为主。

五 澳大利亚农业经济对中国的启示

澳大利亚农业发展的主要特点体现在：澳大利亚四面环海、自然资源丰富、生态环境优良，拥有适宜农业发展的资源条件；农牧产品以出口为主，市场化程度高；城乡居民福利待遇和基本公共服务已实现均等化（李晓俐，2013）。以上这些除了天然的因素以外，澳大利亚政府发展农业的许多战略也值得我国政府借鉴。

（一）澳大利亚现代农业发展战略

澳大利亚现代农业起步早，发展快，尤其是近两年，规模化、大农场化趋势明显，农业生产专业化、集约化、信息化程度不断提高，农业机械化、电气化发展迅速，经验值得我国借鉴。李晓俐（2013）指出，澳大利亚现代农业之所以发展迅速，主要得益于政府在以下六个方面的做法：政府高度重视农业发展，具有较完善的法律法规及农业标准化体系；加大农业管理体制改革力度，形成城乡统筹发展的管理模式；不断加大对农业科研的投入，大力推进农业科技创新与应用；充分发挥农协等经济合作组织的作用，构建与农业发展要求相适应的社会化服务体系；注重生态环境保护和资源管理，促进农业可持续发展；强化针对农民的教育和培训，不断提高农业劳动者的素质。这些做法值得我国政府借鉴。

另外，孙明珠等（2013）提出澳大利亚现代农业的发展也得益于其金融支农政策。其中，"建设新农村的银行"战略是很重要的一个方面。此外，澳大利亚金融机构在传统信贷支农的同时，积极研究产品和创新服务，通过新的金融工具和金融产品，帮助农户提高抵御自然风险和市场风险的能力，密切与客户的合作关系，同时有效防控各种潜在风险。澳大利亚虽然没有专门的农业银行或政策性银行，但对农村金融的法律规范却很完善。我国需要在加快推进农业银行外部改革的同时，抓紧出台相应法规，保障银行与客户的合法权益，同时也为金融监管和规范银行行为提供法律保障，促进农业政策性金融健康发展。

（二）信息网络系统与农村金融咨询

信息网络系统是澳大利亚农业应对劳动力不足，运用科技改善农业的关键。在唐志刚、陈武等（2012）的考察中，政府建设的信息网络系统覆盖农场、加工厂、贸易商和重点消费者，提供及时全面的产供销信息，这个网络系统也是专业合作社向农户传递期货套期保值等理财，远程拍卖交易等贸易方面信息的平台。信息网络系统的优势在张修翔（2012）的考察中也有体现，卫星追踪天线系统离不开信息网络系统。信息网络系统是依赖科技的现代农业得到长期发展必不可少的基础，信息的交互不仅有利于生产技术的发展，也有利于贸易、质检、预测等环节的发展，值得中国在调整农业结构时借鉴。

唐志刚、陈武等还介绍了银行与政府对农场经营者提供的金融咨询服务，其中，政府提供的金融咨询服务对农业可持续发展尤其重要，值得中国借鉴。

（三）自然资源保护与因地制宜

澳大利亚政府在发展农业过程中注重对自然资源的保护，这也是值得中国政府借鉴的。张修翔（2012）不仅系统地介绍了澳大利亚农业的地理和资源利用情况，还列举了不少政府扶持改善农业状况的具体例子。如澳大利亚使用研制的卫星追踪天线系统来监控作物旱情、火险甚至土壤状况，澳大利亚政府修建水利工程解决墨累—达令盆地灌溉困难的问题，提高该地区农业资源利用的能力。再如澳大利亚农户喷农药需得到相关部门的批准，农场或牧场在建设过程中必须划出一部分资金用于绿色建设，土地利用要符合科学比率。从这些例子中，可看出澳大利亚政府管理农业的理念和方法，中国与澳大利亚有着相似的土地状况和气候，应对相似的问题时，澳大利亚的这些保护自然资源，因地制宜提高地区农业资源利用能力的方法值得借鉴。

小　结

综观 2012—2013 年澳大利亚农业经济的研究成果，我们发现，中澳合作越来越宽泛，澳大利亚农业的先进技术和管理越来越受到国内学者的关注，为我国现代农业的发展和农业走出去提供了丰富翔实的参考资料。

参考文献

1. 曹慧、翟雪玲、张雯丽、彭超：《中国与澳大利亚农业技术合作的现状、问题及建议》，《世界农业》2012 年第 8 期。

2. 戴旭明、余建娣、蒋皓：《澳大利亚畜牧业概况及动物疫病防控体系建设的考察报告》，《浙江畜牧兽医》2012 年第 3 期。

3. 高媛媛、姜文来、殷小琳：《典型国家农业水价分担及对我国的启示》，《水利经济》2012 年第 1 期。

4. 郭玉玮、黄梅波：《澳大利亚大田农业生产率放缓了吗?》，《经济资料译丛》2013 年第 1 期。

5. 何慧：《浅谈中澳农产品产业内贸易对我国农业影响》，《知识经济》2012 年第 3 期。

6. 贾敬郭、魏珣、金书秦：《澳大利亚发展碳汇农业对中国的启示》，《中国农业科技导报》2012 年第 2 期。

7. 焦翔、高秀文、付婧：《澳大利亚有机农业发展现状》，《世界农业》2012 年第 11 期。

8. 李晓俐：《新西兰、澳大利亚农业发展经验》，《新农村》2013 年第 11 期。

9. 牟海日：《关于中国农业、奶业"走出去"的思考——赴澳大利亚考察的启示》，《中国奶牛》2013 年第 2 期。

10. 农业银行江苏分行赴澳大利亚考察团：《澳大利亚国民银行风险管理考察报告》，《现代金融》2012 年第 1 期。

11. 孙明珠等：《澳大利亚发展现代农业及金融支农的启示》，《ADF》2013 年第 6 期。

12. 单正丰、李新民、王波：《澳大利亚农业继续教育及其借鉴》，《中国成人教育》2012 年第 8 期。

13. 唐志刚、陈武等：《澳大利亚农业发展情况与启示——农发行赴澳大利亚复合型管理人才培训班学习体会》，《农业发展与金融》2012 年第 1 期。

14. 王凤香、刘慧:《澳大利亚奶业生产、消费和贸易概况》,《世界农业》2013
年第 2 期。

15. 闫旭文等:《澳大利亚畜牧业发展及其对我国的启示》,《草业科学》2012 年
第 3 期。

16. 袁汉民:《澳大利亚盐碱地改良利用的考察与思考》,《世界农业》2012 年第
3 期。

17. 张习文:《澳大利亚、新西兰林业行政监督考察报告》,《林业经济》2013 年
第 8 期。

18. 张修翔:《澳大利亚农业地理区域研究》,《世界农业》2012 年第 6 期。

19. 赵峰、向佐谊:《现代农业发展中市场机制与政府作用分析——澳大利亚农
业发展的经验和启示》,《长春理工大学学报》(社会科学版)2013 年第
4 期。

第二章

澳大利亚的工业经济

2012 年与 2013 年，有关澳大利亚工业经济的研究仍然以矿产和能源为主，包括轻工业、建筑业与环保建筑技术工业、电力管理等，其他行业为辅。其中有关矿产、能源的相关研究共 79 篇，其他行业的相关文章 56 篇，体现了我国学者对澳大利亚工业经济的广泛关注。

一 澳大利亚矿产行业研究

（一）澳大利亚矿产行业的发展历程与未来走势

1. 澳大利亚矿产行业的发展历程

唐露萍（2012）翻译了澳大利亚储备银行副行长瑞克·巴提尼洛（Ric Battellino）2010 年 2 月 23 日在悉尼学院的演讲，并介绍了澳大利亚矿业的发展历程和几个繁荣时期。19 世纪 50 年代的淘金热是澳大利亚矿业繁荣的开始。第二次矿业繁荣出现在 19 世纪晚期，是由全国范围内新黄金和金属矿藏的发现和开发推动的。第三次繁荣发生在 20 世纪 60 年代和 70 年代早期，煤和铁矿石采掘量的大幅上升以及石油和铝土勘探的发展是此次繁荣的主要原因。第四次矿业繁荣发生在 20 世纪 70 年代晚期和 80 年代早期，紧随 70 年代晚期第二次石油价格冲击之后，主要是由能源部门尤其是蒸汽煤、石油和天然气的发展而推动的。第五次矿业繁荣带来矿业投资的激增，这次繁荣仍然是建立在丰富的自然资源基础之上的，但主要是铁矿石、煤和天然气产业的大扩张。

矿业繁荣时期也正是经济发生重大变革的时期，这就给政策制定者带来了挑战，关键在于如何制定既能够确保经济灵活性又能维持确定规则的宏观经济政策，以遏制由繁荣带来的通货膨胀压力。在上一次繁荣之后的

30 年时间里，澳大利亚已经形成更趋合理的经济发展模式，使其能够更好地适应现阶段矿业的迅猛发展，即正在经历的这场矿业繁荣。

2. 澳大利亚矿产行业的未来走势

德勤经济公布报告称，世界上最大的矿产品出口国澳大利亚的矿业繁荣预计会在两年内结束。在德勤经济研究的所有 22 个行业中，矿业投资仍是拉动澳大利亚经济的主要动力。截至 2012 年 6 月底的一年间，澳大利亚经济增长 3.2%，实现连续 21 年增长。但是，矿业繁荣走下巅峰可能影响澳大利亚经济。矿业成本持续增加，亚洲经济的不确定性增加，尤其是中国的需求下降以及矿产价格下跌导致的矿业利润减少，均是导致澳大利亚矿业繁荣走下巅峰的原因。

澳大利亚资源和能源部部长马丁·弗格森也给出了类似的结论。他引用资源和能源部下属资源和能源经济局（BREE）2012 年 9 月 18 日公布的"资源和能源季度报告"，再次确认伴随着资源繁荣的大宗商品价格高企时代已经终结，特别是在过去的两个月里，澳大利亚主要的资源出口产品——铁矿石和煤炭价格下跌明显。这种下跌将在短期内对澳大利亚出口收入造成影响，BREE 预计 2012 年至 2023 年度澳大利亚矿业和能源业出口收入将下降 2%，为 1900 亿澳元（1 澳元约合 1.05 美元）（徐海静，2012）。

王苇航（2012）介绍称在澳大利亚国内政策上，资源繁荣期结束可能导致货币政策进一步宽松。若煤炭和铁矿石价格进一步大幅下跌，澳大利亚降息的概率也将随之上升。据野村证券估计，过去一年，矿业和资源行业占澳大利亚经济增长的 50%，占出口的 70%。必和必拓等公司投资项目的搁浅，已经使人们担心矿业投资潮见顶。如果事实果真如此，即使澳元汇率降至 1 美元以下，澳大利亚央行也将不得不采取行动。

澳大利亚还面临着来自外部的竞争压力。目前，澳大利亚占据全球铁矿石市场的半壁江山，巴西仅占三分之一。不过，全球矿业巨头巴西的淡水河谷日前表示，待旗下位于帕拉州亚马逊（Amazon）卡拉加斯综合矿区的新铁矿投产后，到 2017 年，巴西将超过澳大利亚，重新成为世界最大铁矿石出口国（《淡水河谷欲在澳洲开发铁矿》，2012）。

（二）澳大利亚各类矿产的现状

澳大利亚矿产资源非常丰富，是世界最主要的矿业大国之一，其矿产品大部分用于出口，在国际矿产品市场上占有重要地位。澳大利亚的矿产种类繁多，品质优良，储量巨大。

据宋国明、郑子敬（2012）的介绍，在澳大利亚目前已探明的矿产中，储量居世界第一位的有金、铁、铅、锌、镍、锆石；居世界第二位的有铝土矿、钴、钍氧化物和钛铁矿；居世界第三位的有镉、铜、稀土氧化物、锂和金刚石；铋、镁、锰、锑、锡和煤等矿产在世界上也占有重要地位。

1. 能源矿产

宋国明、郑子敬（2012）称澳大利亚石油资源较为贫乏，2010 年澳大利亚已查明的石油资源（包括凝析油和液化石油气）为 56.5 亿桶。澳大利亚发现的石油资源主要分布在卡那封（Carnarvon）、吉普斯兰（Gippsland）、波拿巴（Bonaparte）、库珀/伊罗曼（Cooper/Eromanga）、阿马迪厄斯（Amadeus）、鲍恩（Bowen）等含油气盆地。事实上，进入 21 世纪以来，国际许多知名大型能源公司包括澳大利亚自己的能源巨头在澳大利亚周边海域进行了大量的石油勘探工作，每年的投入都在 10 亿澳元以上，但始终未能取得根本性突破。

孙婷婷等（2012）称澳大利亚煤炭资源量为 1.7 万亿吨，煤层埋藏深度普遍小于 1000 米，煤层气资源量约为 8 万亿吨至 13 万亿吨，主要分布在东部悉尼、鲍恩和苏拉特三个含煤盆地。在澳大利亚的法律法规中，既允许设置重叠的煤炭和煤层气采矿权，又鼓励煤矿和煤层气生产者合作，进行资源开采。

澳大利亚 2010 年已查明的原地黑煤资源量为 610 亿吨，其中查明可采的资源量为 440 亿吨。澳大利亚各州和北领地都有黑煤，主要集中在昆士兰州和新南威尔士州。据澳大利亚地球科学机构估计，约有近 50% 的黑煤资源可以露天开采，有 36% 的黑煤具有焦炭的质量。已查明的原地褐煤资源量为 410 亿吨，其中查明可采的资源量为 370 亿吨。褐煤资源主要集中在维多利亚州，约占澳大利亚全部褐煤资源的 95%，其中又有 89% 的褐煤资源位于拉车毕谷（宋国明、郑子敬，2012）。

宋国明、郑子敬（2012）还指出，2010 年已查明的铀资源量为 120 亿吨，主要分布在以下几个矿床：（1）南澳州的奥林匹克坝，它是世界上最大的铀矿床；（2）北领地卡卡杜国家公园附近的鳄鱼河地区的浪子（Ranger）、加比卢卡（Jabiluka）、昆嘎拉（Koongarra）；（3）西澳州的金都列（Kintyre）和叶里瑞（Yeelirie）。

2. 金属矿产

宋国明、胡建辉（2013）指出，2011 年澳大利亚铝矾土资源统计储量为 62 亿吨，占世界总量的 21.4%。根据宋国明、郑子敬（2012）的文章，澳大利亚铝矾土资源储量仅次于几内亚，居世界第二位。澳铝矾资源主要集中在 3 个地区：一是昆士兰北部，即卡奔塔利亚湾（Gulf of Carpentaria）附近的韦帕（Wei pa）和戈夫（Gove）地区；二是西澳珀斯南面的达令山脉（Darling Ranges）；三是西澳北部的米切尔高地（Mitchell Plateau）和布干维尔角（Cape Bougainville）。

据 2011 年统计，铜矿资源储量为 8600 万吨，占世界总量的 12.4%，居世界第三位。70% 以上的铜矿资源集中在南澳，其他主要分布在昆士兰州、新南威尔士州和西澳州。塔斯马尼亚州也有少量产出（宋国明、郑子敬，2012）。

2011 年澳大利亚铅储量为 2900 万吨，占世界总量的 34.1%；锌储量为 5600 万吨，占世界总量的 22.4%；二者均居世界第一位。锌和铅储量主要分布在昆士兰州 [艾萨山（Mt Isa）、康宁顿（Cannington）、威尔士河（Walsh River）、亨利尔尼斯特（Ernest Henry）等地] 和北领地 [麦克阿瑟河（McArthur River）]；其次是新南威尔士州 [主要分布在断山（Broken Hill）] 和西澳州 [主要分布在金丛林（Golden Grove）]；维多利亚州 [主要分布在维尔加（Wilga）] 和塔斯马尼亚州 [主要分布在罗斯伯里（Rosebery）] 有少量分布（宋国明、郑子敬，2012）。

澳大利亚金矿 2011 年统计储量为 7400 吨，占世界总量的 14.5%，居世界第一位。半数以上资源集中在西澳州，其他的主要分布于南澳州和新南威尔士州。昆士兰州、北领地、维多利亚州及塔斯马尼亚州有少量分布（宋国明、郑子敬，2012）。澳大利亚 2012 年上半年生产黄金 122.5 吨，相比于 2011 年同期的 129.1 吨减少了 5%。产量下降的主要原因是澳大利亚矿业公司从矿石中回收的黄金有所减少，而且部分矿山因资源枯竭即将关闭。

2011 年澳大利亚铁矿储量为 350 亿吨，占世界总量的 20.6%，居世界第一位（宋国明、郑子敬，2012）。此外，张欣（2012）指出，澳大利亚作为全球第二大铁矿生产国，2011 年铁矿石产量为 4.88 亿吨，同比增长 13%；其中 4.39 亿吨用于出口，增长了 9%，而出口收入增长了 20%，达到 590 亿美元。澳大利亚 98% 的铁矿储量位于西北部皮尔巴拉地区的哈莫斯利岭，塔马斯尼亚、新南威尔士、昆士兰和南澳州也有少量储量。

2011 年澳大利亚锂储量为 97 万吨，占世界总量的 7.5%，居世界第三位。澳大利亚锂矿资源全部分布在西澳州的绿丛林（Greenbushes）（宋国明、郑子敬，2012）。

2011 年澳大利亚菱镁矿储量为 9500 万吨，占世界总量的 3.8%，居世界第五位。半数以上集中在南澳州，其他主要分布于昆士兰州及塔斯马尼亚州，北领地、新南威尔士州和西澳州有少量分布（宋国明、郑子敬，2012）。

2011 年澳大利亚锰金属储量为 9300 万吨，占世界总量的 14.76%，居世界第四位。主要分布在北领地的格鲁特岛（Groot Eylandt）。另一个锰矿储藏地是西澳州的乌第乌第（Woodie Woodie）（宋国明、郑子敬，2012）。

宋国明、郑子敬（2012）介绍称澳大利亚钛矿石主要有钛铁矿和金红石。2011 年统计钛铁矿储量为 1 亿吨，占世界总量的 15.4%。半数以上的钛铁矿资源分布在西澳州，其次是昆士兰州，少量分布于南澳州的墨累河流域。金红石储量为 120 万吨，主要分布在昆士兰州和西澳州，这两个州占有澳大利亚全部金红石资源的 70%。

2011 年锆矿石储量为 21000 吨，占世界总量的 40.4%，居世界第一位。锆矿石资源主要分布在昆士兰州和西澳州，这两个州占有澳大利亚全部锆矿石资源的 80%，其余的锆矿石分布在维多利亚州和南澳州的墨累河流域（宋国明、郑子敬，2012）。

2011 年澳大利亚镍储量为 2400 万吨，占世界总量的 30%，居世界第一位，约 90% 分布在西澳州的坎巴大（Kambalda）、莱恩斯特（Leinster）、电讯山（Radio Hill）、凯斯山（Mount Keith）等，其余的主要分布在新南威尔士州的杨和塞耳斯通（Young and Syerston）和昆士兰州，还有小部分分布在塔斯马尼亚州的北阿维泊雷（North Avebury）（宋国明、郑子敬，2012）。

2011 年澳大利亚钽储量为 5.1 万吨。澳大利亚钽矿资源主要集中在西澳州的绿丛林（Green bushes）、沃金纳（Wodgina）、巴尔德山（Bald Hill）和迪安山（MtDeans），一小部分分布在北领地（宋国明、郑子敬，2012）。

2011 年澳大利亚银储量为 6.9 万吨，占世界总量的 13%，居世界第四位。半数以上分布在昆士兰州 [主要分布在康宁顿（Cannington）]，其余的分布在北领地 [主要分布在麦克阿瑟河（McArthur River）]、南澳州、新南威尔士州 [主要分布在断山（Broken Hill）] 和肯破非尔德（Kempfield）和西澳州 [主要分布在金丛林（Golden Grove）]、卡破克（Kapok）、库塔塔（Kutarta）和皮尔拉拉（Pillara），维多利亚州 [主要分布在维尔加（Wilga）] 和塔斯马尼亚州 [主要分布在罗斯伯里（Rosebery）]（宋国明、郑子敬，2012）。

根据宋国明、胡建辉（2013）的研究，由于全球经济有所回暖，澳大利亚大多数矿产品产量比上一年度有一定的增长，其中镍矿产量和铁矿石产量增长较多，分别增长 19.5% 和 16.7%，锰矿石增长 8.6%，铀增长 6.5%，铝土矿增长 5.8%，银增长 3.9%，也有些矿产品产量下降，锡矿产量下降最多，不及上一年度的一半，其他下降的矿产还有铜、铅、金、金红石等。

3. 非金属矿产

据 2011 年统计，澳大利亚金刚石储量为 1.1 亿克拉，占世界总量的 18.3%，居世界第三位，主要分布在西澳州的阿盖尔和艾伦达尔（Ellendale）矿区，以及位于北领地的磨邻（Merlin）矿区。阿盖尔矿区所产金刚石品质属上乘，其中粉红色宝石级金刚石更是在世界上享有盛誉（宋国明、郑子敬，2012）。同样因为全球经济回暖，金刚石产量增长多达 26.7%（宋国明、胡建辉，2013）。

根据 2011 年的统计资料，澳大利亚磷矿石储量为 2.5 亿吨，主要集中在两个地方。一是位于昆士兰州艾萨山（Mount Isa）以南 150 公里处的磷矿石山（Phosphrate Hill），这里是世界级的磷矿石资源产地，矿藏接近地表，极易开采。产于该地的磷矿石是制造高分解肥料的理想原料。二是位于印度洋中的圣诞岛（Christmas Island），该岛的磷矿石主要出口到亚太和东南亚地区。西澳州和北领地也有少量磷矿石分布（宋国明、郑子敬，2012）。

（三）澳大利亚矿业能源的管理

宋国明等（2013）撰文系统介绍了澳大利亚矿产资源开发的管理制

度和相关政策。澳大利亚法律规定所有矿产资源归政府所有，澳大利亚矿业由联邦政府和州/领地政府两级政府分工协作管理，彼此间有明确的职责分工。

澳大利亚联邦政府负责矿业能源的联邦立法。其中与矿产开发利用有关的法律主要包括1994年的《海上矿产法》、1967年的《石油（下沉陆地）法》、2006年的《海上石油法》、2006年的《海上石油（权利金）法》，以及1993年的《原住民权利法》、1999年的《环境和生物多样性保护法》（EPBC）等。另外，还有对外投资等与采矿业政策协调发展相关的立法。

州/领地政府负责对属地内（包括距海岸线3海里以内海域）矿产资源的勘探、开发和环境保护的日常管理，具体包括矿业权和土地产权的审批，对矿山运营情况、矿山安全的监管，对健康环境影响的评价，以及对权利金和税费等的征缴。与勘探和采矿相关的法律主要由各州自己制定，如西澳州1978年的《西澳大利亚矿业法》和1967年的《石油法》，昆士兰州1989年的《矿产资源法》和1989年的《海洋矿产法》，南澳大利亚州1971年的《矿业法》，新南威尔士州1992年的《矿业法》，北领地2009年的《矿业法》和2009年的《矿业管理法》等。因各州/领地资源等状况的差异，各州/领地矿业立法情况也有不同。但涉及重大环保的矿产开发项目需同时满足联邦政府和州政府的要求才能被通过。

另外，在澳大利亚从事矿业活动，需要获得各种类型的矿业权证，包括勘探许可证、保留权许可证、采矿许可证等。

（四）澳大利亚矿业发展对社会的影响

1. 对居民健康的影响

西澳大利亚地区采矿业的迅速发展为当地带来经济繁荣的同时，也让当地不少民众深受采矿业及石棉制品的负面影响。据环球网2012年9月4日报道，采矿小镇慧特浓（Wittenoom）当地的很多孩子出现癌症症状，当地人寿命往往比其他澳洲人短许多。西澳医学研究协会称，2460名15岁以下曾经生活在这个采矿小镇的儿童，至2007年，就有228名儿童因癌症死亡，到2009年，则有207名儿童患上癌症。

2. 裁员问题

澳大利亚统计局 2012 年 1 月发布数据显示，当年 1 月澳大利亚失业率环比下降 0.1 个百分点，为 5.1%，为 2011 年 7 月以来最低水平。尽管如此，澳大利亚的就业前景并不乐观，金融、航空等行业先后宣布裁员，一些分析人士担忧澳大利亚可能经历一波裁员浪潮（傅云威，2012）。此外，环文、永文（2012）也介绍称澳大利亚对资源业的巨额投资热潮正出人意料地迅速失去发展动力，因此煤炭业未来将不可避免地进一步裁员。

出现这样的裁员潮，矿业独大或许是主要原因之一。澳大利亚著名华人经济学家、金融博士郭生祥认为，自 2008 年金融危机以来，尽管澳大利亚经济相对运行良好，矿业独大造成的失衡却有所增加，由此带来的裁员现象还会持续。郭生祥称，本轮金融危机以来，煤铁矿出口增加了 10%，其价格较之同时期的国际油价上涨幅度更大，进一步巩固了澳大利亚经济矿业独大的格局。还有分析指出，近年来，澳大利亚矿业独大，吸引了众多海外投资，增加了矿业部门的资本竞争成本，导致物价上涨，加剧澳元汇率上涨；农业、教育出口等汇率成本增加，经营困难，在国际上被替代的概率大增；在制造业、服务业，出现了采购经理人指数（PMI）上涨与生产者物价指数（PPI）价格下降的倒挂现象，迫使部分企业半停产、停产、裁员，甚至倒闭。此外，资本流入推高了房地产价格，形成资产泡沫。金融危机以来，房地产开工率不足，出售率下降，抵押按揭数量大减，导致严重依赖手续费的澳大利亚银行业信贷总量、质量骤降，呆坏账率上升，新增信贷规模不足，业务量萎缩，资本回报减少，于是裁员不可避免。

3. 对港口的影响

澳大利亚港口多分布在东、西海岸，东海岸主要为煤炭港口，西海岸则多为矿石港口。过去，在贸易量每年基本保持稳定的情况下，澳大利亚港口的处理能力能够满足贸易增长的需求。

杜旭丰、郑际任（2013）指出，自从铁矿石和煤炭出口量大幅提高之后，西海岸铁矿石港口和东海岸的煤炭港口饱受拥堵之苦，快速提高运输链中港口和铁路的处理能力迫在眉睫。长期以来，澳大利亚港口一直存在着码头设备老化、效率偏低的问题，而近年来矿产品出口的连年增长更使澳大利亚港口的拥堵问题日益严重。此外，澳大利亚铁路运输系统处理能力的不足也进一步加剧了港口的拥堵问题。与此同时，在日益增长的矿石出口量的吸引下，越来越多的矿业公司试图利用两大矿业巨头投资建设的运输系统出口矿石。这无疑扰乱了铁路系统的运营秩序，降低了运输效率，同时也影响了各业主投资基础设施的积极性，致使港口拥堵问题愈发严重。港口拥堵给澳大利亚港口业造成了巨大的经济损失。针对这一情况，澳大利亚已有多个港口开始大规模地扩建与新建码头，但是至少需要花费几年时间才能使港口吞吐能力满足日益增长的出口货物的需求。因此，在2—3年内，澳大利亚许多干散货出口港还不得不继续面对港口拥堵的困扰。

（五）澳大利亚矿产资源租税制度对矿产业的影响

李景卫（2012）指出，向矿产企业征收利润税最初由陆克文政府在2010年5月提出，计划对矿业、陆地天然气和煤层气等行业征收40%的资源超级利润税。而矿产资源租赁税是吉拉德政府为平衡国家各经济部门诉求而推出的一项法案。矿产资源租赁税势必对中国的对澳进口和投资造成影响。就铁矿石和煤的贸易而言，中国是澳大利亚最大的铁矿石出口市场，澳大利亚是世界上最大的煤炭出口国，矿产资源租赁税无疑将推高澳大利亚矿业企业的成本。

李刚（2013）以西澳大利亚州为例分析了澳大利亚矿产资源租税制度，指出在澳大利亚从事矿产资源勘查和开发，除了要缴纳一般工业企业的税费外，还要缴纳一些特殊租税。例如，申请和使用矿业权要缴纳相关费用和租金，开采矿产资源必须缴纳权利金。由此可总结出对我国的启示与借鉴，包括（1）改革税费制度，完善矿产资源有偿开采制度；（2）统筹协调各方利益，调整完善矿产资源收益分配使用制度

（六）澳大利亚与各国矿业投资与合作

1. 投资潜力

王正立（2013）介绍说，根据贝里多贝尔公司2012年对世界25个主要矿产资源国进行了矿业投资风险评估排名，确定了25个国家的名次。其中矿业投资环境最好的5个国家分别是澳大利亚、加拿大、智利、巴西

和墨西哥，投资环境最差的 5 个国家分别是俄罗斯、玻利维亚、刚果（金）、巴布亚新几内亚、哈萨克斯坦。由此可以看出，澳大利亚在矿业投资方面拥有巨大的潜力。

2. 中澳合作

澳大利亚在 2012 年至 2013 年间积极促进与其他国家在矿业方面的合作，包括中国，并积极创造共赢机会。杜启洪（2013）通过分析历年来中国山东省与澳大利亚在投资方面的交往与合作指出，中国与澳大利亚强大的经济互补性使双方拥有巨大的投资与合作潜力。宋国明（2013）认为，中国和澳大利亚互为重要的贸易伙伴，并且中澳矿产资源合作已成为双边经贸合作的重点和亮点。

在矿业合作方面，由于澳大利亚是全球重要的矿产资源大国，而且与我国在资源合作方面互补性很强，因此两国自建交之后在矿产行业进行了紧密的合作（刘宜政、张兵，2013）。《澳第四大矿山加入中国平台》（2012）一文介绍说，2012 年 5 月 16 日，在河北省贸促会的邀请下，澳洲宣威铁矿公司在石家庄与河北钢铁集团、河北省国控矿业、河北省建设投资集团等 20 多家钢铁相关企业进行了合作洽谈。澳大利亚铁矿石巨头福蒂斯丘矿业公司（FMG）也不甘落后，与北京国际矿业交易所签订了入市协议，正式成为第一家进入中国铁矿石现货交易平台的海外矿企，业内人士认为，FMG 公司加入中国铁矿石现货交易市场，有可能为中国未来在争夺铁矿石定价权方面带来实质性改变。然而邓瑶（2012）指出 FMG 在中国市场也遭遇到了一些问题，比如与湖南华菱钢铁集团（下称华菱）的蜜月期实际已经结束，进入了一个矛盾丛生的阶段。华菱与 FMG 的很多协议没有按计划执行，以致制订的很多合作计划成为一纸空文。

随着中国五矿、中金岭南等企业分别投入铅锌矿和建厂，中方在澳大利亚的投资正在不断扩大（宋爽、叶倩，2012）。李景卫（2012）指出，中国的投资对澳大利亚锡矿产业的发展起到了关键的作用，能够促进澳大利亚经济的增长。

3. 与其他国家合作

伍浩松（2012）介绍说，法国阿海珐集团（Areva）将与日本三菱公司（Mitsubishi）合作在澳大利亚开展铀矿勘探工作。若能发现有开发前景的铀矿床，双方可能会组建合资公司。巴西矿业巨头淡水河谷公司也试图在澳大利亚收购铁矿石，为其拓展亚洲市场制定战略。西澳洲政府总理科林·巴耐特（Colin Barnett）对淡水河谷公司在澳大利亚投资开发新项目表示欢迎，不过他对其是否收购力拓或者必和必拓的矿山表示担忧（《淡水河谷欲在澳洲开发铁矿》，2012）。《必和必拓将自销钾肥》（2012）一文称，澳大利亚矿业巨头必和必拓公司（BHP）日前宣布，其旗下坐落在加拿大萨斯喀彻温省一处名为詹森（Jansen）的新钾矿将不再通过北美钾肥销售联盟销售钾肥，而是自行销售，这意味着国际市场又多了一家钾肥供应商。

（七）澳大利亚矿产能源业的可持续发展

澳大利亚矿产能源业的可持续发展不仅有赖于行业本身的健康发展，也离不开对环境的保护，以及与矿区内社区的良性互动。

1. 能源的可持续发展

为充分发挥资源优势，践行其对气候变化做出的减排承诺，澳大利亚政府将其可再生能源目标调整为：至 2020 年，20% 的电力供应将来自可再生能源；2050 年之前，澳大利亚将在 2000 年排放水平上减少 80% 的温室气体排放。澳大利亚贸易委员会的数据显示，澳大利亚电能的 78% 来源于煤炭，15% 来源于天然气，风能和太阳能所占比重只有 1%。澳大利亚政府计划大力发展光伏产业，光伏发电在未来十年将非常受欢迎。因此，澳大利亚具有成为世界主要光伏市场的潜力（曹进冬，2013）。

澳大利亚是天然气使用和出口大国，近年来对天然气分布式能源开展了研究和实践。澳大利亚天然气分布式能源包括大规模的风电场和燃气发电。澳大利亚的天然气资源储备非常丰富，可改变发电燃料严重依赖煤炭的现状，用天然气替代燃煤发电。目前，关于澳大利亚分布式能源面临的挑战存在四种观点：一是认为天然气只是一种调峰燃料，而煤则是最适合的基荷燃料；二是认为本地电力公司对新的分布式能源系统并网没有动力；三是认为现行电力价格机制在某种程度上挫伤了分布式能源系统发展的积极性；四是认为信息不对称和政府不对称补贴扭曲了市场价格体系。澳大利亚分布式能源是体现节能、减排、安全、灵活多重优点的能源发展方式，是实现节能减排目标的重要途径，也是电力产业发展的重要方向。分布式能源系统的推广应用需要从市场、政策等方面加大扶持力度（刘惠萍等，

2012)。随着全球能源需求的增长,澳大利亚将成为能源革命的引领者。澳大利亚天然气总探明资源量(不包括页岩气)约为 11.04 万亿立方米。按照目前的生产速度,大约可生产 184 年。澳大利亚 2010—2011 年的液化天然气总出口量为 2000×104 吨,总价值约为 103 亿美元,成为亚太地区第三大出口国和世界第四大出口国。据估计,到 2020 年之前,还将有 3290 亿美元投到澳大利亚的石油和天然气部门(《澳大利亚将成为能源超级大国》,2012)。如今的澳大利亚液化天然气工业正处于发展的黄金时期。截至 2011 年年底,澳大利亚有八个液化天然气项目在建设之中。然而目前澳大利亚的液化天然气市场由于资源争夺、成本上升、政策改变等原因正面临着挑战,加之世界各地的液化天然气工业正在兴起,全球的竞争越来越激烈,澳洲新建液化天然气项目的优势已不再(宋玉春,2012)。

童国庆(2012)介绍了澳大利亚可持续能源燃料电池公司(SEFCA)正在开发的一套新系统,即使用电行存储,用来制作氢燃料电池。这项技术是使用电解槽将多余的电能转换成氢气,并对这些氢气进行存储,用以制作氢燃料电池,该公司还提出了利用氢燃料电池实现澳大利亚全自动供电的预想。

澳大利亚工业和创新部长、参议员格雷格·康比特(Greg Combet)发表声明,欢迎通用电气集团 GE 投入 1000 万澳元支持澳大利亚和新西兰提升能源效率、减少碳排放的清洁能源技术的发展。澳大利亚政府投入 2 亿澳元开展"清洁技术创新计划",支持企业对于风能、太阳能、潮汐能、地热能、水电、洁净煤、生物燃料和热电联产等清洁能源技术的创新,并帮助企业研发减少能源消耗、管理水和废物排放等技术,并使之商业化。作为澳大利亚政府"清洁技术创新计划"的补充,通用电气集团推出"绿色创想挑战计划",呼吁澳大利亚的企业、学生、创新者提出新的想法,加速清洁能源技术的发展(《通用支持澳大利亚清洁能源技术发展》,2012)。

澳大利亚浮式液化天然气项目近年来蓬勃发展,2012 年已建成 3 个项目,还有 12 个处于规划与在建阶段。澳大利亚浮式液化天然气项目面临技术安全性和稳定性的挑战,液化天然气供销合同的落实存在困难,同时还要应对环保影响和政府压力。澳大利亚浮式液化天然气的发展前景良好。成本激升将促使陆地液化天然气转变为浮式液化天然气储存装置

（FLNG），石油巨头抢占液化天然气装置，澳大利亚液化天然气装置的优势明显（姚震等，2013）。

此外澳大利亚研发的废塑料、废橡胶炼钢技术不仅大大减少了废塑料、废橡胶造成的环境污染，还可以有效地降低钢铁生产成本，该技术在国外发展势头非常良好，并获得 2011 年绿色地球奖（《澳大利亚研发废塑料废橡胶炼钢新技术》，2012）。

2. 矿山保护与新矿开采

澳大利亚矿业发展迅速，但是采矿活动对环境造成了严重的负面影响。有鉴于此，矿山环境保护包括对矿山环境的修复和土地复垦逐渐受到重视。

澳大利亚高级矿业顾问托尼·霍普（Tony Hope）介绍了澳大利亚的摩根矿山的情况。作为澳大利亚的老牌矿山，摩根铜矿的产量和品位至今都保持了很高的水平。但是，早在 20 世纪 80 年代时，由于采矿方式比较落后，该地区的矿山环境遭到了严重的破坏，因此矿山保护引起了人们的重视。如今，在完成采矿的区域，施工单位采取了一些保护性措施，包括复植，搬运污泥，疏通水源等。经过长期的努力，该区域环境得到了较好的修复（黄强、邓萍，2012）。

土地复垦是矿山开采中重要的管理内容。澳大利亚政府建立健全了法律法规和组织机构，规定了复垦要贯穿于规划、实施和闭矿的全过程。各级政府特别是州政府的主管部门以及矿方，根据国家的土地复垦法律，制定了一系列的政策法规。澳大利亚还实行综合目标控制和方案管理，开展全面的过程监控和责任追究，并重视复垦过程中的科研应用和全民参与（罗明、王军，2012）。

澳大利亚的土地复垦实践对我国有重要的启示，包括建立完善土地复垦的法律法规和组织机构，加强土地复垦科技创新的研究和人才队伍建设，加强土地复垦标准体系建设，建立土地复垦动态监测机制，提高公众参与土地复垦的认识等（罗明、王军，2012）。

王宏峰（2012）指出在塔斯马尼亚，矿业及其相关产业雇佣员工约6300 人。2008—2009 财政年度，矿产加工产品价值为 15.6 亿澳元，占塔斯马尼亚出口总额的 44.8%。目前，塔斯马尼亚有 12 个正常运作的矿区，开采的矿产包括铜、金、铅、磁铁、银、锡、锌和超高纯度石英粉等。塔斯马尼亚州在矿产勘探、开采和下游加工方面均具有较好的投资商机，尤其是在西海岸以及大部分未经勘查的东北部地区。塔斯马尼亚州政府在勘探、规划、开采及相应的审批中发挥作用，并通过建立战略开发区，努力吸引采矿和矿产加工投资者，同时为勘探和采矿提供安全保障。

3. 矿业社区的建立

矿业社区旨在建立矿业公司与当地社区间的良性互动关系，为社区的经济、社会、制度建设做出贡献（徐曙光，2012）。社区参与和社区发展是澳大利亚矿业社区建设至关重要的两个方面。社区参与有助于调整社区事务管理与其他领域的管理实践之间的关系。社区发展，重点是加强社区力量，改善其福祉。在澳大利亚，矿业公司是近年才开始涉足这一实践领域的，这也大大促进了解决社会问题手段的变革。在澳大利亚，矿业公司的社区参与经历了几个发展阶段。在传统的第一代中，利益相关人参与社区建设很大程度上源于合法性/法律框架，参与的焦点是科技方面，通常情况下监管机构是主要的利益相关者。参与机制在于告知特定的群体，而不是让其参与其中。相比第一代，第二代的参与方法较为开放，与利益相关者的互动主要集中在缓解现实中存在的紧张关系，而不是沟通现有的关系。进入21世纪，也就是新兴的第三代开始运作时期，矿业公司开始认真调整可持续发展议程，逐渐认识到本地社区，尤其是那些受该行业影响的人群完全可以影响本行业获取资源的能力，一些公司已经由防御式转变为主动参与本地社区的发展议程，开始关注如何在矿区闭坑之后为社区发展做贡献。

二 澳大利亚的其他工业行业研究

（一）轻工业相关研究

1. 农业技术轻工业

《吉林畜牧兽医》（2012）发文称澳大利亚的奶农将很快获得犊牛腹泻的新疫苗。库珀动物健康公司已注册了这种叫 RotavecCorona 的疫苗，该公司表示这是澳大利亚市场上唯一的一种犊牛腹泻的疫苗。这种疫苗用于抑制由轮状病毒、冠状病毒和大肠杆菌引起的犊牛腹泻，将于2013年上市。数据显示，犊牛腹泻每年导致澳洲奶业损失5200万澳元，或每头成年母牛损失26澳元。此种疫苗的上市对于澳洲奶业是极大的利好消息。

陆阳和阎思进（2012）发表了中国纤维检验局赴澳大利亚、新西兰考察的报告，指出澳、新羊毛质量管理的主要内容是羊毛交易遵循的质量规则，源头把关的羊毛分级员制度和羊毛交易流通的客观检测制度，并得出对我国羊毛交易的启示：推进规模化、标准化进程是养殖业有序、健康发展的必要条件；构建现代毛绒纤维流通体制是制度建设的核心；建立分级员制度是羊毛羊绒质量保证的关键；加快启动羊毛公证检验是流通体制建设的必然趋势。

2. 食品轻工业

澳洲坚果具有厚且坚硬的外壳，导致其干燥周期很长，在工业化生产中干燥澳洲坚果需要一个多月的时间。此过程占地面积巨大，需要大量的人工操作，干燥费用也相当大。这就要求发展先进的加热技术，改造传统的干燥工艺，射频（RF）能量有潜力发展为传统干燥技术的替代者。射频加热有望对农产品进行均匀而快速的干燥，从而获得高质量的产品（王云阳，2012）。

中国是一个食糖生产和消费大国，而澳大利亚是一个食糖生产和出口大国。刘志雄（2012）指出，近年来两国就建立自由贸易区展开了多轮谈判，这当中涉及许多重要的产品，食糖就是其中之一，通过对两国食糖产业竞争力的比较分析，作者指出：中国食糖产业整体竞争力远不如澳大利亚，并呈下降趋势，而澳大利亚拥有很强的食糖市场竞争力，其中一个很重要的原因是，近年来澳大利亚食糖出口价格明显低于中国。

澳大利亚的红酒产业举世闻名，澳大利亚葡萄酒产业具有天时、地利、人和的条件和极好的产业优势。澳大利亚葡萄享有足够的日照，加上其丰富的土地矿物和不受污染的天然环境，因此酿出的酒果香浓郁，口味柔和，口感清新，尤其适合初饮葡萄酒的人士。澳大利亚雄狮（lion）红酒进入中国市场，给中国红酒市场带来了一股来自南太平洋的新气息。雄狮（lion）葡萄酒在澳大利亚拥有极高的声誉，位列"澳大利亚葡萄酒排行"前十名，目前已实现年产5300吨葡萄，50万升品牌红酒的目标（李强，2012）。

澳大利亚葡萄酒管理局公布的最新数字显示，截至2012年3月底的一年中，澳大利亚葡萄酒出口额普遍下滑，但在中国市场却一枝独秀，增长23%，从而使中国成为澳大利亚葡萄酒出口增长最快的市场。随着中国各地葡萄酒专卖店的不断兴起，未来还将继续保持高速增长。澳大利亚葡萄酒在重要市场出口量下降，主要是瓶装葡萄酒出口量下降，散装酒出口量却有所增加（徐菲远，2012）。

肖龙（2013）通过亲身的探访经历指出，南澳大利亚是世界最著名的葡萄酒产区之一，拥有大小酒庄数千家，产出包括由数十种葡萄品种酿制成的成千上万种葡萄酒。南澳可以酿出独具特色的年份酒，这些酒完全有能力抗衡法国的名庄酒，甚至因为它稀有，更容易受到葡萄酒爱好者的追捧。澳大利亚葡萄酒产业正在经历一个划时代的市场战略转变，"加价值"正在成为产业发展的主流和导向。

3. 纸制品业

澳大利亚印刷业销售额 2007 年为 104 亿美元，金融危机后剧减为 83 亿美元，随后从 2010 年开始回升，到 2012 年为 90 亿美元以上。在澳大利亚，印刷业、出版业和造纸业经常被视为一个产业板块，2012 年这个产业板块共有企业 1.07 万家，职工 11.1 万人，销售额达 325 亿美元，进口额为 45 亿美元，出口额为 14 亿美元，是澳大利亚规模可观、相当重要的产业板块。澳大利亚的广告市场增长较快，2010 年的销售额为 124 亿美元，到 2014 年将增至 147 亿美元。澳大利亚自 2011 年开始征收碳税，这对印刷及相关产业的影响已逐渐显现，此外设备利用率不高一直是澳大利亚印刷企业面对的最大的难题之一（陈静波，2013）。

李国青、侯勇锋（2012）介绍称澳大利亚报业最突出的一个特点是垄断程度特别高，整体上形成了新闻集团和费尔法克斯集团这两大传媒巨头的垄断局面，虽然两大传媒巨头之间还存在着竞争关系，但由于每种报纸都有特定的读者群，不同报纸的读者对象不一样，所以不同报纸之间的竞争很小。正是由于处于高度垄断地位，报纸对澳大利亚的政治和社会能够产生巨大的影响，甚至可能造成威胁，澳大利亚正在考虑是否要检讨有关媒体的法律，对报业和媒体垄断做出某种限制。

澳大利亚印刷工业协会最新的趋势调查报告显示，澳大利亚印刷业的产能利用率目前已跌至 25 年来的最低点。澳大利亚工业协会在调查报告中指出，澳大利亚的印刷价格已连续 46 个季度出现下降，企业获得贷款的难度持续 18 个季度保持增加，而可用劳动力的人数却连续 10 个季度下降。此外，印刷企业的净利润、成本、订单、生产、就业和投资方面的数据也在持续恶化（成初，2013）。

（二）建筑业与环保建筑技术研究

澳大利亚 2012 年至 2013 年间在建筑行业以及环保建筑技术方面做出了显著的成绩，这也引起了国内学者的持续关注。

糜嘉平（2012）介绍了澳大利亚科康钢模板的情况。科康钢模板成型混凝土结构的强度和刚度都很高，具有较高的抗震性能。在建筑行业使用科康钢模板能大量减少水泥和钢筋的用量。糜嘉平还介绍说，该模板已应用于很多国家包括我国。我国使用该模板后不仅节约了费用，也节省了劳动力，而且更加安全，在经济和技术上效果都很明显。

郑建国、郑涛（2012）研究了澳大利亚和中国的绿色建筑评价标准，侧重两国政策和标准的实施。相对中国严格的国家政策和标准，澳大利亚更加注重的是对个人的宣传和规范。由于国情的不同，澳大利亚的住房很多是私人建房，所以在推行绿色建筑，节能减排上需要更加重视民用住宅。而中国在个人建房较少的情况下，主要推行的是针对企业的标准和监管，从而达到全民减排的目的。另一方面，澳大利亚在绿色建筑评价标准实施方面倾向于"政府 + 公司／组织"的方式，这样市场化的运作更有利于政策的有效实施和监管，同时减少政府的行政压力。与澳大利亚的绿色建筑评价标准相比，中国的标准更加严格细致。绿色建筑是未来的趋势，不仅仅是中国和澳大利亚，世界上所有的国家都需要为此做出努力。

郭磊（2012）介绍了哈利法克斯生态城项目。哈利法克斯生态城项目是澳大利亚第一例生态城市规划，该城位于澳大利亚阿德雷德市内城哈利法克斯原工业区。生态城的建设涉及多方面的综合功能目标体系，包含社区和建筑的物质环境、社会经济结构、城市产业等 12 项目标，提出"社会驱动"的生态开发模式，该项目通过在被污染的场地上种植本地植物使土壤无害化，形成野生动物栖息地并在各种建筑顶棚上和地面上覆盖植被以创造一个生态走廊。建筑全部采用绿色节能的环保材料，以联立式住宅为主来实现改良生态环境的目标。

澳大利亚是世界上生态城市建设水平较高的国家之一，提出了"社区推动"的发展模式，体现在充分利用能源、发展节约型建筑、实施生态管理、促进城乡平衡等方面。澳大利亚的生态城市建设给予我们以下启示：明确发展目标、坚持可持续发展战略、重视周边环境协调、加强科技支撑、重视政策和资金支持、鼓励公众参与等（于文武等，2013）。

（三）澳大利亚的电力管理研究

孙建淼（2013）称，过去十年，澳大利亚可再生能源产业，特别是风电和太阳能、光热得到了有史以来的最快发展。2012 年，可再生能源共发电 29.7 万亿瓦时，占全国总发电量的 13.14%，同比增长 3.5 个百分点。2005 年开始，澳大利亚风电开始快速发展。在近六年内，装机容量以年均 41% 的速度增长。受金融危机影响，2009 年以来，风电发展速度明显放缓，2012 年新增装机容量 408 兆瓦，同比增长 19%。截至 2012 年底，澳大利亚风电装机容量达到 2584 兆瓦。尽管发展速度较快，但澳大利亚风电规模并不大，根据世界风能协会的资料，2012 年澳大利亚的装机容量全球排名第 14 位。截至 2012 年底，澳大利亚共有 62 个风电场，1397 台风电机组，装机容量为 2584 兆瓦。澳大利亚开发风电产业的机遇与挑战并存。机遇主要体现在以下几点：一是有良好的政策环境，澳大利亚政府出台有关政策致力于扶持可再生能源产业，并鼓励其发展，可再生能源产业仍将保持快速发展；二是风电仍有广阔的发展空间。风电产业经历了近十年的快速发展期，但目前规模仍然有限，其发电量占全国总发电量的比例仅为 3% 左右，仍有较大的发展空间。

（四）其他

冯志峰等（2012）介绍说，矿山磨机整体运输的实现不仅大大缩短了工期，降低了澳洲人工成本和机械成本，而且减少了磨机在安装过程中的不安全因素，具有施工速度快、磨机安装精度高的优点，为磨机安装和调试创造了条件，为业主和施工单位减少工程投资，更重要的是掌握了超大型磨机模块化运输技术，创造了矿山磨机运输之最，为今后同类工程的应用提供了技术支撑和宝贵的经验。

小　结

纵观 2012—2013 年澳大利亚工业经济的研究成果，文献资料丰富，研究领域广泛。在矿产能源方面，各类研究不仅对澳大利亚矿产资源的储备和分布状况做了详细的介绍，也对其行业发展的来龙去脉，包括未来走势进行了梳理。此外，澳大利亚矿业管理的经验，矿业发展对社会各方面的影响，各国在澳大利亚矿业中的投资与合作，以及从矿业社区的角度对在矿产行业可持续发展的研究，都丰富了这部分研究的内容。

参考文献

1. 《澳大利亚将成为能源超级大国》，《中外能源》2012 年第 8 期。

2. 《澳大利亚研发出犊牛腹泻新疫苗》，《吉林畜牧兽医》2012 年第 12 期。

3. 《澳大利亚研发废塑料废橡胶炼钢新技术》，《化工新型材料》2012 年第 5 期。

4. 《澳第四大矿山加入中国平台》，《西部资源》2012 年第 4 期。

5. 《必和必拓将自销钾肥》，《化工矿物与加工》2012 年第 1 期。

6. 曹进冬：《澳大利亚中国光伏行业的新机会》，《青海科技》2013 年第 1 期。

7. 成初：《澳大利亚印刷业产能利用率跌至最低点》，《广东印刷》2013 年第 3 期。

8. 陈静波：《澳大利亚印刷业发展掠影》，《印刷技术数字印艺》2013 年第 12 期。

9. 《淡水河谷欲在澳洲开发铁矿》，《矿业装备》2012 年第 3 期。

10. 邓瑶：《华菱、FMG 蜜月结束》，《国土资源导刊》2012 年第 2 期。

11. 杜启洪：《听听山东的意见——澳大利亚外资审查委员会主席访问山东》，《走向世界》2013 年第 28 期。

12. 杜旭丰、郑际任：《拥堵问题掣肘澳大利亚港口发展》，《港口经济》2013 年第 5 期。

13. 冯志峰、刘世瑞、刘海波：《澳大利亚 SINO 铁矿超大型磨机整体运输技术应用》，《中华建设》2012 年第 7 期。

14. 傅云威：《矿业独大下的裁员潮》，《商》周刊 2012 年第 4 期。

15. 郭磊：《低碳生活城市案例介绍（十七）：澳大利亚哈利法克斯提出"社会驱动"的生态开发模式》，《城市规划通讯》2012 年第 22 期。

16. 环文、永文：《澳大利亚资源热潮正在丧失动力》，《中国冶金报》2012 年 8 月 25 日。

17. 黄强、邓萍：《探寻找矿路径 推动矿业发展——2012 中国—东盟矿业合作论坛外宾为地质找矿合作建言》，《南方国土资源》2012 年第 6 期。

18. 李国青、侯勇锋：《两大传媒巨头垄断下的澳大利亚报纸》，《记者摇篮》2012 年第 2 期。

19. 李强：《澳大利亚"Lion"红酒进军中国》，《商周刊》2012 年第 23 期。

20. 刘志雄：《中国与澳大利亚食糖业竞争力比较研究及对中国的挑战》，《农业展望》2012 年第 6 期。

21. 陆阳、阎思进：《在借鉴中完善我国毛绒纤维质量监督体制及促进产业发展——中国纤维检验局赴澳大利亚新西兰考察报告》，《中国质检》2012 年第 15 期。

22. 罗明、王军：《双轮驱动有力量——澳大利亚土地复垦制度建设与科技研究对我国的启示》，《资源导刊》2012 年第 6 期。

23. 李景卫：《矿产资源租赁税推高赴澳投资成本》，《资源导刊》2012 年第 5 期。

24. 李景卫：《中国投资促进澳大利亚增长》，《中国联合商报》2012 年 6 月 4 日。

25. 李刚：《澳大利亚矿产资源租税制度探析——以西澳为例》，《地方财政研究》2013 年第 9 期。

26. 刘惠萍、郝文良、梁薇、徐彦峰、金科、金正怡：《澳大利亚天然气分布式能源发展市场分析与借鉴》，《上海煤气》2012 年第 4 期。

27. 刘宜政、张兵：《浅析中澳矿产资源的态势及双边经贸关系》，《价值工程》2013 年 16 期。

28. 糜嘉平：《澳大利亚科康钢模板应用技术》，《建筑施工》2012 年第 10 期。

29. 宋国明、郑子敬：《澳大利亚矿业投资环境》，《国土资源情报》2012 年第 12 期。

30. 宋国明、胡建辉：《澳大利亚矿产资源开发管理与政策》，《世界有色金属》2013 年第 3 期。

31. 宋国明：《中澳矿业投资合作的前景分析》，《国土资源情报》2013 年第 4 期。

32. 宋爽、叶倩：《中国有色金属工业协会与澳大利亚维多利亚州签署合作文件》，《中国有色金属报》2012 年 9 月 18 日。

33. 宋玉春：《澳大利亚液化天然气工业黄金期或近尾声》，《中国石油和化工》2012 年第 5 期。

34. 孙建淼：《澳大利亚风电投资的机遇和风险分析》，《风能》2013 年第 10 期。

35. 孙婷婷、王升辉、孟刚、王瑞：《我国煤炭与煤层气和谐开采设想与建议》，《第九届全国采矿学术会议暨矿山技术设备展示会论文集》，2012 年。

36. 唐露萍：《矿业繁荣与澳大利亚经济——澳大利亚储备银行副行长 Ric Battellino2010 年 2 月 23 日在悉尼学院的演讲》，《经济资料译丛》2012 年第 4 期。

37. 童国庆：《澳大利亚：氢燃料电池前景看好》，《农业工程科技（新能源产业）》2012 年第 9 期。

38. 《通用支持澳大利亚清洁能源技术发展》，《创新科技》2012 年第 11 期。

39. 王宏峰：《这个岛州有商机——澳大利亚塔斯马尼亚州矿业投资环境扫描》，

《中国矿业报》2012 年 9 月 20 日。

40. 王云阳：《澳洲坚果射频干燥技术研究》，博士论文，西北农林科技大学，2012 年 4 月。

41. 王苇航：《澳大利亚经济期待"华丽转身"》，《中国财经报》2012 年 9 月 27 日。

42. 王正立：《2012 年世界主要 25 个矿业国投资环境排序》，《国土资源情报》2013 年第 7 期。

43. 伍浩松：《阿海珐与三菱合作在澳洲开展铀矿勘探》，《国外核新闻》2012 年第 6 期。

44. 肖龙：《南澳大利亚葡萄酒之旅》，《CHINA'S FOREIGN TRADE》2013 年第 3 期。

45. 徐菲远：《澳大利亚对中国葡萄酒出口额增长 23%》，《酿酒科技》2012 年第 6 期。

46. 徐海静：《澳洲矿企的"紧箍咒"》，《经济参考报》2012 年 12 月 5 日。

47. 徐曙光：《澳大利亚矿业社区建设的发展演变与挑战》，《国土资源情报》2012 年第 9 期。

48. 姚震、赵月峰、王新红、刘欣颖：《澳大利亚浮式液化天然气项目现状及发展前景》，《国际石油经济》2013 年第 11 期。

49. 于文武、李建峰、李昌宇：《澳大利亚生态城市建设实践及启示》，《China's Foreign Trade》2012 年第 4 期。

50. 张欣：《澳矿价格趋降》，《中国海关》2012 年第 7 期。

51. 《美研究称西澳小镇现癌症村 系矿业繁荣后遗症》，环球网 2012 年 9 月 4 日。

52. 郑建国、郑涛：《从澳大利亚绿色建筑实施现状看中国绿色建筑的未来》，《建筑节能》2012 年第 6 期。

第三章

澳大利亚的服务经济

随着中国—澳大利亚政治与经济关系的不断发展，国内学者对澳大利亚政治、经济与社会发展的关注日趋增加。澳大利亚是西方发达国家成员，其服务经济占国民经济的比重较大，服务业是其经济最重要和发展最快的部门，因此，澳大利亚服务经济的发展成为国内澳大利亚研究的焦点之一。本章将从澳大利亚的旅游、文化、医疗、邮政、物流、城市规划、电信和图书馆、出版业这几个方面归总 2012 年到 2013 年我国对澳大利亚服务经济的研究和报道情况。其中，澳大利亚的电信和出版服务业是近两年的新热点，而澳大利亚的旅游、文化、医疗、物流经济依然是关注的焦点。

一　澳大利亚的旅游经济

澳大利亚是一个位于南半球的岛国，那里以自然风光和其他的地质风貌闻名于世。澳大利亚旅游业高度多样化，汇集了近万家企业，其中包括主题公园、赌场、剧院、自然度假村、旅行社、客运公司，以及零售和教育机构等。澳洲的旅游业收入丰富，占国民生产总值的比重较大，并且提供了大量的就业岗位。旅游业在澳大利亚经济中发挥了举足轻重的作用，不少学者对这一领域进行了研究（刘佳、尹宁，2012；李鹏、王秀红，2013；贾鸿雁，2013；宋正华，2012；丁宁，2012；中国驻悉尼旅游办事处，2012）

城市旅游形象是城市旅游的灵魂，是形成城市市场竞争力的重要工具，同时也是城市营销成功与否的关键因素。近年来，各个国家与地区都加大了对于城市旅游形象的宣传力度，但同时伴随而来的是城市旅游形象严重同质化等问题。刘佳和尹宁（2012）以澳大利亚为例，探析了其旅游形象的传播策略，从而为我国旅游形象传播提供借鉴。他们认为澳大利亚旅游形象成功的原因在于其实施了"政府主导，制定战略规划"的规划策略，"准确定位，塑造品牌形象"的定位策略，"多种传播渠道整合应用"的媒介策略，"阶段性调整，循序渐进"的传播策略，以及"把握受众心理，贴近当地生活"的本土化策略。

旅游经营者是旅游发展的重要组成部分，旅游业发展与旅游经营者的素质、能力、动机等因素密切相关。旅游经营者经营动机一直是乡村旅游研究关注的重点。李鹏和王秀红（2013）通过数据收集，对中国、澳大利亚两国乡村旅游经营者进行了多维目标体系定量比较研究。结果表明，两国乡村旅游经营者在开业起始目标、家庭相关目标上差异较大，在正式经营目标上差异不大。作者从认知差异、制度差异、文化差异、经济发达程度差异和人口特征差异等五个方面，探讨了中、澳两国乡村旅游经营者多维目标差异产生的原因。其结论是，澳大利亚经营者更大程度上是一种生活型经营者，而中国经营者更大程度是一种生产型经营者；澳大利亚经营者更关注乡村生活品质和乡村本土文化，而中国经营者更多地看重经济目标和家庭关系的维系。了解不同国家乡村旅游经营者目标和动机的异同，有利于认识各国乡村旅游发展方式的差异性，促进乡村旅游的健康发展。

20世纪末到21世纪初的10余年间，澳大利亚的文化旅游得到了稳步发展，文化旅游目的地形象逐渐得到认可。贾鸿雁（2013）从供给角度介绍了澳大利亚文化旅游的内容，主要包括：博物馆、美术馆、演出、节庆以及历史遗迹、文化遗产和土著遗迹等。为推动文化旅游的发展，澳洲当地政府还主导了一系列的研究项目和资助项目。我国政府应进行务实的文化旅游研究，加大对文化产业的投入，扶持与指导文化旅游发展。

宋正华和中国驻悉尼旅游办事处（2012）合作分析了澳大利亚旅游的市场与前景，并根据一项最新全国性调研，表明澳大利亚旅游业正面临来自亚洲同行的激烈竞争，出现了入境旅游缓慢增长、增幅微弱，出境旅游增势良好、增幅高于预期，国内旅游市场价值下滑等现象。

丁宁（2012）从人性化服务、程序化操作、最大化价值三个方面报道了澳大利亚旅游的成功之处。酒店提供的携带式早餐盒、旅游局提供的出租车"乘车券"、有条不紊的行李运送体系和专属摄影照片的销售等细节都反映了澳大利亚旅游业的成熟。

二 澳大利亚的医疗

澳大利亚联邦政府通过卫生与家庭服务部制定国家卫生政策，并向州和地区政府的医疗机构及私立医院提供医疗补助。与其他国家一样，近年来随着人口年龄的老化、技术的进步以及患者期望值的提高，澳大利亚面临着越来越沉重的卫生经费的压力。许多学者（席丽明，2012；魏影、孙希军，2012；董丹丹、孙纽云，2012；陈伟明、吴华，2012；代涛、胡红蝶、郑英，2012；朱江华，2012；裴沛，2013；鲍燕、李绍林、郭文芳，2012；高荣伟，2012）到澳大利亚实地考察，对澳大利亚的医疗服务和管理做了研究。

（一）澳大利亚的医疗服务和医疗保障

作为典型的全民医疗保险国家，澳大利亚医疗服务及国民健康水平在发达国家中首屈一指。澳大利亚医疗保障体制有着自己鲜明的特点，完善的体系和日臻成熟的"福利国家"理念，以及高效的社会功能，对澳大利亚社会保障事业的发展及提高国民身体素质起着重要作用（席丽明，2012）。澳大利亚医疗保障体制有着良好的政策及经验。首先是全民医疗保险体系，根据医疗保险筹资模式及政府干预模式的不同，可以分为四种社会医疗保障模式，即全民医疗保险模式、社会医疗保险模式、混合型医疗保险模式和强制储蓄保险模式。其次是 Medic 二制度，Medic 二制度又称医疗照顾制度或国民医疗保健制度，是澳大利亚医疗保障制度的核心组成部分之一，是全民医疗保险制度最基本也是最主体的制度。然后是 PBS 制度，全民医疗保险体系的另一重要组成部分是 PBS 制度，译为药品照顾制度或药物津贴计划。最后是私人医疗保障制度，作为全民医疗保险体系的重要补充，私人医疗保险的保险内容比全民医疗保险的内容范围广、项目多，加入私人医疗保险的国民还可以享受全民医疗保险的保障，可谓是双重保障。席丽明（2012）认为，澳大利亚医疗保障制度有全民性与多元化两个优越性，同时澳大利亚也存在着医疗费用持续增长的问题。尤其是随着卫生服务需求的不断增加以及愈加多元化，加上澳大利亚老龄化程度逐年加深，澳大利亚政府的经济负担愈加沉重。

裴沛（2013）介绍道，澳大利亚社会福利种类多且齐全，是一个典型的福利社会，同时澳大利亚也是世界上社会福利最好的国家之一，保障对象范围从寡妇、伤残、儿童津贴到因为年龄、残疾或失业等原因不能工作而领取救济金者，辅助性福利提供方包括联邦政府、州政府和各地方政府在内的三级政府。目前，澳大利亚的社会福利网已覆盖全国各地。他总结了澳大利亚社会保障制度的特点：保障对象全民化、保障项目多样化、资金来源多渠道、社会保障支出在政府预算中举足轻重、社会保障管理部门垂直化、社会保障法制化、对保障对象进行严格的审查与评估、社会保障管理信息化网络化程度较高、财政部门在社会保障中负有重要职责等。这其中，吸引全球目光的主要有三大特色：保障种类多、对象全民化，法律保障下的财力审查监督体制，以及以社会救助为核心设专门税收的制度。不过，现在澳大利亚也面临着考验，随着经济危机的影响，社会老龄化日趋严重，高福利制度正面临着巨大的考验。最为突出的有两个问题，第一就是高福利背后的高税收，问题之二也是主要问题，即澳大利亚的社会保障发放计算法则。

高荣伟（2012）以切身经历介绍了澳大利亚全民医疗的优点及存在的问题。澳大利亚的全民医疗保险已经实行多年，其医疗服务水平以及国民健康水平即使在发达国家中也位列前茅。为了让所有澳大利亚人买得起药，政府实行了"药品补贴计划"（PBS）。澳大利亚医疗设施齐全，保障制度健全，医疗从业人员的专业水平和服务意识都很强，很多医生都是走出自己的诊室亲自迎接病人。并且澳大利亚为留学本国的海外学生专门设立了一种医疗保险制度，即"海外学生医疗保险制度"。澳大利亚全民医疗保险也存在一些问题：澳大利亚全民医疗保险资金主要来源于一般税收和公民所缴纳的医疗保险税。另外，随着人口的迅速增加和老龄化，加上许多顽症需要长期治疗、护士人手紧张等因素，住不上院和手术等待时间长，已经成为澳大利亚公立医院面临的两个现实难题。

（二）澳大利亚的医疗质量管理和绩效评价

魏影、孙希军（2012）介绍了澳大利亚医疗质量管理对我国的启示，他们指出澳大利亚非常注重加强质量改善和安全管理，制定统一、可行的标准和评价指标，并将质量和安全问题纳入日常的工作计划和战略管理规划予以实施。政府在医疗质量管理中起到非常重要的作用，并且非常重视患者和社区对医疗质量的参与度。作者探讨了澳大利亚医疗质量管理体系及其服务理念和质量管理经验，总结出澳大利亚医疗质量管理的成功做法有：一是专门成立质量监控机构，如国家卫生绩效委员会、医疗质量安全委员会、国家卫生重点行动委员会、优质医疗服务委员会等专业医疗质量管理组织。二是医疗服务管理除了政府组织和政府出台的各项政策和标准外，还由社会各方面的非官方组织共同参与，尤其负责对医疗机构的认证和监督，共同督促医疗质量的提高。三是澳大利亚对医疗质量管理注重医疗风险的评估和隐患的解除；注重社会和患者的参与和监督，通过健全质量管理信息体系和公众报告体制，使公众有机会获得及时信息和医疗服务，也通过群众监督不断提高医疗质量。澳大利亚的成功经验对我国医疗质量管理的启示有：建立一系列医疗质量标准和评价方法，健全医疗卫生服务认证和质量评估机构，坚持以患者为中心的理念，加强医院内部质量管理等。

董丹丹、孙纽云（2012）总结和分析了澳大利亚医疗卫生绩效评价体系和各地方卫生署绩效信息报告的经验和做法，提出了建立我国客观、科学、有效的医疗卫生绩效评价体系的相关建议。澳大利亚典型的医疗卫生绩效评价体系包括国家医疗绩效框架、国家卫生服务协议及政府服务提供的医疗卫生绩效评价三个部分。我国卫生服务系统同澳大利亚类似，兼有公立医疗机构和私立医疗机构，筹资和监管体系也是多元化。澳大利亚在医疗卫生系统管理和改革过程中的以下绩效评价实践经验，对我国深化医药卫生体制改革和医疗卫生系统绩效评价工作的开展具有重要的启示意义：（1）将绩效评价作为卫生系统管理和改革的优先选用工具；（2）强调质量安全和卫生公平的绩效指标；（3）将设置科学灵活的指标纳入标准；（4）公开报告与比较绩效信息。

陈伟明、吴华（2012）运用文献查询、现场调研等方法，通过对比澳大利亚与深圳社区公共卫生服务补偿机制的异同，探讨我国学习、借鉴澳大利亚全科医生提供社区公共卫生服务补偿机制的可能性。澳大利亚与国内在社区公共卫生服务补偿机制上存在着明显差异，澳大利亚的各公共卫生服务项目有明确定价，并由第三方按服务项目实时支付，按实际服务人次支付；国内则是将公共卫生经费直接补助给供方，且各项公共卫生服务缺乏明确定价，主要由专家评估来确定服务开展的数量和质量。澳大利亚全科医生提供社区公共卫生服务的补偿机制可供国内学习和借鉴。

代涛、胡红濮、郑英（2012）以澳大利亚为案例，对照分析了不同时期卫生决策支持系统国家建设指南的内容、特点及系统功能的建设实践。结果显示，澳大利亚卫生决策支持系统的整体发展水平还处于探索阶段，其建设目标、功能定位、建设机制随着卫生信息化发展的不断深入正逐步完善。此外，为保证卫生决策支持系统功能的准确性与安全性，澳大利亚一直强调标准规范建设与系统功能认证工作的重要性。

朱江华（2012）考察了澳大利亚在医院管理方面的特点与做法。澳大利亚有较完善的全民健康保障制度，这些制度合理地分解了政府、社会和个人的健康责任；建立职责分工明确的卫生行政管理体制和医院管理架构，这有利于统筹协调和资源整合；注重患者的需求和就诊途径，医疗秩序良好有序；建立基于服务产出的政府拨款机制，不断提高医院的运行效率、部门联合、统筹设计，构建医疗质量与安全系统等。作者对我国的医疗改革提出了建议：（1）逐步完善由政府、社会、单位、个人共同承担医疗卫生经费的筹资模式，加大对医疗卫生事业经费的投入；（2）不断提高医院的运行效率，增强医疗服务的供给能力；（3）加强患者期望管理，建立有序高效的就诊途径，建立医疗服务安全与质量全方位管理模式；（4）充分运用现代科技手段，提高医院管理的有效性等。

三　澳大利亚的图书馆与出版业

澳大利亚的图书馆近些年来发展得比较快，其先进的管理理念和现代化的图书馆建设是值得我们学习借鉴的。众多学者（王少薇、高波，2012；黄红华，2013；张涛，2013；颜运梅，2013；杨晓云，2013；冯佳、刘漩，2012；刘丹沁，2013；袁闯，2012；丁嘉羽，2013；张红华，2013）对澳大利亚的图书馆与出版业进行了研究。

王少薇、高波（2012）通过对澳大利亚10所大学图书馆和1个大学图书馆联盟以及评估机构TFQSA的危机管理实践进行调查，分析了澳大利亚大学图书馆危机管理现状，概括其危机管理实践具有受重视、较完善、重视合作等特点，并结合我国图书馆危机管理实际，提出了提高危机意识、明确部门职责、提高预案针对性、扩大危机管理范围、发挥联盟优势的建议。

黄红华（2013）介绍了澳大利亚图书馆采购、收集电子出版物的原则，电子出版物缴送的具体规定，并概括了澳大利亚在实现电子出版物缴送进程中的做法及对我国的启示。澳大利亚电子出版物缴送具体措施制订的过程是：（1）制订之前多次征求意见，（2）制订澳大利亚电子出版物的采购或收录原则，（3）明确电子出版物缴送的具体规定。澳大利亚通过国家图书馆主导多部门参与、政府与地方规定并存、逐渐扩大电子出版物缴送范围等措施，逐步实现了物理电子出版物和在线电子出版物缴送，这对我国有很大启示。

澳大利亚是多元文化图书馆最早兴起的国家之一。张涛（2013）研究发现，澳大利亚各级公共图书馆都制定了相应的服务政策，指导多元文化服务的发展，以适应不断变化的多元文化社区的需求与信息时代的新趋势。澳大利亚在馆藏文献建设与拓展活动乃至宣传推广工作中都能贯彻多元文化理念，收到了良好成效，对我国公共图书馆多元文化服务建设具有一定的借鉴意义。

近年来，澳大利亚国家图书馆运用社交媒体推广图书馆服务取得了卓越成效，并制定了《社交媒体政策》。颜运梅（2013）认为该政策鼓励员工积极利用社交媒体，确立了官方使用、专业使用、私人使用社交媒体的行为规范，同时明确指出使用不当和违反政策的行为，提醒员工使用社交媒体存在的风险，并指导员工使用社交媒体之后如何保持记录，这些都为我国图书馆使用社交媒体提供了借鉴。

杨晓云（2013）研究发现，澳大利亚在对其版权法的多次修订中均涉及图书馆的版权保护问题，在图书馆使用版权方面积累了较为成功的经验。澳大利亚首先对适用版权的图书馆性质进行了界定，并规定了图书馆版权流转的规则：（1）合理使用；（2）照顾公共利益；（3）商业供应检验法等。文章还对澳大利亚实施知识共享许可协议来解决公共部门信息获取与再利用中的版权保护问题进行了分析，并揭示了"商业供应检验法"、"知识共享许可协议"、图书馆应该责任和权利并重、最大限度照顾"公共利益"等理念对我国图书馆界的借鉴意义。

冯佳、刘漩（2012）介绍了澳大利亚图书馆从业人员的情况。共分为图书馆员、教师图书馆员、图书馆技术员、助理馆员、志愿者、兼职和临时工作人员等几类。澳大利亚图书馆的人才保障制度以全方位的职业准入体系确保人才知识结构的完备，并以职业规范和教育确保人才的质量，以志愿者作为从业人员的重要补充，以需求刺激图书馆从业者竞争力的提升。

丁嘉羽（2013）基于赴澳参加数字出版与编辑技术培训的收获，从历史、现状、数字化以及编辑四个角度综述了澳大利亚出版业的发展。在此基础上，对敬业精神、机制完善、人才培养、细分市场、期刊出版等6个方面进行了思考。澳大利亚是继美国和英国之后的第三大英语图书市场。目前，全澳大利亚共有5000多人参与出版工作，现今的澳大利亚出版发行业在以下方面呈现出自己的特点：（1）图书出版机构。澳大利亚出版业的格局呈现高度集中化趋势。（2）图书发行市场。澳大利亚的图书发行市场分为两个主要领域：一般图书和教材。（3）图书零售业。随着出版数字化进程的推进，澳大利亚读者购买图书的方式也在日趋多元化，主要有以下3种：一是实体店购书；二是网络购书；三是购买电子书。（4）出版教育。出版教育在澳大利亚很普及，办学层次也较高。澳大利亚的出版业尤其是数字出版相较于欧美国家尚处于初级阶段，作者分析其原因可能有如下几个方面：（1）澳大利亚是英语国家，没有语言方面的障碍，其民众的阅读可直接取自英美等出版业发达的国家，因此在一定程度上减少了其发展自身出版业的动力；（2）澳大利亚地广人稀，人力成本昂贵，因此网上售书的运费成本过高，制约了网上书店的发展。

刘丹沁（2013）指出，澳大利亚图书馆处处体现出永恒不变的服务理念："一切为了读者。"并且各项服务都能够秉承这一理念，融会贯通，随着时代的发展，不断地变化着、发展着。袁闯（2012）透过澳大利亚图书馆这一窗口，介绍了澳大利亚是如何把"以人为本"的宗旨落实到实处的，这对我国兴国之道具有现实意义。另外，澳大利亚的图书馆都是政府创办的，每年政府会投入许多资金来采购图书、雇佣服务人员、组织各种活动、购买电子书籍的版权等。张红华（2013）认为教育是国家发展的根本，而阅读是教育的重要过程，澳洲国民良好的阅读习惯和这个国家的图书馆文化显然有着密切的关系。

四 澳大利亚的文化产业

澳大利亚的文化产业现有上万个企业，虽然澳大利亚政府将文化作为一种产业来进行管理的历史并不长，但其在国民经济中的地位日趋提高，现已成为澳洲第三产业中的支柱产业和主要出口行业。文化产业的产出占国民生产总值的比重与陆地运输业、住宅建设业、教育产业等相当。众多学者（王曦，2013；颜廷，2012；央梓，2013；肖宏宇，2013；赵立、袁媛，2012）从不同方面对澳大利亚的文化产业进行了研究。

王曦（2013）以"昆士兰模式"为例，介绍了澳大利亚文化创意产业的发展情况，并且主要通过三个视角探讨澳大利亚文化创意产业经验对我国文化创意产业发展的借鉴意义。首先是在政策层面，我国可以借鉴澳大利亚的"多功能"政策模式，打破传统的单一政策模式，将文化政策同经济政策、产业政策和创新政策融为一体，大幅度提升导向性功效；其次，政府在建立和发展产业园区或集聚区时可以效仿澳大利亚"昆士兰模式"，注重小型和微型企业综合孵化平台的打造，为其提供管理咨询、技术支持和融资渠道等，为小型和微型文化创意企业解决实际困难；最后昆士兰科技大学创意产业学院的教育模式十分值得我国借鉴，即打破传统的学科界限，开展跨学科式教育，学生既能获得专业技能，同时又掌握本行业的经营和生存之道。作者认为澳大利亚文化创意产业的成功经验是：从文化政策到经济政策、创新政策，从"龙头企业带动"到小企业的孵化，从单一人才培养模式到复合人才培养模式。

央梓（2013）介绍了澳大利亚新政在文化政策上寻找商业化出路的相关内容。澳大利亚文化部将对最主要的艺术基金机构澳大利亚理事会做出历史性改革，以更具商业头脑的董事会成员取代目前的议会制架构。他评价道，此番新政将让澳大利亚文化艺术行业以更具市场化特色的方式驱动澳大利亚经济增长。央梓的文章中引用科林的话说："目前的澳大利亚是世界上最具创造力和活力的经济体之一，如果我们想要保持这一国际地位并在此基础上更进一步发展，就必须依靠文化产业继续激发整个国家的创造力。"新政建议澳大利亚理事会继续着眼于类型广泛的顶级艺术的赞助投资和推广宣传，并提出政府每年增加2125万美元的预算，以帮助文化新政的实施。

赵立、袁媛（2012）介绍了澳大利亚大力推进数字文化新政的相关内容。数字媒体的迅猛发展，改变了人们的生活、工作和学习方式，在传统媒体、商务、公共关系、电影、电视、出版、娱乐等众多领域引发了深刻的变革。为提高国际竞争力和满足国内社会经济发展的需要，澳大利亚政府于2011年相继推出了数字经济发展战略和新的国家文化政策，积极应对新媒体给文化艺术工作带来的巨大机遇和挑战。通过分析澳大利亚政府数字经济和文化政策的内容，作者从中总结了一些澳大利亚文化工作的重点。首先是着力打造数字经济强国，以信息技术和通信技术为依托的新媒体的迅猛发展以及在提高生产力、提高社会福利方面的巨大潜能，使澳大利亚政府充分意识到发展数字经济的重要意义。其次是激发全民对数字文化的讨论，新国家文化政策讨论稿中提出了4个目标，其中之一就是："鼓励运用新兴技术、新观念以支持创意产业的发展，使更多的人能接触到艺术文化并参与其中。"作者因此提出了对我国文化工作的启示，首先是要加快对外文化传播网站的建设；其次是要充分运用新媒体开展文化传播工作。新媒体是一个高速、开放、受众广的交流平台。我国文化艺术机构应与时俱进，组织专门力量将优秀文化艺术作品通过新媒体对外发布。这既能减少现场表演的成本，又不受时间、地域的限制，达到事半功倍的传播效果。

五　澳大利亚的邮政经济

澳大利亚的邮政经济近几年来快速发展，引起了人们的广泛关注。邮政在澳大利亚已经成为一个高度商业化和公司化的领域，在国民生活中扮演了重要角色。郑炜（2012）、陈语（2013）等学者详细介绍了澳大利亚邮政近些年的发展进程。

郑炜（2012）介绍了澳大利亚的个性化邮票服务业务。附票式个性化邮票是目前各国邮政开发个性化邮票常用的形式，一般由两部分组成：一部分是带有邮资面值的正式邮票，另一部分是特别图案的附票，可以根据用户的正当需求和有关规定制作个人肖像、风景、吉祥物等内容作为附图。开放、激情是澳大利亚人的性格特性，在个性化服务业务的开拓上他们也是先人一步，自 1999 年 3 月首次尝试成功后，他们又推出了很多个性化邮票发行和制作的形式，已经形成了成熟的发行和制作体系，被众多国家的邮政所仿效。澳大利亚邮政在现场制作个性化邮票时，非常注重个人肖像加印到邮票上的效果。澳大利亚个性邮票的成功之处在于跨国经营、印制版张和不菲效益。

陈语（2013）介绍了澳大利亚邮政改良国内包裹业务的情况。澳大利亚邮政提高了包裹业务的资费，改良了包裹业务，并对国内包裹实行了全程跟踪。澳大利亚邮政表示，在激烈的竞争环境中，技术和消费趋势日新月异，提价是通过一个比较合理的资产回报率来支持业务的发展。澳大利亚邮政对包裹业务实施了大刀阔斧的简化设计，新产品方案提供了三种投递速度供用户选择：当日、次日或常规投递。澳大利亚邮政还开办了全新的当日递业务，命名为"邮政专递"，同一州内的大都市地区之间，当日 14 点之前寄出的国内包裹承诺当日投递。此外，澳大利亚邮政还将调整国际邮件的邮区划分，以期更符合国际寄递的成本核算，国际信函在原新西兰和亚太两个邮区之外，再增加一个"世界其他地区"，国际包裹则从 4 个邮区增加到 8 个。

李丽（2012）和王旭（2012）的两篇文章指出，依据"面向未来"发展战略，澳大利亚计划投资 20 亿澳元用于基础设施、产品和服务改善，以支撑快速增长的电子商务和包裹运营。20 亿投资将用于改造澳大利亚邮政的包裹投递网络，打造通用数字平台，以满足客户对现代通信服务的需求。澳大利亚邮政和澳大利亚电信都是国内标志性的品牌企业，双方联手打造的数字邮箱服务必将成为备受全国客户青睐的有效对接平台。此外，数字邮箱服务为澳大利亚电信提供了一个低成本的高效平台，使客户接受账单更加简单便捷。

六　澳大利亚的城市规划与交通物流

在 20 世纪的发展中，澳大利亚已形成了具有自身特点的城市规划体系。其行政架构分为联邦、州与地方政府三级，州与地方政府在城市规划方面发挥了主要作用。城市规划、建设和管理是地方政府最主要的职能之一。市议会制定地方的城市规划并负责实施规划。张春艳、张敏

（2012），凯文·奥康纳、韩笋生（2012），周明（2013），唐波（2013），李幼萌（2012），中国物资流通协会澳新物流考察团（2012）等学者和组织对澳大利亚的城市规划与交通物流进行了研究。

澳大利亚在城市规划编制、实施及管理方面有一定的经验，张春艳、张敏（2012）通过实地考察学习，对所见所闻进行了归纳总结。首先，澳大利亚城市规划的制定遵循经济规律，规划是市场经济、土地及房地产市场的重要调控手段，应该遵循地价运作的经济规律，以经济利益作为调控的核心；其次，规划过程注重公众参与；最后，重视规划成果的法定化，澳大利亚很早就认识到规划的技术成果与法定成果是两个不同的概念，表达的要求也很不一样，因此，政府将技术成果转化为可操作的法定成果作为自身的一项重要工作。

凯文·奥康纳、韩笋生（2012）介绍了澳大利亚大都市区发展的独到之处。主要讨论了三个方面的内容：一是澳大利亚城市体系的特点；二是澳大利亚三个最大都市区发展的空间特色；三是以澳大利亚第二大都市区墨尔本为代表的规划管理情况。扩展高速公路沿线的居住用地、开发沿海旅游区及有选择地整合一些破败的工业区是带动澳大利亚大都市区发展的主要途径。该文通过讨论澳大利亚的城市体系、大都市空间特色以及规划管理对策，使读者对澳大利亚大都市的发展和规划有一个系统的了解。澳大利亚的大都市区发展与世界其他地区的都市区发展模式相比，具有许多相似之处，但也有其独自的特点。澳大利亚是一个移民国家，早期的移民将城市作为迁徙的目的地。随着历史的变迁，许多早期移民落脚的城市最终发展为大都市，这些大都市在澳洲的城市体系中占有至关重要的地位。现有的澳大利亚大都市区的空间形态是经过长期演变而形成的，影响这一演变过程的主要因素包括：居住用地沿高速公路线路扩展；沿海岸线旅游区的开发和扩展；工业区的相互连接。与亚洲的许多大都市区不同，制造业的扩散不是影响澳大利亚大都市空间演变的主要因素。澳大利亚的城市发展形态以低密度和不断蔓延为特点。近年来，澳大利亚在大都市规划管理方面，正试图采取措施限制城市的无序蔓延，其所实施的政策重点是落实城市的集约化发展。

周明（2013）通过对澳大利亚昆士兰州努萨维尔市人工水乡的分析，探讨了人工水乡的设计与城市宜居度的关系，人工水系形成了宜居空间的尺度和思想，创造了丰富的景象层次。水陆两套交通体系紧凑便捷。和睦的邻里关系创建了良好的社会环境。居民的生活模式与自然环境高度和谐。作者着重讨论了人工水系打造的地理因素、环境影响因素、空间形态及人的行为模式，并探讨了人工水乡的场所特征与宜居心理的对应关系。

唐波（2013）介绍了自己的亲身经历以及对澳大利亚交通与物流的感受。阐述了澳大利亚道路交通的高效率，成熟的道路运输及管理模式。中国物资流通协会澳新物流考察团（2012）撰文提到，澳大利亚是一个后起的发达资本主义国家，在如何加快物流事业发展，推进物流现代化，提高经济效益，降低流通成本，促进本国经济发展方面，结合本国国情，走出了一条企业效益与社会效益相结合的路子。

七　澳大利亚的电信业

李晖（2013）介绍了澳大利亚宽带通信的发展现状，阐述了澳大利亚在全国开展宽带普遍服务和对宽带普遍服务改革的策略、措施和经验等。认为，当前澳大利亚宽带及宽带普遍服务不断推进，政府对该项工作的策略与管理在不断完善，普遍服务的水平在不断提高，用户从中得到了优质的服务。高速、覆盖范围更广的宽带网络，将会给澳大利亚的各个方面，如教育、医疗等提供更多的便利，并带来更多的社会效益。

2012年，《数字通讯世界》杂志在《澳大利亚电信全球业务扩大覆盖范围》一文里介绍说，澳大利亚电信全球业务日前宣布将扩展其全球网络覆盖范围，在伦敦、马赛、斯德哥尔摩、大阪、东京、悉尼、芝加哥和中国香港新增九个网络接入点，以满足全球贸易中心之间日益增长的网络需求。澳大利亚电信全球业务新增的 Pop 点将能够支持澳大利亚电信客户在亚太地区、欧洲和美洲之间实现可靠的高性能连接。

小　结

澳大利亚的服务经济涉及了旅游、金融、交通、零售、物流等众多领域，其服务业较为发达。2012—2013年，国内相关的研究焦点包括旅游、文化产业、医疗、邮政、城市规划、图书出版等，其中旅游、文化产业、医疗为该国服务经济的核心，仍然是研究的重点，邮政经济和出版行业则是关注的新热点。对于服务经济中的酒店餐饮、物流方面的研究较少。

参考文献

1. 《澳大利亚电信全球业务扩大覆盖范围》，《数字通信世界》2012 年第 11 期。

2. 李丽：《澳大利亚邮政利润强劲增长　斥巨资发展包裹事业》，《邮政研究》2012 年第 2 期。

3. 王旭：《澳大利亚邮政与澳大利亚电信联手打造数字邮箱服务》，《邮政研究》2012 年第 5 期。

4. 杨永阁：《澳大利亚邮政在塔斯马尼亚岛开设了首家"邮政超市"》，《邮政研究》2012 年第 6 期。

5. 陈语：《澳大利亚邮政改良国内包裹业务》，《中国邮政报》2013 年 4 月 9 日第 3 版。

6. 陈伟明、吴华：《澳大利亚社区公共卫生服务补偿机制对深圳的启示》，《中国全科医学》2012 年第 22 期。

7. 代涛、胡红蹼、郑英：《澳大利亚卫生决策支持系统发展与启示》，《中国循证医学杂志》2012 年第 4 期。

8. 丁嘉羽：《基于澳大利亚出版业发展的几点思考》，《学报编辑论丛（2013）》2013 年 10 月。

9. 丁宁：《澳大利亚旅游：从细节见成熟》，《中国旅游报》2012 年 7 月 6 日第 6 版。

10. 董丹丹、孙纽云：《澳大利亚医疗卫生绩效评价体系的循证研究及对我国的启示》，《中国循证医学杂志》2012 年第 6 期。

11. 冯佳、刘漩：《澳大利亚图书馆从业人员保障制度研究》，《国家图书馆学刊》2012 年第 3 期。

12. 高荣伟：《见识澳洲的全民医疗保险》，《金融博览（财富）》2012 年第 4 期。

13. 黄红华：《澳大利亚电子出版物法定缴送及启示研究》，《高校图书馆工作》2013 年第 6 期。

14. 贾鸿雁：《澳大利亚文化旅游发展及其启示》，《商业研究》2013 年 1 月总第 429 期。

15. 凯文·奥康纳、韩笋生：《澳大利亚大都市区发展与规划对策》，《国际城市规划》2012 年第 2 期。

16. 李晖：《澳大利亚宽带及普遍服务发展》，《通讯管理与技术》2012 年第 4 期。

17. 李鹏、王秀红：《中、澳两国乡村旅游经营者多维目标定量比较研究》，《广西经济管理干部学院学报》2013 年第 1 期。

18. 刘丹沁：《澳大利亚图书馆服务理念与服务模式：不变与可变》，《理论界》2013 年第 3 期。

19. 刘佳、尹宁：《浅析澳大利亚旅游形象在中国的传播策略》，《今传媒》2012 年第 10 期。

20. 裴沛：《浅析澳大利亚社会保障制度的利弊》，《青年文学家》2013 年第 12 期。

21. 宋正华：《澳大利亚旅游：虽不乏挑战但前景乐观》，《中国旅游报》2012 年 9 月 14 日第 5 版。

22. 唐波：《感受澳大利亚的交通与物流》，《商用汽车》2013 年第 5 期。

23. 王少薇、高波：《澳大利亚大学图书馆危机管理实践及启示》，《图书馆工作与研究》2013 年第 12 期。

24. 王曦：《澳大利亚文化创意产业发展对我国的启示——以"昆士兰模式"为例》，《中央财经大学学报》2013 年第 1 期。

25. 魏影、孙希军：《澳大利亚医疗质量管理对中国的启示》，《中国医学创新》2012 年 7 月第 9 卷第 19 期。

26. 陈伟明、吴华：《澳大利亚社区公共卫生服务补偿机制对深圳的启示》，《中国全科学》2012 年第 22 期。

27. 席丽明：《澳大利亚医疗保障体制概述》，《中外企业家》2013 年第 14 期。

28. 肖宏宇：《澳大利亚文化政策的演变》，《学习时报》2013 年 7 月 29 日第 9 版。

29. 颜运梅：《澳大利亚国家图书馆社交媒体的应用与政策解读》，《图书馆建设》2013 年第 8 期。

30. 颜廷：《海外移民与澳大利亚文化多样性的发展，以 2011—2012 年人口普查数据为比较研究中心》，《学海》2013 年第 6 期。

31. 央梓：《澳大利亚文化新政寻商业化出路》，《中国文化报》2013 年 1 月 29 日第 010 版。

32. 杨晓云：《澳大利亚图书馆版权流转规则及对我国图书馆界的借鉴意义——兼论澳大利亚知识共享许可协议之实施》，《图书馆学研究》2013 年第 2 期。

33. 袁闯：《管窥澳大利亚图书馆的"以人为本"》，《科技视界》2012 年第 29 期（总第 44 期）。

34. 张春艳、张敏：《澳大利亚城市规划工作的启示》，《重庆建筑》2012 年第 7 期。

35. 张红华:《感受澳洲图书馆文化》,《中外文摘》2013 年第 6 期。

36. 张涛:《澳大利亚公共图书馆多元文化服务述略》,《山东图书馆学刊》2013 年第 6 期。

37. 赵立、袁媛:《澳大利亚力推数字文化新政》,《中国文化报》2012 年 2 月 15 日第 3 版。

38. 中国驻悉尼旅游办事处:《澳大利亚旅游市场分析及预测》,《中国旅游报》2012 年 5 月 18 日第 6 版。

39. 周明:《基于宜居城市理念下的澳大利亚人工水乡体系化研究》,吉林建筑工程学院,硕士毕业论文,2013 年。

40. 朱江华:《澳大利亚医院管理项目学习考察报告》,《中国卫生产业》2012 年第 32 期。

第四章

澳大利亚的金融、保险

2012年至2013年间，金融保险业仍然是澳大利亚经济中增长最快的产业之一。作为经济体系的核心元素，金融业的贡献量相当于采矿和农业两大传统产业的总和。在此期间，我国关于澳大利亚金融与保险业的相关研究主要集中在货币政策、金融机构、金融监管和社会保障制度四个方面。下文对于2012年至2013年这四部分的相关研究进行详细论述和分析。

一 澳大利亚的货币政策

澳大利亚在国际金融危机期间并未受到实质上的冲击，整体经济在2010年之后得到进一步发展。2012年至2013年间，由于失业率不断上升以及行业政策等各方面原因，澳大利亚多次采取降息政策。中国的相关研究主要针对货币政策目标、利率政策等方面。

（一）货币政策目标

为了推动中澳贸易，以及降低结算时的汇率风险和兑换成本，2012年3月22日，中国人民银行与澳大利亚中央银行签订了本币互换协议。双方承诺，三年内互换规模为2000亿人民币/300亿澳大利亚元，并在双方同意的情况下可以延展有效期。王亚娟（2012）认为这样的互换机制不仅可以为本国商业银行提供一定的流动性，支持中澳两国之间的投资与贸易活动，还将进一步加强双边金融合作。

中国农业银行贵州省分行国际业务部（2012）在剖析国际金融危机及欧债危机对世界各国的影响以及相关应对措施时，对包括澳大利亚、越南和印度尼西亚等经济体在内的中央银行所施行的进一步宽松货币政策进行了探讨。同时指出，全球将会迎来下一波降息潮，而短期内很可能再次出现结构性通胀压力。

（二）利率政策

1. 关于澳大利亚利率政策的评析

澳大利亚的降息政策，相对来说较为频繁。在 2012 年，澳大利亚央行关于"议息"连续召开了 11 次会议。2012 年 1 月至 4 月，主要利率政策为维持原基准利率 4.25% 不变。到 2012 年 5 月，澳大利亚大宗商品价格开始下跌，同时澳元汇率开始飙升。澳大利亚第一季度消费者物价指数（CPI）季度增长率上升 0.1%，低于市场预期的 0.6%；第一季度 CPI 年度增长率上升 1.6%，同样低于预期的 2.1%。虽然采矿行业发展势头仍旧较好，其他各经济领域的增长幅度却明显下降。无论是通胀压力还是经济发展状况，均表明澳大利亚央行可能会降低利率，经济学家预期利率将会下调 25 个基点。然而，2012 年 5 月 1 日的政策会议却宣布将隔夜拆借利率目标下调 50 个基点，至 3.75%。

此后一个月，金融市场疲软、财政是否具有可持续性，以及一些银行是否能够继续稳定发展等问题，继续困扰着澳大利亚经济的发展。澳大利亚央行行长格伦·史蒂文斯表示："即将实行的碳税政策会产生紧缩效应，预计今后一到两年澳通货膨胀率将维持在 2% 至 3% 的目标区间，而近期通胀率很可能会处于这一区间的下端。"

2012 年 6 月 5 日，澳联储宣布，下调基准利率 25 个基点至 3.5%。这是澳大利亚央行连续两个月调低利率，累计降息幅度达到 75 个基点。虽然之后连续三个月，澳大利亚央行决定将基准利率维持在 3.5% 不变，但经济学家仍表示，在通货膨胀水平仍旧较低的情况下，澳大利亚央行还有继续降低利率的空间。

截至 2012 年 10 月，澳大利亚贸易条件指数自 2011 年达到峰值以来下滑幅度已经超过 10%，并存在持续下降的趋势。2012 年 10 月 2 日，澳大利亚货币政策例会讨论决定，将基准利率下调 25 个基点至 3.25%。由于澳大利亚采矿业逐渐下滑，给澳大利亚整体经济造成的压力逐渐增大，因而，此次利率调整仅维持到 2012 年 12 月初，之后澳大利亚央行又将隔夜拆借基准利率下调 25 个基点，至 3%，达到 2008 年国际金融危机爆发后的纪录低点。

澳大利亚央行在 2012 年 12 月的例会中声明，欧洲债务和美国财政政策导致的不确定性，使得澳大利亚外部经济下滑的风险仍然存在。虽然 2012 年全年已累计降息 125 个基点，但矿业投资造成的压力、通胀情况持续缓和以及失业率的进一步上升等现状，均表明这样的利率下调仍然有较大的空间。

随着澳大利亚大宗商品出口显著回升，澳大利亚经济自 2012 年底开始保持相对稳定状态。在澳联储连续 11 次降息之后，澳大利亚实体经济在一定程度上体现出了降息政策的效果。市场普遍预期 2013 年首次政策会议不会下调利率，而会保持 3% 不变。2013 年 2 月 5 日例会宣布了同样的结果。

2013 年 3 月 5 日，澳大利亚央行宣布，通胀率与预期目标基本一致，并将维持 3% 的基准利率不变。但央行表示，这是审慎之举，必要时仍会选择降息。3% 的利率仅维持了两个月，2013 年 5 月 7 日，澳大利亚央行将基准利率下调了 25 个基点至 2.75%，已经达到历史最低水平。

随后两个月，澳大利亚统计局公布数据显示，澳大利亚零售销售出现了 51 年来最疲软的状态。为了进一步促进经济上扬，2013 年 8 月 6 日，澳联储再次宣布降息 25 个基点至 2.5%，继续保持宽松的货币政策。

2.5% 的基准利率连续保持了三个月，市场预期澳大利亚央行降息周期已经接近尾声。虽然 2013 年 12 月 2 日澳元汇率仍处于高位，次日澳联储宣布将维持当前利率水平 2.5% 不变。澳联储表示，澳洲经济可能需要澳元贬值，但此次利率政策的决定是适宜的。

总体来看，自 2011 年底以来，澳大利亚累计降息已经达到 225 个基点。

2. 澳大利亚利率政策对中国的启示

刘吕科等（2012）选取了澳大利亚 1997 年第三季度至 2010 年第四季度的数据，针对不同额度贷款对于利率变动的敏感性进行了实证研究。结果表明，澳大利亚利率政策的变化对于不同额度贷款的影响存在一定的差异。相对来说，中小额度贷款受利率政策影响较为明显，而大额贷款对于利率政策反应较小。他们认为，根据澳大利亚数据实证结果，中国央行在调整基准利率时，应将不同贷款额度相对于利率波动的敏感程度考虑在内，从而提出更为有效的信贷规模政策。

随着利率市场化逐渐在各国展开，良好的制度保证了澳大利亚、加拿大和瑞士三个影子货币国家以及美国、日本和法国三个主流国际货币国家的经济金融健康且平稳的发展。万荃等（2012）以包括澳大利亚在内的六个经济体为研究对象，选取了合约密集型货币比率、金融自由化比率、实际国内生产总值（GDP）增长率、实际资本形成总额增长率和储蓄率五个指标，采用1978年至1997年跨国数据，并使用面板数据模型，对于影子货币和主流货币两类国家在利率市场化进程中，其合约密集型货币比率和金融自由化比率两类指标的作用进行了实证分析。结果发现，产权制度和环境在利率市场化进程中是两个极为重要的条件。同时，利率制度的有效性和稳定性也将对利率市场化改革的结果造成显著的影响。根据实证结果，作者分别从宏观层面、银行业中观层面以及商业银行微观层面提出了政策建议。

（三）其他

澳大利亚早在1983年就开始施行浮动汇率制度，经历29年的起伏，澳元已经成为世界第五大货币，仅次于日元。同时，在2008年国际金融危机中，澳元仍然相对坚挺。鉴于澳元的良好表现，王玮（2012）论述了澳元国际化的历程，以及澳元国际化后对于澳大利亚金融市场、货币政策、国际收支和资本流动以及金融稳定的影响，并在此基础上，针对人民币将会走向国际化提出了相关的政策建议。

安立伟（2012）以包括澳大利亚在内的四种地方政府债务管理体制代表国家为研究对象，从地方政府主体地位、举债目的、债务规模控制、相关管理机构的设立以及债务风险防范五个方面，对四个国家的地方政府债务管理方法的共性进行了分析。同时，针对中国当前地方政府债务管理现状，提出了相关政策建议。

郭生祥（2012）从矿业合作、中国企业在澳洲投资以及深入实体领域的金融合作三个方面，对中国和澳大利亚经济贸易的可持续发展进行了探讨。他认为，由于澳大利亚一直存在"双速经济"的问题，中国与澳大利亚在采矿行业的合作应探求新的机制；澳大利亚对于中国企业在澳洲投资，或多或少地存在相对的"焦虑"，即担心中国企业占据澳洲市场，国际股份合作社企业模式则可以解决这个问题；在金融方面的合作，不应该只是货币互换或者建立人民币离岸市场，还应该在某些实体领域的体制和机制上有一定的突破。

二　澳大利亚的金融机构

2012 年至 2013 年间，对澳大利亚金融机构的相关研究主要是在信托基金、银行和证券三个方面。

（一）信托基金

李海龙（2012）从共同基金的概念界定、相关法律法规以及共同基金的"二元主体"结构三方面剖析了澳大利亚共同基金法的革新。并指出，虽然澳大利亚在革新过程中一定程度上消除了之前"二元主体"中的缺陷，但却引发了新的问题，如资产保管人是否应该承担法定义务等。而类似的问题也同样出现在中国采用的"契约模式"运作的共同基金中。

中国长城资产管理公司长信基金董事长章华（2012）对澳大利亚、英国等发达国家的房地产基金发展提出了自己的看法。他认为房地产基金将会迅猛发展，而在基金模式上仍将以房地产企业设立基金、金融机构设立基金、境外设立基金为主。

毛振华等（2012）分析了全球国家信用风险的相关趋势，指出，以澳大利亚、美国、加拿大、英国和日本等五个国家为代表的发达国家，虽然在 2008 年国际金融危机之后，由于各国货币地位有所动摇以及资源储备相关原因导致国家信用等级有所下滑，但整体来看仍然相对稳定。

（二）银行

浩洋（2012）分析指出，澳大利亚银行的市场营销基本原则，主要以已有银行客户为中心，不断拓宽金融服务范围，从而达到低成本高收益的目的。虽然澳大利亚银行上市后市值较高，但已经是强弩之末，矿业的过度繁荣影响了其他行业经济的发展，澳元当前的汇率波动也在不断地降低澳大利亚的生产能力。同时，澳大利亚的现金主要流向房地产行业，形成了不可忽视的虚拟泡沫。

澳大利亚证券及投资事务委员会在 2012 年 2 月发布了关于规范澳大利亚金融产品和服务的宣传指南,并于 2012 年 11 月在该指南中增加了关于信贷类产品的相关内容。秦寅宵(2013)对宣传指南进行了详细的评述,其中包括指南的主要内容、主要特点以及指南对我国的启示。

吴金友等(2012)概述了澳大利亚银行业的发展情况,并分析了经营指标、监管框架以及业务结构等。他们认为,此次国际金融危机对澳大利亚四大国内银行的冲击非常有限。它们在危机期间体现出较强的风险控制能力,经营指标仍然表现出增长的趋势。

陈刚燊(2012)分别从战略定位、技术支持、经营理念以及组织形式和理财人才等方面,比较研究了澳大利亚和中国商业银行个人理财业务的发展。他认为澳大利亚商业银行个人理财业务的主要理念是以客户为中心,并从细节着手,如明确业务定位、人才培养、理财产品的推出等方面,对于中国商业银行的理财业务有一定的启示。

陈明(2013)分析了澳大利亚商业银行发行优先股的相关规定、基本特点和主要条款,并针对中国商业银行现状,从建立优先股发行法律环境、相应财务制度、审批流程、发行试点等方面,提出了相应的政策建议。

叶苹苹(2012)界定和解析了消费者以及金融消费者的基本概念,并从经济学和社会学等角度对银行业金融消费者保护做理论上的论证。同时,对中国当前银行业消费者权益保护的实践情况进行了剖析,并提出了消费者保护相关法律制度、机构和行业协会等方面的改进措施。

黄丹荔(2013)对澳大利亚经济金融的存款性金融机构、金融公司、基金公司、保险业和资产证券化进行了详细的分析,提出中国在金融市场发展过程中可以借鉴的相关经验。主要包括:商业银行管理的规范化、社区金融服务合理化,以及建立审慎监管的风险评估模型和银行业协会等。

(三)证券

钱曾等(2012)将希勒检验和斯科特模型应用于澳大利亚、英国、德国和中国香港等四个国家或地区,分别选取 1982 年至 2011 年的股票价格波动率进行了检验。他们认为四个金融市场的波动过度,而同时有效市场假说在这几个市场上并不能够严格成立。

朱意秋等（2012）使用向量自回归模型以及误差修正模型，分别计算了在 2008 年金融危机前期、中期和后期三个阶段国际干散货运价的最优套保比率。在研究过程中发现，中国从澳大利亚进口的铁矿石的航线套保效率很高，但市场流动性强的航线相对来说套保效率反而较差。

尹继志（2012）总结了澳大利亚的"双峰式"监管体制框架，并分析了澳大利亚金融消费者保护的理论依据以及实践情况。其中包括审慎监督管理局、证券及投资事务委员会、竞争和消费者委员会，以及澳大利亚银行公会等对金融消费者的相关保障服务。

许南等（2012）选取了澳大利亚、新加坡、日本、印度尼西亚、德国等 15 个国家或地区 2002 年至 2009 年的样本，以人均国内生产总值、双边贸易总额、直接投资总额、外贸依存度和中国与各国首都的地理距离为主要变量建立面板数据模型，并进行了实证分析。结果表明，外贸依存度对中国商业银行海外投资布局的影响居于第一位。

陈宇骁（2013）分析了澳大利亚最大的房屋贷款中介之一班克西亚（Banksia）的相关信息披露和监管制度，发现其倒闭的主要原因在于监管不力以及信息披露相对不足。这对于中国债市风暴的处理有一定的参考价值，比如提高市场主体信息披露程度及监管能力。同时提出了健全法律制度、提高市场信息透明度，以及加强主体资格认证等政策建议。

全球矿业公司主要融资的六大交易所，除了澳大利亚证券交易所（Australian Securities Exchange，ASX）之外，还包括多伦多证券交易所、伦敦证券交易所、美国纽约泛欧证券交易所、香港证券贸易所，以及约翰内斯堡证券交易所等。耿卫红（2013）对这六大交易所进行了介绍，其中包括澳大利亚证券交易所的市值、上市公司个数，以及资本增加量等，该交易所在全球交易所中排名第八。澳大利亚证券行业监管中所涉及的行业规范对于中国证券行业监管有一定的借鉴作用。

三　澳大利亚的金融监管

2012 年至 2013 年，澳大利亚金融各行业经营相对稳健。遵守审慎监管原则的金融监管机构和监管措施，仍然是维持澳大利亚金融和经济稳定的重要因素。2012 年至 2013 年的相关研究注重于保险监管、银行监管和证券监管、综合监管等方面。

（一）保险监管

刘铮（2012）分析了澳大利亚保险集团监管的主要特点，主要包括混业经营的格局、机构监管向功能监管的转换，以及与保险监管相关的各类法律法规。在此基础上，他指出中国保险行业的监管模式可以采取证监会、银监会和保险会三会合并的模式，并采取公开竞争和金融商品服务的方式。

于永宁（2012）分析了澳大利亚 HIH 保险公司倒闭的原因，并从法律框架、监管内容和目标、三级审慎监管等方面分析了澳大利亚金融集团监管的主要框架。澳大利亚金融集团监管在制定监管规则时目标和对象明确、集团内部风险控制机制较强等经验，对于中国金融监管制度改革有一定的借鉴意义。

（二）银行监管

聂常虹（2012）从财政部、各联邦执行部门等角度对于澳大利亚绩效考评制度进行了评析，并介绍了澳大利亚政府在实施考评制度中存在的问题。最后，针对中国当前绩效考评情况，提出了先易后难、渐进式发展，全方位绩效考评、质量把关，强调执行主体的主动性和责任心等改进措施。

为了增强中国农业银行的风险管理能力，中国农业银行江苏省分行（2012）对澳大利亚进行了考察。从风险管理体制、集团层面风险管理职能、"三道防线"管理框架、风险计量、风险偏好管理、风险和资本报告，以及抱怨升级与告密者保护等七个方面进行了剖析。他们认为，对于中国商业银行来说，在风险管理体制、风险偏好管理和风险管理工具等方面都是需要进一步改进的。

（三）证券监管

2008 年巴塞尔委员会损失数据收集项目（LDCE）对包括澳大利亚在内的 17 个国家中的 121 家银行进行了调查，吴博等（2012）对此调查结果做了总结和比较。同时，在此基础上评析了美国、澳大利亚等在国际监管方面的最新发展，包括操作风险管理框架和治理结构、外部数据、业务环境、情景数据和内部控制因子等方面。

（四）综合监管

张凤玲（2012）分析了澳大利亚公共机构策略管理理念的背景、内涵，以及监管策略模型，认为中国应该从几个方面进行改革，其中包括以公共财政为核心，合理配置相应的运营能力，建立以结果为导向的监督服务，以及监管的相互配合等。

王晓（2013）认为澳大利亚金融体系在 2008 年国际金融爆发之后表现出了较强的抵御能力。他从澳大利亚通货膨胀目标制的货币政策框架和着眼于安全与服务的双峰金融监管体系等方面进行了剖析，并针对中国金融监管和金融改革提出了相关的政策建议。

时化雨（2013）剖析了国际金融危机期间澳大利亚的金融机构、金融制度、房产市场以及澳大利亚政府采取的积极财政政策，并结合中国当前现状提出了对中国经济发展的政策建议。

郑睿（2013）从金融监管理事会成员之间的总体协调机制、澳大利亚储备银行与澳大利亚审慎监管局相互协调机制、监管机构与其他机构之间协调机制等方面，对澳大利亚成功抵御国际金融危机的原因进行了剖析。并对中国当前以"一行三会"为基础的金融监管体制提出了相关政策建议，包括建立两个层次金融监管综合协调委员会、签署备忘录和设立日常监管事宜协调委员会等方面。

（五）其他监管

卓越等（2012）根据澳大利亚审计署 2007 年至 2010 年的各项报表，包括财政年度绩效审计项目、目标项目等数据，对于澳大利亚绩效审计发展进行了系统的分析。同时，对于澳大利亚绩效审计在各方面的优点进行了总结，包括审计系统功能的不断改进、绩效审计组织建设的不断加强、绩效审计过程控制体系的不断完善等，可作为中国及其他国家绩效审计改革借鉴之用。

《澳大利亚外国收购与接管法》自 2008 年以来经历了两次大规模的修订，与此修订同时出台的还有各项外资政策。张庆麟（2012）对"接管法"的修订进行了分析，认为此次修订不仅有利于国家安全因素的考察，同时有助于澳大利亚政府完善投资实体相关规定。他认为澳大利亚的经验对中国2011年颁布的《关于建立外国投资者并购境内企业安全审查制度的通知》的未来改进工作有较大的帮助。

澳大利亚的海关出口监管制度在2012年初进行了较大的调整，不仅大大加强了对海关进出口货物的监管，还对高风险出口货物的处理提出了更高的监管要求。王春蕊（2012）对此进行了分析，并指出在这样的调整下，货物通过海关的时间会明显延长，费用会有所增加。因此，中国企业在从澳大利亚进口的过程中要注意选择诚信度较高的出口企业。

澳大利亚药品广告方面的监管主要来自澳大利亚政府，权责一致和高效是其主要特点。吴志明等（2012）对此进行了分析，并认为中国应该以此为鉴，将药品广告的审批权和监管权整合至单个部门。

四　澳大利亚的社会保障制度

罗维（2012）通过分析澳大利亚的保险制度，包括商业健康保险制度、全民医疗保险制度、健康保险法，以及私人健康保险法案和医疗税修正法案，认为澳大利亚作为高福利国家，实行多年的澳大利亚全民医疗保险制度以及医疗服务，在发达国家中是较为完善的。

高荣伟（2012）参与了澳大利亚全民医疗保险的考察，并且对澳大利亚实行的"药品补贴计划"、澳大利亚居民如何看病以及留学生也享受全民医保等进行了较为细致的描述和分析。同时，他指出了澳大利亚医疗保险当前存在的一些问题。比如，在澳大利亚只需要一张医疗卡，患者看病费用均由澳大利亚政府来支付。对于居心不良的人来说，可能会通过钻制度的漏洞，损害澳大利亚纳税人的利益。

对于医疗保障体系来说，社会医疗保险和商业健康保险都是该体系的重要组成部分。荆涛等（2012）以包括澳大利亚在内的四个福利水平较高的西方国家为实例，研究了社会医疗保险和商业健康保险的有效衔接问题。研究发现，澳大利亚私人医疗保险享有率在世界各国中排第二，主要提供的是澳大利亚全民医疗保险保障范围之外的大部分费用，以及在私立医院的住院费用，其表现形式主要是基本私人医疗保险和补充私人医疗保险两大类。另外,澳大利亚私人医疗保险的覆盖范围大约为44.9%。四个国家医疗保障体系的经验,包括多层次医疗保障体系、社会医疗保险和私人健康保险的比率,以及社会医疗保障和商业健康保险的衔接程度等,对于中国等其他国家有很重要的借鉴意义。

陶纪坤(2012)比较了国际金融危机期间中国和澳大利亚所采取的社会保障措施,指出澳大利亚政府采取的措施主要集中在对特定群体实施社会救助、培训和就业补助计划,扩大基础设施建设来增加就业岗位,以及提高退休金待遇等,并认为澳大利亚实施的保障措施是"收入引导型",不同于中国的"社会救济型",值得中国政府借鉴。

小 结

与2010年至2011年国内关于澳大利亚金融与保险方面的研究相比较,关于金融机构的研究比较多。2012年至2013年的降息政策较为频繁,相关评论也较多。从整体上来看,澳大利亚金融与保险行业目前正处于相对稳定状态。在对金融机构的相关研究中,澳大利亚银行发展的分析较为丰富,而金融监管方面的研究则更侧重于金融行业及各部门整体的监管。在对澳大利亚社会保障的研究中,澳大利亚的全民保险制度仍然是关注的重点。其中,主要围绕社会保障模式、养老保险两个方面。总的来说,澳大利亚银行业仍然是整个澳大利亚经济和金融行业发展的重要支柱。澳大利亚金融与保险行业的各项政策,对其他各国仍然有着一定的借鉴意义。

参考文献

1. 安立伟:《美日加澳四国地方政府债务管理做法对我国的启示》,《经济研究参考》2012年第55期。

2. 陈刚燚:《中澳商业银行个人理财业务比较研究》,《财会通讯》2012年第10期。

3. 陈明:《关于澳大利亚银行业优先股发行的经验启示》,《内蒙古金融研究》2013年第10期。

4. 陈宇骁:《我国债券市场监管何去何从——由债市风暴及Banksia倒闭引起的反思》,《金融与经济》2013年第9期。

5. 高荣伟：《见识澳洲的全民医疗保险》，《金融博览（财富）》2012 年第 4 期。

6. 郭生祥：《中澳经贸的可持续发展》，《国际人才交流》2012 年第 12 期。

7. 耿卫红：《全球矿业融资六大交易所概况及其对我国建立风险勘查资本市场的启示》，《国土资源情报》2013 年第 5 期。

8. 浩洋：《澳大利亚银行——高股值或成强弩之末》，《金融经济》2012 年第 21 期。

9. 黄丹荔：《澳大利亚金融体系改革与发展》，《中小企业管理与科技》2013 年第 10 期。

10. 荆涛、朱庆祥、赵洁、冯鹏程：《论社会医疗保险和商业健康保险的有效衔接——以荷兰、法国、爱尔兰、澳大利亚的做法为例》，《中国医疗保险》2012 年第 4 期。

11. 李海龙：《澳大利亚共同基金法的革新及对我国立法的启示——以运作结构为分析视角》，《财经科学》2012 年第 4 期。

12. 刘吕科、张定胜：《贷款额度对政策利率变动的敏感性——来自澳大利亚的经验》，《投资研究》2012 年第 7 期。

13. 刘铮：《澳大利亚保险集团监管经验及启示》，《农村金融研究》2012 年第 12 期。

14. 罗维、宗文红、田国栋：《部分国家商业健康保险发展的特点及对我国的启示》，Chinese Journal of Health Policy, January 2012, Vol. 5 No. 1。

15. 毛振华、闫文涛：《全球国家信用风险趋势分析》，《浙江金融》2012 年第 8 期。

16. 聂常虹：《澳大利亚财政绩效考评的最新进展及对我国的启示与借鉴》，《财会研究》2012 年第 14 期。

17. 中国农业银行贵州省分行国际业务部：《国际金融动态》，《贵州农村金融》2012 年第 6 期。

18. 时化雨：《金融危机中的澳大利亚》，《中国总会计师》2013 年第 1 期。

19. 陶纪坤：《中国与澳大利亚应对国际金融危机采取的社会保障措施比较研究》，《经济纵横》2012 年第 11 期。

20. 钱曾、戚远方：《股价过度波动和市场有效性检验——基于德国、英国、澳大利亚和中国香港股票市场》，《当代经济》2012 年第 6 期。

21. 秦寅霄：《澳大利亚金融产品宣传指南评述》，《银行家》2013 年第 2 期。

22. 万荃、年志远、孙彬：《制度质量有效性与稳定性对利率市场化改革的影响——基于跨国数据的实证研究》，《国际金融研究》2012 年第 10 期。

23. 王春蕊：《澳深度调整出口监管》，《中国海关》2012 年第 3 期。

24. 王玮：《澳元国际化历程、效应及对我国的启示》，《时代金融》2012 年第 35 期。

25. 王晓：《澳大利亚金融体系借鉴》，《中国财政》2013 年第 23 期。

26. 吴博、刘堃、胡丹：《操作风险高级计量法国际监管规则的进展和启示》，《国际金融研究》2012 第 5 期。

27. 吴金友、王依连：《金融危机前后澳大利亚银行业经营表现探析》，《New Finance》2012 年第 8 期。

28. 吴志明、黄泰康、邓伟生：《国外监管模式对我国药品广告监管的启示》，《中国药业》2012 年第 21 卷第 12 期。

29. 许南、黄颖、涂梦云：《商业银行海外投资布局的影响因素》，《金融论坛》2012 年第 3 期。

30. 叶苹苹：《论银行业金融消费者权益的保护》，硕士学位论文，华南理工大学，2013 年。

31. 尹继志：《美国与澳大利亚金融消费者保护机制及对我国的启示》，《金融发展研究》2012 年第 7 期。

32. 于永宁：《澳大利亚审慎监管局对金融集团的监管》，《经济与管理》2012 年第 8 期。

33. 张凤玲：《由澳大利亚公共机构监管策略管理引发的思考和启示》，《财政监督》2012 年第 31 期。

34. 章华：《地产基金的发展与运作》，《关注》2012 年第 12 期。

35. 张庆麟、刘艳：《澳大利亚外资并购国家安全审查制度的新发展》，《法学评论（双月刊）》2012 年第 4 期。

36. 郑睿：《澳大利亚金融监管协调机制研究》，《吉林工程技术师范学院学报》2013 年第 11 期。

37. 中国农业银行江苏省分行：《澳大利亚国民银行风险管理考察报告》，《现代金融》2012 年第 1 期。

38. 朱意秋、任仙玲：《金融危机前后远期运费市场套期保值效率比较》，《山东大学学报》（哲学社会科学版）2012 年第 2 期。

39. 卓越：《澳大利亚绩效审计发展新趋势》，《中国行政管理》2012 年第 2 期。

第五章

澳大利亚的财政与税收

一　澳大利亚的财政

（一）澳大利亚的体育财政

澳大利亚是一个体育大国，该国政府一直非常重视该国的体育事业，从 2001 年起开始实施"支持澳大利亚体育能力计划"（BASA），重点对高水平竞技体育、大众体育、体育管理水平及体育的反兴奋剂工作给予保障。杨小龙（2012）介绍了澳大利亚体育事业财政制度的现状与特点。澳大利亚国家体委是主管全国体育运动的政府职能机构，每年其经费支出中的 50% 拨给各协会；25% 由国家体委管理，主要用于青少年训练基地；25% 用于群众体育或社区体育项目的开展。2006—2007 年度澳大利亚政府对体育系统的财政拨款分预算内和预算外两块，预算内拨款为 2.5 亿澳元，预算外拨款为 0.149 亿澳元。政府预算内拨款主要用于竞技体育（占年度总拨款的比例为 46.4%）、大众体育（占年度总拨款的比例为 47.6%）、体育反兴奋剂管理局（占年度总拨款的比例为 4.0%）以及政府正在实施的水上运动和高山运动安全项目（占年度总拨款的比例为 2.1%）；预算外拨款主要用于社区体育和休闲设施的升级，以提高人们对政府建设健康社区的满意度。2006—2009 年，澳大利亚政府为了在北京奥运会和伦敦奥运会上取得较好成绩，大幅增加了对于竞技体育的预算资金。同时还提供了 1000 万美元的预算外资金用于发展澳大利亚地区性大学的体育运动。在对体育经费使用的监督上，澳大利亚国家体委对其进行内外结合的严格监督。内部监督由国家体委所设的监督人员进行定期检查。每半年或者一年，国家体委会派独立的监测机构，如会计师事务所等检查协会执行预算的情况。外部监督则由联邦政府财政部和审计署负责。联邦政府财政部要求国家体委每个月向其报告预算的拨付情况，审计署则每年对体委进行一次审计，也会组织临时的专项审计。

此外，杨小龙（2012）从体育事业经费的来源、支出及监督方面概括了澳大利亚体育事业财政制度的特点。（1）就澳大利亚的体育经费来源而言，具有多元化的特点，彩票业和居民的体育消费是其重要的经费来源，政府财政拨款只是其中的一小部分。体育的发展必须有稳定的经费保障，我国的体育事业经费与澳大利亚、芬兰等国外发达国家的经费相比长期偏低，2003年以来体育事业经费支出占国内生产总值的比重徘徊在0.10%左右，体育事业财政投入占政府财政支出的比重仅为0.37%。如何解决体育事业经费来源问题是我国目前亟待解决的问题，是依赖财政拨款还是体育博彩，抑或居民体育消费，在这方面我们可以参考澳大利亚的成功经验。（2）关于体育事业经费支出。澳大利亚大众体育是政府财政支出的重要方面，澳大利亚2006—2007年度大众体育的拨款占体育财政总拨款的比例高达47.6%，由此可见其对于大众体育的重视程度。群众体育是竞技体育发展的基础，没有群众体育的发展也就没有竞技体育的繁荣。长期以来我国体育财政投入的重点是竞技体育，竞技体育的超前发展偏离了我国的经济发展水平和体育的发展规律。竞技体育的巨额财政投入必然挤占群众体育的财政资金，群众体育的发展任重道远。体育场地设施缺乏是制约我国群众体育发展的瓶颈。为实现我国从体育大国到体育强国迈进的宏伟目标，今后我国的体育财政应调整支出结构，加大对群众体育的投入，尤其是要加强群众体育场地设施的建设，切实解决我国广大人民群众健身场地难的问题。（3）关于体育事业经费使用的监督。我国现阶段体育事业财政监督体系不完善，立法层次低且监督力度不够，审计监督的独立性不强，社会监督意识薄弱，体育事业经费预算执行中挪用资金、超预算支出或大量经费结余等问题经常出现。在这方面，我国可以借鉴澳大利亚的成功经验，建立健全我国的体育事业财政监督法规体系；增加体育事业经费预算的透明度，细化预算编制，强化体育事业经费管理。

（二）澳大利亚教育财政

高等职业教育的教育投入问题已经成为当前我国高等职业教育发展的

瓶颈；澳大利亚开展高职教育的学校被称作技术与继续教育（Technical and Further Education，TAFE）学院，已成为国际公认的成功职教模式。张连绪、王超辉（2013）介绍了澳大利亚高等职业教育财政拨款体制的数额状况、来源分配、绩效体系以及法案保障。人力资源是社会资源中最宝贵的资源，作为培养职业或职业群所需知识和技能的高职教育，是一个国家人力资本不可或缺的来源。高职教育由于其"准公共产品"的属性，理论上来看政府财政拨款应是高等职业教育经费的主要来源。以新南威尔士州悉尼 TAFE 学院为例，2009—2011 三年间，政府财政拨款占学校教育总收入的比重一直稳定在 70% 以上。其中，联邦政府和州政府对高职教育财政拨款的比重约为 3∶5，地方政府即州政府的承担比重相对较高。州政府财政拨款是其高职教育投入的首要来源。澳大利亚高职教育财政拨款的绩效管理主要体现在学生就业率和向政府"购买"的教育培训项目上，即对就业率低于 65% 的学校将取消当年拨款计划，未完成教育培训任务的学校也要将相应的资金还给政府。澳大利亚政府对 TAFE 学院的财政拨款建立了完善的保障机制，除适合各级各类学校的《拨款学校资助法》外，还于 1989 年出台了专门针对高职教育的《技术与继续教育资助拨款法》。此外，各个州政府和当地政府也对高职教育财政拨款制定了相关的规章制度。相比较而言，我国高职教育财政拨款数额较少且来源不均，2010 年，高等职业教育国家财政性拨款仅占教育总投入的 46.7%，并且这已是近几年来最高比重，而其中，中央政府拨款相对比较低。因此，今后如何加大中央政府对高职教育的经费投入，并调整中央政府和地方政府对于高职教育投入的比重，是解决我国高职教育经费投入不足的一个关键问题。此外，如何对国家财政性教育经费实现有效、科学、系统的管理，也是我国高等职业教育财政拨款体制面临的主要问题。在这方面，我们可以借鉴澳大利亚等国家的绩效管理制度，制定相应的绩效衡量标准和具体指标，并对我国高职投入提供完善的法律支持体系。

（三）澳大利亚的财政转移支付

李万慧（2012）研究了对澳大利亚财政转移支付的误读现象。首先，在以往的研究中，澳大利亚的财政转移支付结构都被视作以一般性转移支付为主、专项转移支付为辅助。目前澳大利亚联邦政府对州政府的转移支付有来自货物和服务税（GST，相当于增值税）的转移支付、国家竞争政策补助（NCP，用于执行国家竞争政策和相关改革）、延期 GST 补助（澳大利亚政府允许特定的小企业和非营利组织按年缴纳 GST，延期 GST 补助用于补偿由此所选成的税收延迟）和特殊目的转移支付（SPP，special purpose payment）。这四者通常被称为一般性转移支付。联邦政府认为 GST 应被视作州的税收，因为所有的税收收入都转移给了地方，这些税收仅仅是由联邦政府代征而已，州则负责偿还联邦政府代征的成本，因此对州的 GST 划拨不能视作联邦政府的转移支付。由于 GST 补助的规模非常大，GST 的统计处理口径对于财政转移支付结构有很大影响。如果按照联邦政府的统计处理，GST 补助属于州政府之间的横向财政转移支付而不是联邦对州的纵向财政转移支付，澳大利亚的财政转移支付结构是绝对地以专项转移支付为主（2005—2006 年为 96.6%）。其次，世界上绝大部分国家都由多级政府组成，均等化转移支付是世界各国财政转移支付中的一种重要类型。均等化的本质是地区间财政收入的再分配，即财政资源从富裕地区向贫困地区的转移。在澳大利亚，GST 补助是该国财政转移支付体系中正式的均等化转移支付。在以往的研究中，将 GST 补助视作联邦对州财政转移支付，GST 补助额被视为总额均等化转移支付，即 GST 全部作为均等化转移支付额。因此，无论是不富裕的北方自治领还是非常富裕的新南威尔士，都有资格享受均等化转移支付，无从分辨用于财政再分配的转移支付究竟是多少。因此，更恰当的衡量均等化财政转移支付规模应当是净值均等化转移支付，即均等化转移支付中用于再分配的部分，也就是从富裕地区流向贫困地区的财政转移支付资金量。以此标准来衡量，澳大利亚的均等化转移支付在整个财政转移支付中所占的规模微不足道。第三，澳大利亚均等化转移支付分配所依据的原则是横向财政均等化原则，其目标是为所有的澳大利亚人提供平等的待遇。财政均等化转移支付用于减少地区间财政差异。均等化效果或均等化程度取决于以什么作为评价标准。均等化效果既可以是均等化的结果——即以均等化后财政差异的大小来衡量，也可以是均等化的过程——即以均等化转移支付降低财政差异的程度来衡量。若以前者来衡量，澳大利亚的均等化效果在 OECD 国家中是非常强的，地区间财政差异为 0；但若以后者来衡量，澳大利亚的财政均等化效果就会大打折扣。因此，澳大利亚均等化的效果——完全均等化——是与其所处的初始的财政差异本身就很小这一有利因素息息相关的。该研究表明，由于一国财政管理体制和其财政转移支付的复杂性，不同的统计口径、不同的视角可能得出不同的结论，因此，在研究一国的财政体制时应当多角度、全面地加以分析，否则容易对研究造成误导。

（四）澳大利亚财政绩效考评

聂长虹（2012）系统分析了澳大利亚财政绩效考评的机制和程序：财政部只负责制定、发布、更新"绩效改善实践原则"，用以指导各部门管理其绩效信息、绩效考评和绩效报告；联邦各部门负责本部门绩效考评工作，具体是各部门的首席执行官（CEO）推动本部门的考评活动，负责编制本部门的考评和研究计划，制定考评框架，并将计划付诸实施。20世纪80年代后期，澳大利亚在对项目进行绩效考评的基础上，进一步扩展到对"计划/工程"实施绩效考评。绩效考评的具体内容包括对计划适当性（即一个计划是否适用于现在）、计划效率性（即通过提高每个部分的质量来提高整体质量）、计划有效性（即预期结果能否实现和实现成本）的考评。它的考评分"计划/工程"的逻辑性分析、评价工作的管理和控制、起草考评报告、对绩效考评的回顾和对"考评发现的使用"五个步骤。澳大利亚绩效考评机制对我国有以下几点启示：（1）在试行绩效考评过程中，要注意经济、社会发展的阶段性，由易到难，实行渐进式改革；（2）不断健全法制，充分发挥民主监督的作用，切实把好绩效考评的质量关；（3）绩效管理部门要从总体上把握绩效评价的发展方向，具体业务部门的绩效标准由部门自行制定，给部门一定的自主权，但年终需向绩效评价的主管部门提交绩效报告；（4）全方位地认识和看待绩效考评问题，建立起具有中国特色的政府公共支出绩效考评制度和指标体系；（5）正确处理绩效考评与绩效预算的关系；（6）分阶段、分步骤地试行项目绩效考评，探索我国政府会计核算体系的发展方向，逐步试点权责发生制会计核算体系。

范晓婷（2012）介绍了澳大利亚财政支出绩效评价的过程及特点，并借此对北京市财政支出绩效评价体系提出了一些建议。澳大利亚财政支出绩效评价的步骤如下：首先，制定部门事业发展目标；其次，编制年度绩效计划，设计绩效考评指标；第三，编制年度公共支出绩效考评报告并接受考评；第四，开展绩效考评，评估财政资金的使用效益；第五，由澳大利亚国家审计署作为一个独立的部门负责政府的绩效审计工作。澳政府财政支出绩效评价具有如下优点：（1）全过程、多角度和多层次的评价体系；（2）阶段性、渐进式推进绩效评价；（3）财政部门组织领导，各业务部门充分参与；（4）评价指标设计新颖科学；（5）以结果为导向的管理责任制；（6）充分利用信息化手段推动绩效评价开展。由此，对完善北京市财政支出绩效评价体系提出如下建议：（1）健全相关规章制度，为财政支出绩效评价工作提供制度保障；（2）根据经济发展阶段，逐步推进财政支出绩效评价改革；（3）建立适宜、高效的评价组织结构；（4）建立多层次、全方位的评价体系；（5）强化绩效评价结果的约束效力；（6）建立财政支出绩效评价工作信息库。

（五）澳大利亚政府间应急财政

在灾害等危机事件的处置和善后工作中，中央（联邦）财政与地方财政都扮演着至关重要的角色，建立健全政府间应急财政责任分担机制对于加强政府应急管理能力，更好地应对公共危机有着重要的现实意义。崔军和杨琪（2013）介绍了美国和澳大利亚的政府间应急财政责任分担机制，总结提炼出其有益经验，并针对我国中央与地方政府间应急财政责任分担机制的现状以及存在的问题提出了相关的政策建议。澳大利亚是一个联邦制国家，国家行政层级分为联邦、州和地方三级，各级政府之间事权划分非常清晰，形成了一套由联邦政府、州和地方政府三个层级承担不同职责的应急财政管理体系。第一，联邦政府对外代表国家负责处理海外灾难应急管理事务，对内则在救助资源的调配、财政资金使用、灾后恢复重建等方面给予各州和地方政府以援助；第二，州和地方政府通过制定法律、建立委员会机构等举措负责灾难应急的规划以及具体的组织和实施工作，承担主要的灾难救助任务；第三，社区需要在灾难预防以及救灾过程中承担相应的协调责任。对我国的启示如下：（1）完善应急财政管理的法律体系，为应急财政责任的合理分担提供制度保障；（2）合理划分政府间的应急管理责任，按所需资金的大小确定资金责任归属；（3）设计合理的激励机制，促使地方政府据实申报，承担自身责任。

二 澳大利亚的税收

（一）矿产资源税

时晓、吴杰（2013）分析了澳大利亚矿产资源税制改革的利益博弈。2010 年 5 月澳大利亚财政部公布资源超额利润税。自 2012 年 7 月 1 日起，澳大利亚政府将面向全部非可再生能源领域征收高达 40% 的暴利税，并将对矿业公司根据吨位征税变成根据利润征税，此举成为澳大利亚政坛变革的导火索。由于陆克文政府没有充分考虑到利益集团的博弈能力，再加上陆克文本身操作失误、动员不够、缺乏协调、行动草率等原因，最终导致其被迫退出选举，他所推出的资源超额利润税（RSPT）也随之流产。陆克文政府的"超额利润税"政策旨在惠及人民大众，却遭到了原本预计获益群体的反对，原因在于民众中大部分人与矿业公司紧密相连（如购买其股票），中产阶级普遍认为此举会对澳大利亚市场和实体经济产生非常不利的影响。矿产资源属于全国人民但人民并未因此受益良多，导致政府迫切需要征收矿产资源税，因矿业巨头反对征收 40% 的"超额利润税"而直接导致陆克文政府下台，使新政府缓和了对矿产资源的征税，并通过联邦退税等方式避免双重征税。伴随陆克文政府的下台，相对于其强推"资源超额利润税"（RSPT）的做法，现任总理朱利亚·吉拉德努力减少与业界的矛盾，取消了为新税造势的政府宣传活动，并在陆克文政府税改的基础上明确了转移支付的力度，提出将矿产资源租赁税（MRRT）税款用于降低企业所得税，企业所得税从原来的 30% 降至 29%；提供 60 亿澳元资金用于公路、铁路和港口建设，从 2020 年起增加对退休储蓄的支出，从目前退休收入的 9% 提至 12%。这些配套政策进一步缓和了矛盾，为新税制的最终通过起到了重要的作用。除税率较"资源超额利润税"的 40% 低 10 个百分点外，新税收方案还规定，矿产企业向州政府缴纳的"权利金"将通过联邦退税等方式获得税收抵免，以避免联邦和地方双重征税，并且新方案仅适用于年利润额在 5000 万澳元及以上的铁矿和煤矿企业。矿产资源租赁税（MRRT）充分满足了矿业巨头的利益诉求。据澳大利亚国库部公布的数据显示，较之"资源超额利润税"，预计矿产资源租赁税（MRRT）将使澳大利亚财政在 10 年间少收入 600 亿澳元。不过，新税收方案并未涵盖州政府今后可能上调"权利金"征收标准的情形。这使联邦政府陷入两难局面：如果联邦政府继续按照新标准为企业提供税收抵免，则联邦财政将进一步受损；否则，矿业界将拒绝这一税收方案。权衡利弊后，按照修订后的矿产资源租赁税（MRRT）方案，联邦政府将为一切现行及今后的权利金提供税收抵免，并且今后将着手限制州政府提高权利金的行为。这意味着，联邦政府既不会让矿业巨头利益受损，也不会为州政府无限制提高税率买单。至此，改革的锋芒直指州政府的税权。这对我国税收政策有以下几点启示：（1）政府在制定税收政策时，一定要充分考虑到企业的承受能力，给企业留下充足的发展空间；（2）税制改革是利益关系的再调整，而利益关系的调整是一个国家最重要的政治问题；（3）资源税制改革的顺利进行，有赖于充分的政治协商和成功的舆论动员；（4）在改革过程中，我们一定要充分考虑各方面的情况，做好充分的社会动员和配套措施，加强宣传，创造一个良好的税收环境。

杨树琪、徐静冉（2012）介绍了澳大利亚矿产资源租赁税政策。矿产资源租赁税改革主要源于各州政府征收自然使用费的税基各不相同，以及全球金融危机中澳大利亚采取的刺激经济计划使私人企业获得超额利润。2010年澳大利亚陆克文政府提出澳大利亚资源超额利润税与资源使用费平行征收，因矿产主认为6%的利润回报率过低间接导致澳大利亚政府支持率下降，陆克文竞选失败，吉拉德重组内阁。之后，澳政府以矿产资源租赁税取代了资源超额利润税，并将税率从40%降至30%，并辅之以其他多项优惠政策。澳政府矿产资源租赁税改革对中国的启示如下：（1）资源税费体系过多强调土地所有权可能助长部分地方政府为本地区经济增长造成环境污染，必须对超额利润征税；（2）繁复的矿产资源税费体系需要删减并通过法律形式固定；（3）税收制度改革需要政治稳定和平衡各方利益；（4）应加强资源税制度理论与环境适应性的研究；（5）我国应为矿产资源租赁税政策对在澳大利亚的中资企业利益造成的影响做出积极迅速的应对策略。

李刚（2013）探析了澳大利亚矿产资源租赁税制度。在澳大利亚，矿产资源一般属于全体人民。从事资源勘查和开发，除了要缴纳一般工业企业的税费之外，还要缴纳申请和使用矿业权的相关费用和租金，以及开采矿产资源必须缴纳的权利金等特殊租税。澳大利亚矿产资源租赁税收益实行财政分权，充分考虑中央和地方利益关系；租赁税使用方向广泛，体现资源收益全民共享；矿业权设置考虑多重因素，矿业权申请费和租金则根据矿业权类型实现差别化管理；对于大型开发项目制定特殊开发协议，鼓励社会投资；在生产初期，免征或减征权利金，减轻矿山企业负担。对于我国矿产资源领域，作者建议：（1）改革税费制度，完善矿产资源有偿开采制度。即通过制定矿产资源补偿费与资源税一体化调整方案，逐步向国家通行的矿产资源权利金制度过渡，研究制定矿产资源权利金征收、管理和使用管理办法，加快制定矿产资源权利金征收管理规定，完善权利金与勘查开发效率挂钩机制。（2）统筹协调各方利益，调整完善矿产资源收益分配及使用制度。完善矿产资源收益分配制度，健全中央和地方财力与事权相匹配机制。地方政府收益分配应直接向资源所在地县级以下政府倾斜，惠及矿区群众；鼓励矿山企业建立社区发展合作项目，加大对社区居民赔偿，并给予收入减免和抵扣的激励机制。加快矿产资源收益使用制度改革，既要体现资源产业特殊性，又要体现资源全民所有。除了用于矿产资源领域专项支出，"取之于矿，用之于矿"；还要用于医疗卫生、文教等一般性公共事业支出，"取之于矿，惠及于民"。

（二）澳大利亚的碳税

澳大利亚 2012 年 7 月 1 日正式实施具有巨大争议的碳税法，对 500 家最大污染企业征收碳排放税的价格为世界上类似法案的最高价格。碳税征收三年后，将正式过渡为温室气体总量控制和排放交易机制。按此，澳大利亚将成为继欧盟、新西兰之后的第三个引入碳交易机制的国家或地区，也将进入碳交易机制领跑者行列，在全球应对气候变化的过程中迈出突破性一步。澳大利亚计划将从 2015 年 7 月起，每年两次调整当量碳价格，该价格将反映之前 6 个月中澳大利亚碳信用额度的平均拍卖价格。澳大利亚驻上海总领事馆副总领事周美琴称，澳大利亚与欧盟碳排放交易方案将于 2018 年 7 月接轨。

澳大利亚碳税法得到了全世界的关注，澳大利亚内部各群体有各自的立场和考量，对此产生了巨大的争议。其深层次含义在于促使其能源产业低碳化，并在未来的能源资源和碳金融领域中争取更多的国际定价权。

薛艳华（2013）介绍了澳大利亚碳税立法。2011 年 11 月 8 日，澳大利亚参议院通过了吉拉德政府提出的《清洁能源法案》。该法案主要以碳税立法为核心内容，并对澳大利亚未来的清洁能源发展作出了总体规划。该法案的主要内容包括了碳价格机制（碳税）、相关配套措施及清洁能源发展计划。纵观澳大利亚的碳税立法，主要有以下几点特征：（1）在课税环节主要为生产阶段即"上游"征税；（2）碳税的实施并非一蹴而就，而是要按部就班、循序渐进，碳价格按照两个阶段进行；（3）进行碳税立法的同时，注重配套机制的建立与完善，以减少征税过程中产生的负面影响。澳大利亚碳税立法始终贯穿着平稳、社会公平、经济可持续的理念。澳大利亚的碳税立法产生了相应的环境效应、经济效应、社会效应和国际效应。对构建我国碳税制度有以下启示：（1）立法模式的选择。选择独立型立法模式还是融入型立法模式，取决于一国经济和社会发展水平、环境状况、环保意识、法制密度、环境执法和司法机构设置及其人员素养，同时还受到政治环境的影响。澳政府采用的是独立型碳税模式，作者认为我国也适合采用独立型立法模式。（2）碳税法律制度的设计。首先，就征税对象及范围而言，从澳大利亚碳税立法经验上看，碳税征收对象主要是 500 家碳排放量最大的企业。这些企业覆盖的范围主要包括常规能源行业、交通行业、工业加工业、非可再生废弃物处理以及二氧化碳排放量达到 2.5 万吨以上的垃圾填埋机构等行业。这是根据澳大利亚能源结构状况及温室气体排放来源加以确定的。因此，我国在确定碳税征收对象时应考虑我国能源结构情况及温室气体的来源分布。其次，在碳税实施过程中，应该适当考虑税收优惠措施。最后，应构建相应的配套制度，例如，构建碳排放权交易制度等。反观澳大利亚《清洁能源法案》中碳价格征收标准的两个阶段，即先固定价格后建立碳排放权交易系统，充分说明了碳税、碳排放权交易制度间相互协调之关系，碳税制度的建立与实施为逐步转型为碳排放权交易制度奠定了坚实的基础。结合我国实际，短期内实行碳税制度可以充分发挥碳税制度阻力小这一优势。但从长期看，正如前文所述，碳排放权交易制度更加有利于我国经济环境的协调发展，融入国际碳排放市场中。我国若实行短期碳税、长期碳排放权交易制度，不仅能够减少我国在国际交易中的利益损失，更能够保证中国在参与新一轮全球性减排的同时，平稳快速地发展自身的经济。综上所述，作者认为最符合我国利益与基本国情的选择应该是，在短期内实施碳税制度的同时积极探索碳排放权交易制度，为将来实现由碳税转向碳排放权交易制度打下基础。

张宏伟（2012）分析了澳大利亚开征碳税的潜在风险并总结了澳大利亚规避风险的具体举措。澳大利亚开征碳税面临 GDP 下降风险，通货膨胀风险，征收成本增加风险，加大行业风险，就业风险，国际贸易风险和支持风险。总体而言，澳大利亚的碳税方案设计秉承了税收中性原则，具体表现为收入中性、竞争力中性以及分配中性三个方面。设计了以下几点具体举措：循序渐进，逐步过渡；重点税源开征，减少阻力；完善的补贴返还计划，确保税收中性；配套政策相随，加大政策润滑。作者对于我国规避碳税开征风险提出了如下建议：（1）为确保碳税开征，税率设计应循序渐进，稳步推进；征税范围应由点及面，逐步扩大；（2）为防范碳税开征对 GDP、物价、就业和出口贸易的影响，保持碳税中性，财政政策与税收政策应一齐发力；（3）为充分协调碳税资金与预算资金的关系、健全碳税的中央与地方分配体制，需要明确碳税管理办法；（4）为提升碳税开征的社会舆论支持，掀起全社会节能减排浪潮，应加大对碳税的宣传力度。

（三）澳大利亚的个人所得税

个人所得税是澳大利亚的主体税种，其税制结构已日臻健全。

澳大利亚是一个高税负、高福利的国家。其个人所得税的主要特点是严密的个税征缴制度、成熟的个税纳税人群和完善的社会福利。李向红（2013）介绍了澳大利亚个人所得税模式。澳大利亚采用的是综合所得税制，即以综合收入为税基，按纳税人全部所得和超额累进税率综合课征。起征点为 6000 澳元，按个人年收入所得确定税率，实行 5 级超额累进税率。同时澳大利亚政府设置了非常详尽与明细的个税扣减抵消制度，这些抵消制度充分考虑到不同家庭的具体情况，因此，普通居民并不会感到税负痛苦。澳政府对个人所得税采用个人税号制度，并广泛使用税务代理制，要求纳税人和扣缴义务人进行双向申报，加之采用信息网络系统的报税模式，使得澳个人所得税制度相对比较健全和完善。相比较而言，我国个人所得税经过几轮改革之后，目前起征点为 3500 元/月，实行 7 级超额累进征收。这样的税制结构存在以下几个问题：（1）税收负担不公平。目前的税率只对工薪收入征收，如果没有工薪收入，就无法课税，导致逃税。（2）社会阶层在税收中比重结构不合理。我国个人所得税没有达到优化收入再分配的目的。有关统计数据显示，目前我国个人所得税收入的60%以上来自工资、薪金所得，属于中低收入者的工薪阶层却成为纳税的主力军，显然有悖于利用个税调节贫富差距的初衷。（3）税基相对较窄，无法涵盖形式多样的应税收入。（4）费用扣除没有考虑纳税人家庭负担和支出；我国个人所得税制度是以个人为纳税单位，没有按照家庭赡养系数区别对待，没有考虑到纳税人的生存环境与家庭状况的差异，这是与税收的负担能力原则相悖的。（5）纳税人信息不能共享，制约个税征管。借鉴澳大利亚的经验，我国可以就以下几个方面对个人所得税模式进行改革：（1）改革课税模式；（2）拓宽征税范围；（3）完善费用扣除制度；（4）完善税收征管机制。

贾榕泉、杨爱华（2013）重点论述了澳大利亚的个人税号制度。澳大利亚纳税人一般都有自己的税号，该号码由纳税人提出申请，税局核发。在澳大利亚，税号的重要程度等同于身份证号。每人只有唯一税号，无论更换工作、更换住址、改变姓名，甚至不在澳大利亚居住，但只要澳大利亚需要其交税，则使用的税号不变。澳大利亚的法律并没有强制要求纳税人拥有税号，但是有了税号，个人可以按照规定的税率正常纳税，并根据个人情况享受税收减免等税收优惠政策；没有税号，将被从重征税。为保证个人所得税高效运行，澳大利亚建立了严密的征管体制，实行双向申报制度，同时实施代扣代缴制度和纳税人自行申报制度。澳大利亚这种税号制度，能够防止逃避缴纳税款，并实现纳税公平和税收程序简化。澳大利亚的税号制度能高效便捷地发挥作用，与其建立了一套完整的体制是分不开的。首先，澳大利亚的薪酬支付主要采取转账支付或者支票的形式，极少出现现金交易，这有利于个人收入的监管；其次，除在受聘及银行开户时，个人须填报税号外，投资者在从事信托基金、公司股票的交易，以及领取退休金时都要填报税务号码，税号使用范围广；再次，计算机信息网的充分利用，保证了税务机关、海关、保险、金融等各部门的信息共享；最后，澳大利亚对于没有税号的个人实行46.5%的最高税率征税，且不享受国家给予的各种补贴和优惠，使逃避纳税义务的成本高，因此，可以有效避免偷漏税，保障国家财政收入。相比较而言，首先，我国公民的纳税意识普遍不高，大多数人没有主动纳税意识；其次，因为现金支付的普遍存在，使得税务部门调查、监控个人全部收入相当困难，一定程度上滋生了少数纳税人的偷税漏税行为；再次，税务部门征管信息不畅、征管效率低下；最后，逃避纳税的成本低，缺乏有效的惩罚措施。澳大利亚的个人税号制度对我国个人所得税的纳税模式有一定的启示：（1）转账结算。税务机关能够通过税号对纳税人进行监控的前提之一是纳税人的纳税所得绝大部分是通过银行转账实现的。因此，要严格现金管理并适度实施个人支票制度。（2）建立财产登记制。只有建立起较为完善的个人财产登记制度，纳税人的所有收入才能全部掌握在监控之下。（3）完善信用档案，以促使其形成对纳税人的制约作用，加大纳税人逃避缴纳税款的成本，从而有效减少欠税行为。（4）保障挂钩制度，将个人纳税和个人利益相挂钩，对如实依法纳税的个人，在就业、医疗、养老等方面采取优惠措施，从而激发个人纳税的积极性和主动性。（5）信息化，以提高征收效率，促进信息透明和共享。

（四）澳大利亚税收管理

谢波峰（2013）介绍了澳大利亚的电子商务税收政策。澳大利亚基本同意经济合作与发展组织（OECD）财政委员会对电子商务的一般税收原则，认为现有的国际税收概念基本可以应用于电子商务，因此并未修改所得税法来专门处理电子商务问题。澳大利亚对电子商务的税收政策和税收管理，更着眼于对电子商务整体监管框架和管理控制能力的改进。澳电子商务税收政策主要是在货物服务税，即 GST 税收框架内进行完善和解释，并由澳大利亚税务当局（ATO）向个人或法人提供电子商务的网络纳税服务。

2009 年澳大利亚政府颁布了关于《新研究与发展（R&D）税收激励政策》的征求意见法案，杨博、薛薇（2012）针对澳大利亚新政的主要变化、研发活动及研发费用、R&D 成本费用的会计处理、R&D 税收激励的主要内容、管理与评估等进行了解析。新政策将原政策的"加计扣除"改成了"所得税减免"，增大了优惠额度，将界定小企业的营业额标准从 500 万澳元放宽到 2000 万澳元，使更多小企业享受研发税收政策的优惠，并且取消了年度可申请研发经费减税的上限规定和不甚有效的企业前三年研发费用支出增量的 175% 的加计扣除，《新 R&D 税收激励政策》对合格的申请人、合格的活动分类、合格的费用作出了相应的界定。对我国 R&D 税收激励政策的完善有以下启示：可以采用更有利的优惠方式和优惠基数让更多企业享受更多优惠；在现阶段首先明确界定我国中小企业 (SME) 的范围，对合格 SME 实施更优惠的税收激励，并分清各税务部门的职责，构建科技与税务部门的联合管理机制。

刘振华 (2013) 以澳大利亚为例阐述了政府对风险投资的支持，介绍了澳大利亚联邦政府为风险投资的发展提供的 7 种支持项目：创新投资基金，创新投资后续基金，早期风投有限合伙企业项目，风投有限合伙计划，集合发展基金 (已经退出)，预种子基金，以及 "创新澳洲项目"，并详细描述了其现状。

澳大利亚作为大企业税收管理的先行者，积累了丰富经验，为加强大企业管理提供了现实样本和理论支撑。马岩、赵轶庚 (2013) 介绍了澳大利亚大企业税收管理状况，并对比了中澳两国在管理理念、管理手段、管理方法、管理工具等方面的异同。(1) 澳大利亚大企业管理理念注重长远，构想了 5 年甚至 10 年以后的模式，然后朝着这个模式和方向去努力。(2) 大企业管理对象注重重点，澳大利亚在大企业管理对象的选择上注重那些重中之重的企业集团，即全国性重点企业。(3) 大企业管理机构注重专业，澳大利亚全国共有大企业管理人员 1200 人，专业管理人员较多，并经常聘请各种专家处理疑难问题。(4) 大企业管理流程注重过程。澳大利亚的大企业税收风险管理流程为：风险分析——风险检查——审计。风险检查环节的流程为：规划个案——了解企业情况——确定和核查风险——评估风险——结束核查或升级到审计。审计环节的流程为：审计规划——收集信息——确定本局的意见——通报和结束——核查和监测。(5) 大企业管理工具注重实效。澳大利亚借助风险过滤器的工具对大企业风险进行定量与定性分析，然后对不同风险等级的企业安排不同的资源加强管理。(6) 大企业管理数据注重基础。相比较而言，我国对大企业税收管理的真正内涵和初衷还理解不深、认识不够；对大企业管理的对象范围更广，且存在层层加码的情况，容易脱离系统化、一体化的管理初衷；没有专职的大企业税收管理人员；尚未形成系统完整的专业化管理体制；管理工具和数据也存在差异。作者对完善我国大企业税收管理途径有以下几点建议：（1）注重做好顶层设计和长远规划；（2）注重做好对象确定和动态调整；（3）注重做好组织体系和人才保障；（4）注重做好环节制衡和边界划分；（5）注重做好技术支撑和准确应用；（6）注重做好资料准备和系统谋划。

（五）澳大利亚的未来税制设计

经济、社会和生态环境的不断变化，使得各国政府意识到制定一个既能保证税收收入，又能支持经济增长的税制的迫切性，宋雷娟（2013）介绍了澳大利亚的未来税制设计。首先，澳大利亚近些年来老龄化现象加剧，且由于越来越多的妇女参与就业，产生了养育子女和带薪工作之间如何平衡的问题。社会上除了对儿童照顾的需求增加外，对老年护理、住房和教育支出等的需求也在增加。其次，亚洲的崛起使得中国和印度成为澳大利亚的主要出口市场，为继续吸引亚洲各国对澳进行投资，必须确保税制对投资继续发挥激励作用。再次，在过去的三十年里，许多国家的法定公司所得税率呈现明显下降趋势，在这种全球化趋势下，澳政府必须考虑税收特别是个人所得税的国际竞争能力。此外，多年来，澳政府也有财政赤字，尽管获得了诸多利益，但全球金融危机呈现出国家间紧密联系的潜在风险。因此，需要设计一个鼓励国民储蓄的税制来降低财政风险。第四，澳大利亚在经济发展的同时，出现土地退化、物种减少和极端气候等问题，这使澳政府意识到了自然环境的脆弱性。为了保证经济的可持续增长，为国民创造一个更加良好的环境，政府认为有责任使未来税制起到矫正人们有损环境的行为的作用，同时确保所有反映环境目标的政策的一致性。最后，澳大利亚目前有 125 个税种，大约 90% 的税收收入来自于其中的 10 个。太多的税种以太复杂的方式传递了过多的政策目标，降低了整个税制的效率。因此，澳政府认为有必要以合理的方式废除效率不高的税收政策，降低税制的复杂程度，减轻企业的遵从负担，改进管理方法，使澳大利亚的税制更加富有效率。

正是在这样的背景下，澳大利亚政府依据公平、效率、简便、可持续、政治一致性、有利于经济强劲增长的设计原则，基于个人所得，投资所得，来源于自然资源和土地的经济租赁和私人消费四个税基，对个人所得税、投资实体所得税、土地税和资源税、消费税、特定目的税进行了相应的设计。

个人所得税是澳大利亚政府的最大税收来源，澳政府在设计时把个人所得税和转移支付政策的设定紧密联系在一起，在一个相互补充和相互一致的框架中考虑设定更加简单、透明的税收政策来筹集收入，同时减少不鼓励就业的消极作用和提高对储蓄的激励效应。未来将设置三档的累进税率，并考虑引入一个自动的扣除标准，简化人们的个人所得税遵从，并简化个人所得税的抵免和征收程序。

澳大利亚目前的公司所得税率为30%，高于OECD中规模相似的国家，为确保澳大利亚仍然是个有投资吸引力的地方，如果财力允许，未来不管是资源部门还是非资源部门都将减少公司的所得税税率。同时为帮助小企业减负，未来税制将重新制定小型企业的税收优惠政策。

澳大利亚土地税属于州税，不同州征收的税率不同，且由于现有税基狭窄，使得土地税比潜在的效率和公平程度要低。未来的土地税税基将扩大至所有土地并以相同税率征收，同时取消转让土地时要交的印花税。

澳大利亚现以产量为基础的矿区使用费对生产经营不可再生资源的利润变化不能做出反应，使得资源不能从社会得到足够的回报，降低了社会来自于资源的收益，同时也扭曲了投资和生产决策。所以，当前的资源收费将被澳政府统一管理的资源租赁税代替。

经验表明，税基宽广的消费税对经济增长的损害最少，是政府可用的最有效率和可持续的税基之一。澳大利亚现在的问题是保留了较多没有效率的消费税，因此，未来澳政府将以一个税率较低和税基宽广的现金流量税代替现有零散的税基狭窄的消费税。

除以上四大税种外，澳政府还出于特定目的设计了一些税收，如燃油税、环境税、酒精税、烟草税、博彩税等。

澳大利亚政府未来税制设计的目的是在满足国家收入的基础上实现收入的公平再分配；税种完善，既考虑到设定所得税、资源税、消费税等税收，又考虑到设定环境税、博彩税等一些特定目的的税；结构简明，税基主要基于个人所得、投资实体所得、开采资源所得和消费。

澳政府的未来税制设计对我国中长期税制的设计有以下启示：（1）充分认识外在环境变化给税制带来的挑战。我国税制所处的各种外在环境也在不断地变化，有必要考虑人口老龄化、全球化、技术进步和生态环境变化等给税制带来的挑战。（2）强调税制的可续性、一致性和简洁性。（3）扩大对小企业的税收优惠。有关资料表明，我国小型微利企业的数量占企业总数的 90% 以上，其在税收收入、促进就业等方面也发挥了积极的作用（滕林、尹彦武，2009）。如何让小微企业在国民经济发展的进程中发挥更大的作用，制定适当的税收优惠政策不容忽视。（4）改革公司所得税。（5）确保政府的资源收益。站在国家的财政角度，对稀缺的不可再生资源如何征税才能确保政府获得资源利益的一个相对公平份额，这是税制设计中值得思考的问题。（6）利用矫正性税收的作用，使税收发挥对个体行为矫正和诱导的作用。

小　结

2010 年澳大利亚政坛发生变革，陆克文政府因碳交易计划及征收"资源超额利润税"等决策而下台，吉拉德当选为澳大利亚新总理。新政府取消资源超额利润税，改征矿产资源租赁税；2012 年，澳政府正式对全国 500 家最大碳排放企业征收强制性碳排放税，因此，关于矿产资源税和碳税的研究在澳大利亚财政税收研究中成为新的热点。我国也是矿产资源大国，且政府日益重视对于环境的保护，研究澳政府矿产资源租赁税和碳税对于我国矿产资源税改革，以及构建我国碳税制度均有一定的借鉴。此外，研究澳大利亚的财政预算透明度、个人所得税制度、大企业税收管理、未来税制设计对中国财税体制改革也将提供一定的借鉴。但在借鉴的同时，需要考虑两国在经济、政治、文化等方面的差异，只有立足于中国的实际情况，才能制定出符合中国国情的财税体制。

参考文献

1. 蔡涛：《澳大利亚碳税的借鉴意义》，《经济视野》2012 年第 10 期。

2. 崔军、杨琪：《政府间应急财政责任分担机制的借鉴与启示——基于美国和澳大利亚的经验》，《中国行政管理》2013 年第 5 期。

3. 范晓婷：《借鉴澳大利亚经验，完善北京市财政支出绩效评价体系》，《经济研究参考》2012 年第 35 期。

4. 贾榕泉、杨爱华：《建立和健全我国个人所得税税号制度的研究——以澳大利亚税号制度为鉴》，《消费导刊》2013 年第 3 期。

5. 李刚：《澳大利亚矿产资源租税制度探析——以西澳为例》，《地方财政研究》2013 年第 9 期。

6. 李万慧：《被误读的澳大利亚财政转移支付制度》，《地方财政研究》2012 年第 7 期。

7. 李向红：《澳大利亚个人所得税模式及对我国的借鉴》，《现代商业》2013 年第 6 期。

8. 刘振华：《政府对风险投资的支持——以澳大利亚为例》，《中国风险投资》2013 年第 2 期。

9. 马岩、赵轶庚：《中澳两国大企业税收管理的比较与启示》，《涉外税务》2013 年第 4 期。

10. 聂常虹：《澳大利亚财政绩效考评的最新进展及对我国的启示与借鉴》，《财会研究》2012 年第 14 期。

11. 时晓、吴杰：《澳大利亚矿产资源税制改革中的利益博弈分析》，《会计之友》2013 年第 16 期。

12. 宋雷娟：《澳大利亚未来税制的主要设计与启示》，《理论月刊》2013 年第 4 期。

13. 薛艳华：《澳大利亚碳税立法对构建我国碳税制度的启示》，《鸡西大学学报》（综合版）2013 年第 13 卷第 1 期。

14. 杨博、薛薇：《澳大利亚研究开发税收激励政策及对我国的启示》，《会计之友》2012 年第 9 期。

15. 杨树琪、徐静冉：《澳大利亚矿产资源租赁税政策对中国的启示》，《昆明理工大学学报》2012 年第 5 期。

16. 杨小龙：《澳大利亚、芬兰的体育事业财政制度及其经验借鉴》，《广州社会主义学院学报》2012 年第 3 期。

17. 张宏伟：《我国碳税开征的风险规避策略研究——基于澳大利亚碳税开征设计方案》，《税收经济研究》2012 年第 6 期。

18. 张连绪、王超辉：《高等职业教育财政拨款体制国际比较——基于对美国、芬兰及澳大利亚的分析》，《职业技术教育》2013 年第 25 期。

19. 赵秋玥：《澳大利亚针对 HFCs 的碳当量税解读》，《电器》2013 年第 7 期。

第 二 编

教育社会篇

2012 年中澳两国政府分别提出了要加强教育领域的改革和合作，澳大利亚政府更是在其《亚洲世纪中的澳大利亚》白皮书中把加强与中国等亚洲国家的教育交流合作放在了突出地位。两国政府的政策导向必然进一步促进中国澳大利亚研究学科的发展，继续提升中国学者对澳大利亚教育的关注，而搜集到的 2012—2013 年间的研究文献也证实了这一点。

澳大利亚教育社会篇按照澳大利亚基础教育、高等教育和职业教育三部分的划分，在中国知网中按照主题词或关键词进行检索，并据此形成了 2012—2013 年澳大利亚教育研究的综述报告。

关于澳大利亚基础教育的研究成果比较丰富，研究层次较高，研究主题集中在教育改革实践、发展战略、课程改革、教育评价、教师教育和中小学管理，研究内容逐步深入，出现了一些新的研究视角。

关于澳大利亚高等教育的研究可以分为四大主题：澳大利亚高等教育改革、高等教育质量保障、高等教育国际化和大学教师的专业发展。总的来说，关于澳大利亚高等教育的研究文献数量增多，研究范围也更加广泛。

澳大利亚的职业教育一向是中国学者关注的热点，2012—2013 年间发表的论文保持了较高的数量。根据主题，可以将相关研究文献分为以下几个方面：澳大利亚职业教育体系、职业教育政策、质量保障体系、职业教育的市场化和国际化、课程与教学，以及师资队伍建设。

总体来说，2012—2013 年间中国澳大利亚教育研究的文献数量增多，研究范围扩大，也出现了新的研究点。但是相对于整体数量来说，高质量的论文偏少，深入的研究偏少，亟待量变所带来的质变。

第六章

澳大利亚的基础教育

近年，面对亚洲强劲的发展趋势，澳大利亚在制定教育发展规划时，抓住亚洲崛起的机遇，综合考虑亚洲相关因素，加强与亚洲国家的交流。随着教育质量标准国际化进程的迅速发展，澳大利亚在教育发展中极其关注教育质量的提升，制定或修订本国的国家教育质量标准获得空前重视；同时，注重教育公平。在教育改革中，澳主张政府要发挥积极作用。为应对国际教育竞争，提高中小学教学质量，澳大利亚结束了百年来各州自行制定课程标准的状况，制定全国统一的课程大纲。2012—2013年国内学者围绕澳大利亚基础教育发展中的上述热点开展了广泛而深入的研究。

一 澳大利亚基础教育的发展与改革

（一）澳大利亚基础教育改革

陈法宝、张民选（2013）以英、美、澳三国为例考察了发达国家2012年的教育改革动向。英、美、澳三国在2012年进行了卓有成效的教育改革，通过对其政策文本分析发现：虽然各国教育改革的关键词不同，但改革的逻辑却存在相似之处。澳大利亚2012年教育改革的关键词是"亚洲机遇"，包括：学习亚洲国家语言；开设亚洲相关课程；加强与亚洲国家的教育交流。研究指出：澳大利亚等发达国家教育改革的动向，有助于我们更好地把握教育发展趋势，为制定合理的教育政策和发展规划提供决策参考。具体表现在以下方面：（1）教育改革要具有国际视野，以实现培养"具有国际视野、通晓国际规则并能够参与国际交流的国际化人才"的目标。（2）教育改革要兼顾提高质量和促进公平。在追求教育质量的同时，澳大利亚加大对教育发展薄弱地区和学校的帮扶力度，促进教育的优质均衡发展。（3）政府要在教育改革中发挥积极作用。澳大利亚通过实施政府主导的教育改革实现了初等教育、高等教育以及土著居民教育的快速发展，政府的公共服务职能在澳洲教育改革中发挥了积极的作用。

吕杰昕、耿薇（2012）从澳大利亚2008年至今在基础教育领域推出的一系列政策改革举措入手，考察了当前澳大利亚基础教育核心政策及执行情况。研究认为：澳大利亚在早期教育和中小学教育中，加大了联邦政府与州政府的投入，完善了早期教育体系，推动了薄弱学校办学改革，提高了教师教学水平，完善了数字化教育资源网络，努力使教育更好地服务于经济发展和民众教育需求，提高质量，促进均衡发展。进而提出对我国基础教育发展的启示：（1）建立更广泛的早期教育框架；（2）从教学实践的分析入手，促进教师专业发展；（3）重视在线教学资源的开发和推广。

（二）澳大利亚基础教育的发展战略

庞丽娟、夏婧（2013）考察了国际学前教育发展战略。研究指出：为3—4岁起的儿童提供普及教育一直是美国、日本、英国、法国、澳大利亚、新西兰等国发展学前教育的核心追求。

以政府为主导是实施国际学前教育发展战略的根本原则。澳大利亚的学前教育发展战略主要呈现以下特点：促进学前教育的全面普及是学前教育发展战略的基本方向；推进学前教育公平是学前教育发展战略的价值追求；促进学前教育优质发展是学前教育发展战略的重要目标；以政府为主导是实施学前教育发展战略的根本原则；以公共财政为支撑是实施学前教育发展战略的坚实保障。这些经验对于我国制定中长期学前教育发展战略具有重要的启示与借鉴价值。

在当前的基础教育服务经营中，非政府组织经营者发挥着不可低估的作用，成为扩大受教育机会和提高教育质量的一项重要资源（王艳玲、原青林，2012）。基础教育公私伙伴关系是基于教育机会公平和提升教育质量的诉求，于20世纪90年代在西方产生并得到国际组织大力推动和发展的一种公共部门与私人部门合作的教育供给新模式。该模式有教育合约公私伙伴关系（Public-Private-Partnership，以下简称PPP）和多利益相关者教育伙伴关系两大类型。PPP 模式可以有效提升教育质量并改善教育服务水平（唐祥来、倪琳，2013）。

王艳玲、原青林（2013）以教育治理为视角，探讨了 21 世纪初出现的基础教育 PPP 及其理念层面的承诺、全球发展网络的形成对基础教育 PPP 的全球化进程所起的作用，以及这一进程对公共教育服务的产业化治理的适用性。在教育领域，国家将关于教育活动的管理架构和运作基础等方面的决策权下放至教育公司、顾问公司、风险慈善家等经济行动主体，或者出让给世界银行、国际金融公司等经营投标和谈判业务的国际机构的做法，代表着教育权力开始由公共领域转向私营领域，从国家层面转向超国家层面。这对于教育、社会和民主主义来说都是十分重要的。围绕 PPP 模式，特别是在引领 PPP 发展的澳大利亚、英国和美国等发达经济体中，一个专业性（日益公司化）产业已经涌现出来，并越来越多地向全球"出口"其专业知能，同时还为联合国系统提供服务。在这个产业中云集着越来越多的私营行动主体，包括基金会、专业 PPP 公司、全球咨询公司、银行、地方咨询人员、智囊团、专用网站、快速反应团队、专业法律公司等，他们日益发挥着市场取向的权威源作用，制定规则、规范和制度，以指导参与者的行为和影响属于别人的机会。这个专业性 PPP 产业又是新兴的教育服务产业的一部分，该教育服务产业包括越来越多的全球教育咨询机构、教育管理组织以及参与塑造教育政策和实践的教育基金会和慈善家。

（三）澳大利亚基础教育的财政投入

王玲艳、冯晓霞、刘颖（2013）分析了世界主要国家和地区学前教育投入方式，指出：公共资金支持学前教育发展已成为一个世界性趋势，各国政府都在探索基于本国国情的、对学前教育投入的可行性路径。澳大利亚以及世界其他一些国家学前教育的投入方式有：（1）以支出为基础的成本分担方式。比如：将某一年龄段的学前教育纳入义务教育或提供免费服务。在免费教育提供上，澳大利亚等国提供学前一年免费教育；补贴私立幼儿园。澳大利亚政府在成本分担上主要采取两种方式：第一，资助开设费用。政府资助的前提条件是私立保育机构的开设地点一般应在政府保教机构未顾及到的社区。澳大利亚联邦政府还有一项面向儿童保育机构的

"设立资助"。按规定，"设立资助"的经费只能用于雇用教职员工，招募保教人员，以及招生的推广宣传，购买玩具和设备、电话和保险。第二，资助运作费用，支持面向弱势群体的服务机构的正常运转。澳大利亚政府的"维护资助"项目目标瞄准社会经济地位处于弱势的地区，用于帮助"特别需要地区"中那些没有财政支持就难以维持下去的小型儿童保教机构。"维护资助"每季度计算和发放时，都会根据机构所报告的全日制利用的学位数量进行调整。经费发放的多少与机构所在地区和全日制利用的学位数量有关。学位数量越少，资助额度越高。从大城市到偏远地区，资助额度随之增高。（2）以税收为基础的成本分担方式。如面向家庭的育儿补贴或退税。育儿补贴是政府通过现金形式对符合条件的家庭直接发放育儿补贴，以减轻家庭经济压力。家庭获得的补贴数额与子女数量和家庭收入有关：家庭收入越高，补贴越少，甚至没有；而低收入、多子女的家庭获得的补贴相对较高。育儿补贴有普惠式和救助式两种。澳大利亚采用的是救助式育儿补贴，即，主要面向低收入"有残疾的儿童"，处于偏远地区和少数民族的家庭。

（四）澳大利亚的中小学管理与改革

胡芳（2012）深入分析了澳大利亚首个《国家校长专业标准》。澳大利亚作为一个联邦制国家，长期以来其中小学教育由各州政府负责，没有一个全国通用的校长任职条件和选拔标准。2011 年 7 月正式颁布的《国家校长专业标准》（National Professional Standard for Principals，以下简称《标准》）是澳大利亚第一个全国统一的校长专业标准，旨在为全国所有的中小学校长（不论区域、教育水平、地理、经济、社会环境等因素）提供一个专业学习框架，指导校长进行自我反思、自我评估和发展，以及对自身和他人进行管理。《标准》由"澳大利亚学校教学与领导协会"组织制定，参与者涵盖各主要利益相关团体的代表；其内容由相互依存的三项"领导力要求"和五大"专业实践要求"共同构成，并通过一个环状的"专业实践模型"予以具体呈现。

刘莉（2013）认为：《标准》呈现出一些新的特点：（1）校长的"能力"界定指向未来。《标准》突破原设计思路的束缚，拓展了对"能力"的认识和理解，指出"能力"不仅是知识、技能和行为表现，更是一种学习和发展。为此，《标准》放眼未来，挖掘中小学校长要成为行业的卓越人士，要立足于 21 世纪的优质学校，需要在哪些方面起关键作用，需要掌握、理解和完成哪些内容，即根据未来的发展和需要定义中小学校长的应知和应能。（2）校长的核心作用需在环境中发挥。《标准》从社区、国内、国际三个维度对校长所处的环境进行了分析，指出校长要尊重社区独特的历史、习俗、愿景、价值观；了解和理解原住民的传统、信仰和文化，融入多元文化；丰富每位个体的知识和技能，加强人与人之间的联系，为所有学生搭建通往卓越的桥梁，确保他们成为富有创造力，自信、积极、智慧的学习者和澳大利亚公民，培养他们成为 21 世纪成功的世界公民。（3）《标准》兼顾普适与灵活。《标准》凸显了一系列澳大利亚基础教育发展及改革中的核心价值取向，强调校长的"教学领导力"，关注学习理念及每一位学生，重视人力资源的开发和管理，致力于构建开放的教育系统。胡芳（2012）和刘莉（2013）通过对《标准》的制定过程和内容进行分析和解读，以期为我国校长专业标准的制定提供一些有用的参考。

二　澳大利亚基础教育的课程改革与课程设置

（一）澳大利亚国家课程大纲改革

澳大利亚基础教育重视课程设置和学科建设，注重借鉴国际上科学合理的课程体系和学科建设经验。澳大利亚在教育改革中勇于突破常规，实施深层次改革的一系列思路和做法也值得我国在教育改革的过程中学习和借鉴。

曹燕（2012）对澳大利亚基础教育国家统一课程大纲改革进行了探讨。澳大利亚全国所有学校从 2013 年起全面实施基础教育国家统一课程大纲，此次改革是一次重要的课程体制改革。作者从改革的背景出发，具体分析了改革的必要性，详细介绍了大纲的制定工作及其特色：（1）"国家课程大纲"凸显了"十大综合能力"和"三大跨学科主题"。这十大综合能力是：听说读写、算术、信息与通信技术、思考、符合道德规范的品行、创造性、自我管理、团队精神、跨文化理解和社交。三大跨学科主题是：原住民的历史和文化、亚洲及澳大利亚与亚洲的交往、可持续发展。

（2）回归基础知识；（3）重视多元文化；（4）注重对知识深度的学习。

刘彦臻（2013）介绍了西澳大利亚州基础教育课程框架。澳大利亚西澳大利亚州基础教育《课程框架》是该州课程改革的纲领性文献。西澳大利亚州基础教育《课程框架》旨在指导学校开发适应学生及社会发展的课程计划，帮助学生塑造成功、有价值的人生。《课程框架》为教师、家长、教育管理者、中学后教育和社会教育工作者指明了方向，对幼儿园至 12 年级（K—12）的学习目标、学生应掌握的知识与能力及行为标准作了明确规定，便于学校根据学生的学习业绩评价教学的有效性，为学校制订具体的教育计划、评估办学水平及规划未来蓝图提供重要的依据。《课程框架》的主要特点是：服务于全体学生的教育理念、教育阶段课程设计连贯、重视教师专业发展和课程资源开发、加强课程的发展性及实施的灵活性、民主管理与多方合作。

西方许多国家都将学习科学的基本理论观点和原则作为课程改革与发展的理论基础，基础教育课程变革呈现出新的态势和特征。裴新宁（2013）探讨了学习科学的研究对基础教育课程变革的影响。学习科学是多学科交叉的研究领域，着眼于从不同的人（儿童及从业者等）及其所处的不同场景，来揭示人类学习的复杂机制，以建立关于"人是如何学习的"系统知识体系。针对基础教育这一目标领域，学习科学的使命在于，揭示"产生最有效学习的认知和社会过程，并运用这方面的知识去重新设计课堂和其他学习环境，以让儿童和青少年更深层地、更有效地进行学习"。学习科学的研究对国际基础教育课程发展的影响表现在：（1）学习科学是发达国家教育政策的基础。近年，澳大利亚等发达国家在教育政策的制定中都明确将学习科学确立为新的教育政策的关键基础，其成果深刻影响了国际课程变革的步伐和走向。（2）课程新范式的涌现。近年，澳大利亚等主要发达国家及地区在基础教育的课程设计方面呈现出新的趋势和特征，一些新的课程范式得以建立和推广，学习科学在发达国家或地区整体性课程改革的推进中扮演着越来越重要的角色。（3）信息技术是实现面向学习创新的课程变革中不可或缺的力量。

（二）澳大利亚的高中课程改革

课程问题是普通高中教育的核心问题，课程改革不仅应该有课程实施行为方式的完善与发展，更重要的是要推进深层次的课程理念与课程制度创新。钱小龙、汪霞（2013）研究了澳大利亚普通高中课程改革的基本特征。澳大利亚制订了统一的国家课程体系以确保普通高中课程教学的基本质量，但与此同时鼓励不同的中学在国家课程基础上根据自身的实际情况开展针对性的高中课程改革。该研究以澳大利亚诺维莫里尔塔中学（The Norwood Morialta High School）为例，探讨了澳高中课程改革的举措。诺维莫里尔塔中学是南澳洲首府阿得雷德市东郊区（Eastern Suburbs of Adelaide）的一所拥有1400名在校学生，得到国际学校协会（Council of International Schools）认证的世界一流中学，也是澳大利亚南部七所主要接受国际学生的学校之一。该校的改革举措充分体现了澳大利亚普通高中课程改革的特征，具体表现为：通过积极开展STS（Science，Technology and Society）教育，强化课程与社会的联系。STS是有关研究社会、政治和文化价值如何影响科学研究与社会变革、科学技术与社会关系的研究领域。通过广泛开设职业教育与培训（vocational education and training，VET）课程，强化职业教育课程与普通课程的整合；通过大力构建国家课程、地方课程与学校课程三合一的课程体系，强化课程的多样化和学生发展的多元化；通过积极倡导信息通信与技术能力（information and communication technology capability，ICT）培养，强化信息素养培养与课程教学的融合。澳大利亚以统一性与差异化为特征强化学校课程开发：一方面制订统一的国家课程框架（National Curriculum Framework）以确保课程教学的基本质量，另一方面又鼓励每个地区和每所中学根据自身的实际情况提供丰富多彩和各具特色的课程科目。这对于我国的普通高中课程改革颇具启发意义：（1）重视课程与社会的联系；（2）重视职业教育课程与普通课程的整合；（3）重视课程的多样化和学生发展的多元化；（4）重视信息素养培养与课程教学的融合。

夏雪梅（2013）在概述澳大利亚高中课程多样化和招生专业分化的基础上，以首府领地的课程多样化设置和高校招生制度为例，阐述了澳大利亚的高中通过（1）高校招生制度与高中课程设置统一，（2）多样化的课程与证书相连，（3）极少必修课＋海量选修课，（4）以教师为主体的课程开发模式等重要机制保证其课程的多样化。这对于我国普通高中实现课程多样化，发展课程框架及相应的课程制度，实现专业分化的选修选考制度具有一定的启示意义。

在 2011 财政预算中，澳大利亚政府发布发展综合中学的《让每个学校都杰出——聚焦未来》（Making Every School a Great School，以下简称 MESGS 课程包）课程包，表达了加大投入，再掀一轮综合中学发展高潮的决心。李丽洁（2012）基于对 MESGS 课程包（2011—2012）的分析，考察了澳大利亚发展综合中学的新举措。澳大利亚最早开展综合中学实验的是新南威尔士州、塔斯马尼亚州和西澳大利亚州。MESGS 课程包的宗旨在于帮助所有的孩子获得优质的教育，帮助所有的孩子发挥最大的潜能，最大程度地促进教育公平。MESGS 课程包的课程设置增加了职业性倾向的新课程。MESGS 课程包的课程实施了“表彰卓越教师”（RPGT：Reward Payments for Great Teachers）政策，旨在保障教学质量；继续执行原有的扶助少数族裔、原住民的资助政策；专门提出了“扶助残疾学生”行动方案（MSSD：More Support for Students with Disabilities），以更大程度地推动教育公平。澳大利亚 MESGS 课程包为我国从高中阶段探索综合中学发展模式提供了新思路：（1）改革机制的形成：国家调控为主，教育政策跟进，（2）课程设置：加大课程选择性，增强职业倾向性，（3）课程实施：遵循教育公平理念，致力于满足所有学生需求，（4）课程评价：构建国家层面的评价制度，整体提升教学质量。

张伟平（2012）从体验式学习理论的视角，分析了澳大利亚基于体验式学习理念的数字教材——Mathsquest 教材。澳大利亚 Mathsquest 教材是适应 2000 年开始的“总体数学阶段六纲要”而编制的。Mathsquest 教材体验式呈现方式的特色是：动态生成性设计，反思性实践特色，认知体验式呈现方式，强调概念的解释和预测功能。Mathsquest 教材充分展现了体验式学习理念，使得读者在体验数学知识的过程中学习。这一点对我国教材编写提供了借鉴：注重问题导向，适当关注内容的生成性和发散性，指导教师高处把握教材。

康明媛、曹一鸣等（2012）以中国、澳大利亚维多利亚州、芬兰的数学课程标准为研究对象，对三国数学课程标准的内容进行了比较研究。研究发现：在数学课程标准的内容上，中国的条目最多、最详细，澳大利亚维多利亚州的数量居中，芬兰的最少、概括性强；中国数学课程标准在不同学段上所侧重的内容不同，呈动态变化趋势，而澳大利亚维多利亚州各学段各部分内容比重相当，随学段增长，不同内容所占比重无明显变化，芬兰不同学段内容设置不固定，内容所占比重也不固定，不受统一模式限制。以上比较分析了不同国家数学课程标准内容设置方面的异同，其中许多地方值得借鉴。数学课程既不能固守陈法，也不能盲目变化，必须坚持了解国际、立足本土的原则，循序渐进，不断完善。李萍、张清年（2012）认为：澳大利亚高中数学教材内容结构具有整体性和相容性；精选例题，其旁白注释亲切而且突出；适当穿插思考问题、拓展问题和实践活动；同时包括学习技能指导以及学习技巧与阅读材料的设置。这些内容使教材更具功能性和趣味性。

（三）澳大利亚的全球教育与公民教育

闫闯、晁秋红（2013）对全球视角下澳大利亚学校全球教育的框架进行了解读。21 世纪以来，澳大利亚中小学课程特别突出地强调了课程中的全球和国际维度，政府和相关机构为此颁布了一系列的政策文件，其中《全球视角下澳大利亚学校全球教育的框架》是里程碑式的教育规划。该规划设置了 5 个学习重点，主要包括：相互性与全球化、文化同一性与多样性、社会公正与人权、建设和平与解决冲突及可持续发展。澳大利亚中小学全球教育课程与教学主要依据上述 5 个学习重点来进行设置，并且分成知识与理解、技能与过程两个层次，旨在提升学生的价值观、知识、技能及实践活动能力，从而将学生培养成为合格的、具有责任感的全球公民。澳大利亚中小学课程发展和改革的全球教育走向，为我国中小学全球教育理论和实践研究提供了经验和启示：（1）制定中小学全球教育行动计划；（2）建立中小学全球教育课程体系；（3）实施实践层面的全球教育。

王建梁、陈瑶（2012）对英、澳、美、加四国公民教育课程改革的影响因素进行了比较研究。世界各国面对全球一体化带来的公民身份认同危机，纷纷颁行关于公民教育课程的政策法规，以实现培养合格公民的目标。在这一进程中，澳大利亚等国的公民教育课程改革较具代表性。课程目标制定的专业性和明确性，课程资源的可获取性，教师培训的有效性，资金支持的连续性，以及课程研究、评估和监督的持续性，成为影响公民教育有效实施的几大决定性因素。澳大利亚的公民教育课程政策体现了逐步复兴、持续发展的特点。澳大利亚自 20 世纪以来一直重视公民教育，虽然在 60 年代政府的关注度一度出现减弱的趋势，但自 80 年代后重又走上复兴之路，并颁发了一系列政策报告以支持公民教育的发展。2003 年，澳将公民教育列入全国课程评价项目之中，并自 2004 年起，每三年对公民教育实施一次全国性的评价，迄今为止，已经开展了三次（2004 年、2007 年、2010 年）评价，有效促进了公民教育的改革和发展。该对比研究总结出公民教育课程改革中应当吸取的经验：组建专门研究机构，提升公民教育课程的地位；提供持续资金投入，保障课程的推广及教师的专业发展；开展课程评估及监控，优化课程内容，提升课程质量。

（四）澳大利亚基础教育中的安全教育

代俊、庞超（2012）考察了澳大利亚的儿童课外看护教育。所谓儿童课外看护教育，在澳大利亚主要指为 5—12 岁儿童提供的，在学校教育时间以外的课前、课后以及节假日期间，以保证儿童安全，同时满足儿童社会性、情感、娱乐、生理、心理、智慧和创造力发展需要为目的的社会性、教育性服务。对儿童课外看护教育的需求源于多方面因素。而随着社会的发展，起初的一些需求也发生了变化，目前最为突出的需求是为儿童提供既安全又能促进发展的教育服务。澳大利亚儿童课外看护教育服务的基本策略是：联邦政府主要提供建立服务机构的资金，运行资金由联邦政府、州政府和区域行政部门共同承担。对于低收入家庭，政府实行特殊照顾，为其提供"政府基金"。澳大利亚儿童课外看护教育的服务标准由联邦政府和州政府共同制定，州和地区政府负责执行。质量标准涉及以下五个方面：设施设备，健康和安全，人员配备，服务程序规定，行政职能。澳大利亚的成功经验为我国儿童课外看护教育的发展提供了有益借鉴：政府干预与民间运作相结合；处理好校内、课外的关系；保护与发展相平衡；多种模式并存。经过数十年努力，澳大利亚儿童课外看护教育服务已得到较为充分的发展，形成了完整的政策体系和富有特色的教育项目。

近年，随着计算机和网络信息技术的发展，传统的校园欺凌问题向虚拟空间发展，未成年人网络欺凌已成为世界性的"公害"。澳大利亚、欧美国家结合本国实际情况，针对网络欺凌开展相关研究，探索并采取了一系列预防和干预措施。杜海清（2013）考察了澳大利亚、欧美等国应对网络欺凌的策略。澳大利亚着重为学校开发各类网络安全教育课程，从源头防范网络欺凌的发生。其应对措施对我国抵制网络欺凌具有一定的启示和借鉴作用，主要归纳为以下四个方面：（1）社会各方共同来关心未成年人网络欺凌问题。家长、学校、政府部门、网络企业加强交流和协作，共同为未成年人打造健康的成长环境。（2）青少年问题、教育心理学等领域的研究人员在现有网络欺凌研究的基础上开展大样本的抽样问卷调查，了解掌握我国未成年人网络欺凌情况。在此基础上，科研人员开展卓有成效的网络欺凌问题研究，深入分析我国未成年人网络欺凌产生的原因，做好网络欺凌行为的差异性分析，为政府部门建立和完善相关的干预机制和应对策略，为国家制定相关的法律法规提供切实有效的实证和理论依据。（3）重视学校的网络安全教育。（4）在专家学者取得研究成果的基础上，吸收和借鉴国外既成的立法经验，在现有法律中增加"网络欺凌"的内容，或者单独立法，制定符合我国国情的《未成年人网络安全保护法》，从法律上确保儿童、青少年的上网安全。

（五）澳大利亚的媒介素养教育

李先锋、董小玉（2012）考察了澳大利亚的媒介素养教育。媒介素养是指人们正确判断媒介信息的价值、意义和作用并有效使用和传播信息的素养。所谓媒介素养教育，就是指导学生正确理解、建设性地享用大众传播资源的教育。通过这种教育，培养学生具有健康的媒介批评能力，使其能够充分利用媒介资源完善自我和参与社会发展。澳大利亚被世界公认为是当代西方开展媒介素养教育最好的国家。至今，澳洲已形成了系统的国民媒介素养教育体系、跨文化的批判性教育模式、明晰的媒介素养教育标准。多元文化政策和教育改革、新社会运动和跨文化交际以及政府的积极参与等都是推动澳大利亚媒介素养教育发展的重要因素。基于澳洲经验，我国可以从宏观上分层次推进国民媒介素养教育；微观上，强化媒介课程设计和教学创新。在课程标准层面，尽量明确媒介素养教育的内容和要求；在课程开发上，平衡多元文化与不同层次的媒介活动；在教学层面，探索批判式的媒介素养教学模式，从而凝聚社会、学校、家庭的合力，使媒介素养教育更好地适应我国中小学以及更高水平的教育课程，进一步拓展我国媒介素养教育的广度、深度与效度。

（六）澳大利亚的特殊教育

刘鲲、杨广学等（2012）以维多利亚州为例，概括、分析了澳大利亚融合教育的法律、政策框架和发展趋势，分析了维多利亚州以"教和学"为核心的服务体系、"一体化"的融合教育服务模式和跨学科的专业服务模式，讨论了融合教育发展与普通教育体系变革之间的深刻联系。澳大利亚的融合教育进程与世界融合教育主流发展基本同步。澳大利亚联邦政府制定和完善了一系列法律政策。在联邦政府的法令和政策基础上，各州分别出台了自己的支持性法令、政策和实践措施，为融合教育在学校层面的创造性实践提供了机会和保障。以维多利亚州为例，该州通过制定相关法案及成立专门的部门为残疾学生提供保障与发展机会。维多利亚州融合教育发展以"教和学"为核心构架其服务体系，以学生的学习需要为中心配置教育资源和规划教师职业发展，基本建立了融合教育发展的"学习模式"，使得残疾儿童的"能力"而不是"缺陷"成为教育者关注的核心。

（七）澳大利亚的英才教育

在追求教育卓越和公平的双重目标下，澳大利亚政府通过实施英才教育，因材施教，帮助英才学生充分发挥潜能，最大限度地实现其人生价值，也为国家培养了大量的创新型人才，增强了国家的竞争力，其英才教育发展到了较高的水平。高莉、褚宏启、王佳（2012）考察了澳大利亚英才教育的发展历程，并就英才学生的甄选鉴别、教育培养、管理、师资、研究机构等各方面作了介绍。澳大利亚将英才学生（students regarded as being gifted）定义为：在某一个或数个领域中表现出很好的能力或潜在能力的儿童，极大地超越了处于相同年龄、相同文化或相同环境中的其他儿童。天赋（Giftedness）指的是一个学生在智力（intellectual）、创造力（creative）、社会情感（socioaffective）和感觉运动（sensorimotor）中的一个或数个领域中表现出来的独特能力。才能（Talent）指的是在一个或数个领域中表现出的杰出绩效，如知识、艺术、社会、运动或者技术领域（technical skills）等。澳大利亚提供的英才教育服务背后蕴涵的理念包括：所有英才学生均可平等地参与教育项目，教育项目本身必须是灵活的、全纳性的，能够满足英才学生的需求；处于发展过程任一阶段的学生都可以按照自己的步调、学习禀赋构建自己的知识结构；教育项目可以满足个体的特殊需要，符合其兴趣；根据课程内容、程序、结果和学习环境为每一位英才学生调整课程安排；规划组织结构和群体结构，保证英才学生在适合的学习环境中有秩序地互动；吸纳能满足英才儿童教学需要的人力和资源等方面的支持；项目的基础是现有研究和实践。在此理念下，澳大利亚英才教育采用融合制为主要安置方式，充实制和加速制逐渐成为英才培养的两大主轴。澳大利亚英才教育对我国发展英才教育提供的借鉴是：（1）追求卓越与公平兼顾的英才教育价值理念；（2）客观认识英才，发展多元评价；（3）加强英才学生的培养开发；（4）建立英才教育的管理和支持体系。

（八）澳大利亚的早期教育

澳大利亚的教育不同于其他国家的显著特点是全国六个州的教育具有自主发展权，其发展都比较迅速。尽管各州的教育基金由政府统一管理，但澳大利亚宪章赋予了六个州教育厅在其州范围内享有教育方面的决策权利。澳大利亚的早期教育就是在这样的背景下发展起来的。它主要是为0—8岁儿童及其家庭提供教育和保育，早期教育的计划是要"提高儿童及其家庭接受早期教育和保育的质量"。

曾莉（2013）考察了澳大利亚的早期音乐教育。她认为早期音乐教育是澳大利亚早期教育中的重要组成部分，并从音乐教育在早期教育中的作用、早期音乐教育课程政策、早期教育教师及其音乐培训等三个方面介绍了澳大利亚的早期音乐教育现况。她指出，尽管澳大利亚早期音乐教育在课程政策、教师培训等方面存在一些问题，但是通过联邦政府的大力支持，早期教育工作者积极努力参与早期儿童教育政策的改革，确定了早期音乐教育在早期儿童教育中的基础作用。此外，澳大利亚早期音乐教育的发展具备了良好的国际环境。该研究旨在对我国早期音乐教育发展提供借鉴。

三　澳大利亚基础教育的评价体系

制定教育质量国家标准，建立健全教育质量保障体系，是教育发展到较高水平的重要特征。建立基础教育质量保障体系认证及质量监测是提高基础教育质量的重要组成部分。

（一）教育质量国家标准及其制定

曾天山、王小飞、吴霓（2013）研究了澳大利亚、新西兰两国的国家教育智库如何服务政府决策。近年来，澳大利亚、新西兰两国的相关教育科研机构在提高教育质量与促进教育公平方面，发挥了不可替代的功能和作用。两国教育智库对教育发展的影响表现在：构建基于标准的质量框架；促进多元文化融合教育的发展；提高教育竞争力及全方位影响政府教育决策等。以国家教育科研机构为主的教育智库日益崛起，正在成为影响政府教育决策的重要力量。澳大利亚政府格外重视国家级教育科研机构、重点大学教育研究机构等部门的作用，以科学决策减少国家干预可能带来的负面作用。澳大利亚国家教育科研机构——澳大利亚教育研究委员会（The Australian Council for Educational Research，ACER）是该国各级各类教育智库服务国家决策的重要代表。该机构以教育科研服务决策为导向，以位于国内外的数个研究分院（澳大利亚、印度尼西亚、印度、沙特阿拉伯等）为基地，向全国乃至中东、南亚、东南亚地区国家的各级政府提供一流的教育决策服务。ACER 没有直接来自政府机构的资助，经费主要来自决策服务合同及其相应产品，是一个独立于政府的非营利性教育科研单位。ACER 服务教育决策的方式主要是通过开展大型调查研究、进行教育测评、开发教育质量标准、实施学业成就测试等来实现。澳大利亚国家教育智库对教育质量国家标准的研究主要在两个方面：主导和开发教育质量国家标准；主持和开展国家教育质量监测与评估。澳大利亚国家教育智库对于多元文化融合教育发展的研究发挥了重要作用。澳大利亚是土著人文化、欧洲移民文化以及世界各地移民文化等相互融合而成的多元一体文化。在教育科研机构看来，提高少数民族或土著民族、弱势群体学生的学业成就，是弥补政治性多元文化教育项目缺陷，促进多元文化融合和教育公平的重要手段。其具体做法包括：设立多元文化专项，促进多语言文化教育；分权管理课程，促进少数民族教学资源多样化；缩小学业成就差距，提高重点少数民族与弱势群体教育质量。澳大利亚国家教育智库及其研究对我国的启示：（1）国家教育政策的出台强调以教育科研成果为依据；（2）国家教育政策的制定充分吸收教育智库及非政府机构的意见与建议；（3）国家采用项目委托方式鼓励教育智库参与教育决策服务；（4）

教育质量评估项目注重大规模测评与多方调查相结合；（5）重视教育评估对决策和实践的双重服务作用；（6）重视对政策实施效果的评价和跟踪研究反馈。

中国教科院教育质量标准研究课题组（2013）探讨了世界各国的教育质量国家标准。教育质量标准可分为内容标准、评价标准和保障标准三个维度。课题组指出：英国、美国、澳大利亚等发达国家和发展中国家都建立了全国教育质量监测体系，并将基础教育质量作为监测重点。澳大利亚与英、美等发达国家一样，其教育质量国家标准的制定体现了公平性原则、目标性原则、灵活性原则、清晰性原则和系统性原则。教育质量标准实施和评价的基本模式有行政主导、专业主导和专设机构主导等三种模式。澳大利亚遵循的是专设机构主导的教育质量实施和评价模式。澳大利亚主要通过资格框架委员会等专设机构负责各项教育质量标准的制定和实施工作。澳大利亚各教育领域标准的制定都是由行政推动下的专业机构或委员会来具体承担的，这充分体现了行政与学术的统一。澳大利亚负责制定全国教育质量标准的机构是澳大利亚政府教育、就业和劳动关系部（MEEWR）。直接负责国家教育质量标准的机构是澳大利亚学历资格框架委员会（AFQ Council），这个委员会的成员包括来自中小学、职业教育与培训以及高等教育三个部门的专家、政府和企业的代表，澳大利亚学历资格框架是澳大利亚目前最完备的教育质量标准和保障体系。澳大利亚的国家评估项目（NAP）是澳大利亚政府于 2008 年启动的全国性评价项目，由联邦政府采用招标的方式委托澳大利亚教育研究委员会（ACER）和澳大利亚考试中心（EAA）等机构分别承担，对中小学生进行持续跟踪评估，对全澳大利亚各地的教育水平和发展作出定期的、系统的评价。通过对澳大利亚及其他各国教育质量标准的研究，课题组认为：我国在制定教育质量国家标准时要转变政府职能，从直接管理转向宏观指导；关注学生个体发展，充分发挥标准的改进功能；因地制宜，建立适合本国国情的管理模式；民主决策，鼓励各利益相关者共同参与标准制定。

范涌峰、廖其发（2013）对各国及国际组织开展的基础教育质量监测进行了考察，梳理出基础教育质量监测的国际经验，对探索我国基础教育质量监测的本土路向具有重要的理论意义和实践价值。从监测机构组织方式上来看，澳大利亚是由政府以项目的形式委托大学或研究机构进行，澳大利亚的教育部门就采用项目制委托澳大利亚教育研究委员会（AC-ER）负责。在评估涵盖的学段和学科领域上，各国的做法也不尽相同。澳大利亚是仅对核心学科进行评估，如：每年只是对三、五、七年级孩子进行阅读与数学能力测试一次。范涌峰、廖其发（2013）指出：在中国特定文化场域中，应该建立既符合国际趋势又具有中国特色的基础教育质量监测体系，以学生全面发展和社会需要为价值取向，研制科学的监测技术路线，建立完善的保障机制。

（二）澳大利亚学前教育质量标准

董素芳（2013）考察了澳大利亚《学前教育及儿童保育国家质量框架》的产生、内容与特点。为了保证学前教育和儿童保育的质量，2012年1月1日，澳大利亚制定并实施了《学前教育及儿童保育国家质量框架》（以下简称《国家质量框架》）。该框架包括《国家教育和保育法》与《国家教育和保育条例》、《国家质量标准》、评估和评价系统、各州与领地的监管机构及全国性监管机构。澳大利亚基于广泛的研究基础提出的《学前教育及儿童保育国家质量框架》具有国家主义倾向，基本形成了保教一体化格局，建立了完整、可操作的早期保教质量保证系统，体现了立足市场调节、提高保教质量的基本政策选择。《国家质量框架》依照国家立法框架和《国家质量标准》，对本地区的早期教育和保育服务机构进行审批、监督和质量评估。全国性监管机构是澳大利亚幼儿教育和保育质量管理局（ACECQA）。《国家教育和保育法》《国家教育和保育条例》《国家质量标准》是建立《国家质量框架》的关键法律文件。所有的改革措施最终将通过幼儿课程的实施达到促进幼儿发展的实际成果。因此，作为一种课程指引措施，《国家幼儿学习框架》被视为《国家质量框架》的重要支持。此外，《国家质量框架》还包括一系列指南文件，用于支持幼儿保教机构学习和实施《国家质量框架》。

陈丽华、彭兵（2013）对美国、德国、芬兰和澳大利亚等部分国家的学前教育研究进行了解析。他们认为：澳大利亚等国的学前教育质量评价有各自不同的特点，存在可借鉴之处。澳大利亚十分重视学前教育质量，采取各项评价措施来提高学前教育质量。通过对澳大利亚及欧美其他国家学前教育质量的评价研究，指出：（1）澳大利亚等国十分重视学前教育质量评价标准的研制。澳大利亚颁布《澳大利亚学前教育国家质量标准》。其教育质量标准的研制过程科学、细致，汇集各方面人士的智慧，很多以科研的方式产出。（2）澳大利亚等国学前教育质量评价主要采用科学范式，过程规范。芬兰和澳大利亚从教育立法的角度来保证学前教育评估的过程规范、程序文明公正。（3）澳大利亚等国的评价内容指标细致、可操作性强。《澳大利亚学前教育国家质量标准》包含10个部分，条目十分细致，可操作性强。这些国家评价指标的内容大多集中在师幼互动、课程、家校沟通、硬件环境、卫生安全等方面。（4）澳大利亚等国学前教育质量评价各有特色。澳大利亚高度重视学前教育评估，还为学前教育评估立法，澳大利亚还成立了儿童教育与养护质量监督局。上述欧美学前教育的特点对我国类似问题的解决无疑是一种思路的借鉴。

刘昊（2013）通过对美国、澳大利亚学前教育质量监控系统进行比较研究，指出：澳大利亚与美国的学前教育质量监控系统，虽然在是否由联邦政府统一实施、评估标准中是否包含结果性质量、是否同时具备资质认定功能以及具体实施方法上存在诸多不同，但在政府承担的职责、质量促进功能、反映的学前教育质量观上具有相似点。美、澳两国的理念和举措，在政府的角色定位、幼儿园资质鉴定与质量评级的关系、质量促进与激励的措施、如何协调各方面质量因素的关系等问题上，对中国新的质量监控制度设计具有重要的参考价值。

夏雪梅（2012）考察了澳大利亚国家学业质量标准的设计并进行了批判性的评价。她认为：澳大利亚国家学业质量标准的设计思路体现为从设立国家公民的统一形象出发，描述三类学习结果，形成对学生学习质量的系列性的预期，并监控整个学校系统。澳大利亚学业质量标准体现了一种建构超越于学科之上的普适能力架构的设计思路，其质量标准的特点为侧重能力和兴趣维度，而弱化知识维度。澳大利亚的年度描述、内容描述和成就标准的一致性较强，但年度描述与成就标准的区分不清晰。成就标准的等级与现有的评价、报告的关联性还在发展过程中。

四 澳大利亚的教师教育

在"以提高教师质量，促进教师专业发展"主流教育思想的指导下，澳大利亚不断完善教师专业标准。澳教师专业标准探索一直走在国际的前列。

（一）澳大利亚教师教育策略

2012年10月，澳大利亚教育研究委员会（ACER）向国会听证会提交了一份有关教学与学习的建议——《为了使我们对中小学投资的效益最大化》。唐科莉（2013）探讨了该建议。该建议以国内外研究为基础，建议联邦政府采取三项措施以提高教师质量，提高教学与学习质量，提高中小学生的成绩与福利水平。这三项措施是：（1）努力提高教师职业的地位。除确保教师有较高的起薪外，采用以下方法来提高教师地位。第一，采用严格的程序挑选教师教育课程的竞争者；第二，控制注册教师教育课程的学生数量。（2）为教师注册设成绩标准并进行认证。高绩效教育体系的第二个特征是要确保所有教师都为教学做好了最佳准备，尤其是教师必须掌握较高水平的任教学科的知识（内容知识），掌握学生如何学习这些学科的知识（教学内容知识）。（3）认可并奖励教师专业知识与技能的发展。实施该策略首先必须明确高效率教学的特征，然后基于证据的实践来促进教师的持续专业发展，最后建立程序认可并奖励专家型教学。墨尔本大学的"教学课程硕士"，是一个增强教师评估与诊断学生学习需求，并应用基于证据的策略来应对学生需求的技能的临床课程范例。

（二）澳大利亚教师教育认证机制

澳大利亚教师质量与教育领导专门小组于2003年制定了教师专业标准，于2010年推出了修改的《全国教师专业标准》。汪霞、钱小龙（2012）认为：该标准以其更加明确具体的标准结构和内容，充分体现教师专业发展阶段性和持续性的评价方式。以过程为导向转为以结果为导向的认证要求，体现了澳大利亚教师教育课程标准更加开放灵活的发展理念，反映出国际教师教育改革的共同趋势和澳大利亚教师教育改革的鲜明特色。韩娟、周琴（2012）和肖丹、陈时见（2012）考察了澳大利亚教师专业标准。前者通过对教师专业标准的演变历程进行梳理，以此透视澳大利亚的教育价值理念。后者则以澳大利亚的教师专业发展计划中政府专项报告和重新修订的《全国教师专业标准》为例，分析了两者在教师专业发展上的一脉相承。

文章都认为：澳大利亚制定与修订教师专业标准体现了以下教育理念：（1）把"学生为本"作为完善教师专业标准的核心理念；（2）把追求"高质量"的教学作为完善教师专业标准的目标；（3）把追求"卓越"教师专业素质作为提升教师专业标准的重要途径。澳大利亚《全国教师专业标准》的制定与完善体现了多方合作，实施循序渐进；形式多样化；避免标准过于抽象、缺乏可操作性的特色。研究从理论上对我国当前教师专业标准的研究和制定提供了借鉴与启发。2011 年 2 月，澳大利亚颁布了最新的《国家教师专业标准》（National Professional Standards for Teachers NPST）。塞世琼、饶从满（2012）考察了 NPST。NPST 内容结构由横向的七个内容标准（分属三个教学领域）和纵向的四个教师专业发展阶段构成。在此基础上，对处于不同发展阶段的教师需要达到的具体要求进行描述。横向的内容标准分属于专业知识领域、专业实践领域、专业参与领域，每个领域下包含2—3 项具体的内容标准，每个内容标准下又包含 4—7 个具体的关注领域（focus area）。NPST 认为教师的专业发展阶段是一个持续向上的纵向发展过程，由初级阶段到高级阶段依次是准教师阶段、胜任教师阶段、优秀教师阶段和领导教师阶段。澳大利亚最新国家教师专业标准具有以下特点：科学严谨的标准制定过程、以学生发展为核心目的标准理念建构、可操作的内容、强制性与自愿性共存的标准效力。

李冬冬（2013）从理论思路与实践思路差异的视角对中澳教师专业标准内容设置进行了比较研究。澳大利亚于 2010 年颁布了修改的《全国教师专业标准》，我国也于 2011 年 12 月颁布了分别适用于幼儿园、小学和中学的教师专业标准试行版本。相较两国的标准，在内容设置上具有三点共同之处：同以教师胜任力模型为理论基础、同以提升教师专业化为目标、同以学生利益为基本立足点。但同时两国的标准在内容设置上也存在着一定的差异。这种差异的产生主要是受到两国不同哲学文化的影响，总体上来看，可以将这种哲学文化的差异概括为理论思路与实践思路的差异。我国教师专业标准内容设置背后体现出的是抽象的东方理论思路。总体上说，理论思路奠基于中国传统哲学之上，而中国的哲学起源与道德同源，强调通过内省和思辨来达到提升个人道德修养的目标。因而其理论思路具有脱离实践的倾向，具有一定的非理性特征。澳大利亚的教师专业标准在内容设置上更多地体现出了实践思路的特色。这种思维方式的形成与西方哲学的特征不无关系。西方哲学与科学同源，具有工具性和数理性的特征，强调对外部世界的解释。因而实践思路偏向于对实践问题的重视，强调事物对实践问题解决的工具性价值。中国的标准强调专业道德将专业发展理念化；澳大利亚的标准淡化专业道德将专业发展实践化。在理论思路的影响下，我国的教师专业标准对专业道德的重视非常明显，在基本理念部分，运用"终身学习"理念简单地概括了教师专业发展理念，而在教师专业标准的具体指标上对教师专业发展理念的体现并不突出。而澳大利亚的标准则淡化对专业道德的期望。值得注意的是，虽然对于专业道德重视程度在下降，但是实践思路下的澳大利亚专业标准并没有忽略教师专业道德对教师专业发展的影响，只是在承认其作用的基础上，降低了对教师专业道德的期望。另外，在对教师专业发展理念的重视之外，还十分重视如何实践教师专业发展理念。中澳教师专业标准思路差异比较给予我们的启示：正视两种思路，尊重标准的文化性；融合两种思路，提升标准的价值性。

贾爱武、钱晓霞（2012）对澳大利亚中小学外语优秀教师专业标准进行了解析。澳大利亚是世界上制定和实施多语政策的第一个英语国家。2005 年，澳大利亚现代语言教师协会联合会为中小学外语教师制定出《语言与文化优秀教师专业标准》，成为澳大利亚官方至今仍在使用的最新优秀外语教师专业标准。该标准内容分为五部分：概述优秀语言与文化教师的构成要素；使用指南；教师标准；课程标准；补充说明。教师标准是其核心部分，课程标准是优质教学的保障。其基本理念是：教学质量的优化有赖于教师素质的提升，而优质教学同样离不开合适与支持的教学环境，所以，教师标准须与课程标准互为支撑。澳大利亚中小学《语言与文化优秀教师专业标准》为我国中小学外语教师专业标准的系统研究提供了四点启示：基础外语教育遵从国家利益取向的语言战略规划；体现教师专业结构，突出外语学科特色；强调教师最高标准，发挥教师发展主体性；注重标准出台前的充分准备和颁布后的教师培训。

（三）澳大利亚教师教育课程改革及标准

美国、英国、德国、法国、澳大利亚等发达国家教师教育课程改革的理念和实践体现出教师教育课程改革的国际趋势：开展旨在教师终身专业发展的、以学习者为中心的教师教育课程改革；注重教师教育课程的前沿性、灵活性和实用性；注重模块式课程的开发和教育临床研究；注重以学生为中心的课程实施方法；注重质的评价和严格把关相结合的课程评价（张文军、钟启泉，2012）。

钱小龙、汪霞（2012）对比分析了美、英、澳三国教师教育课程改革的动向。分析发现：澳大利亚与英、美两国教师教育课程正在经历范式的更替，并围绕普通教育课程、专业学科课程和教育学科课程这三类教师教育的主要课程类型迅速展开和推进。在教师教育课程改革的动向方面，澳大利亚与英、美两国也呈现出共性的特点，包括普通教育课程更具通识性和广博性，专业学科课程更具实践性和实用性，教育学科课程更具融合性和完整性。与英美两国相似，澳大利亚的教师教育课程改革适应了教育形势发展的要求和世界性教师教育改革的潮流，体现了较高的教师教育课程研究水平。

吴琼、高夯（2012）考察了澳大利亚维多利亚州的教师教育课程标准。2007年6月，澳大利亚维多利亚州教学协会制定了新的教师教育课程标准《职前教师教育课程的评审标准、指导方针及评审程序》。该教师教育课程标准的设计理念是"教师专业化"，设计模式是"泰勒模式"，突出重点是"实习"。它对我国制定教师教育课程标准具有一些借鉴意义，如更新理念，注重学生需要；重视实践，促进教师专业化；加强合作，构建学校伙伴关系；规范的评价体系是质量的重要保证。

（四）澳大利亚的中小学教师聘任制度

罗爽（2013）以澳大利亚维多利亚州（以下简称"维州"）为例考察了澳公立中小学教师聘任制度，并结合我国当前教师聘任制提出了可供借鉴的策略。维州是澳大利亚教育管理体系最为完善的地区之一，一直将公立中小学教师队伍的建设作为教育发展的重中之重。近年来，维州传统的教师政府任命制度被学校选任制度所取代。通过一系列教育改革的实施，维州建立起了一套较为完善的教师聘任制度，包括健全的聘任程序、类型多样的聘任合同、明确的解聘条件和程序等。维州教师聘任制度的特点及对我国教师聘任制度改革的启示：（1）以政府机制作为聘任制度的根本运行机制，保证教师职业的公务性。（2）实施集体劳动合同制，保护教师的合法权益。2008年澳大利亚教育工会维州分部与新上任的维州工党政府签订了最新的集体劳动合同《维州公立学校协议》，以保证优良的教学质量和防止对教师工作负担的任意增加，而且还详细规定了学校聘任教师的方式、教师级别、工资构成和标准、津贴补助的类型、各种假期的条件和时限、劳动争议解决方式等内容，有利于保障教师劳动权利的充分享有。（3）完善教师聘任与解聘程序，保障教师队伍的优质与稳定。维州教师聘任制度的设计充分体现了这一原则，不但以法律法规的形式对教师选任的程序特别是选任小组的组成和职责、选任标准等进行了比较详细的规定，建立了专门的网上教师招聘系统以保证聘任信息及过程的公开和透明，同时也根据解聘教师的不同事由对相应的程序作出了规定，给予当事人以充分的知情、陈述和申辩权利。这样，不仅有利于防止校长对选聘教师权力的不当适用，确保合格优秀人才的纳入；而且也有利于抑制教师被随意解聘现象的出现，保证教师队伍的稳定发展。

（五）澳大利亚的教师职前教育

荣军、李岩（2013）考察了澳大利亚职前教师全纳能力的培养。对普通教育教师进行职前全纳教育能力的培养是澳大利亚师资培训的重要组成部分。澳大利亚在教师职前全纳技能培养体系中制定了详细的培养要求，提供了针对性的学习机会，确保了教师能够更好地满足儿童的全纳教育需要。澳大利亚提高职前教师全纳教育能力的举措，包括：实施保障优先发展，明确培养目标的教育政策；跨专业整合，培养双证制的培养方式；课培结合，优化全纳教学的课程设置以及创造更多机会，保障实践质量的教育实践。其职前教师全纳教育的特点：（1）发挥二元教育机制，合力推行全纳教育。政府机制和公民社会机制是实现教育公平的两种主要机制。其中，政府机制的本质是以强制求公益，是实现公共利益的政策法制保障；公民社会机制的本质是以志愿求公益，强调通过社会力量的广泛参与，以增加教育的供给，来促进教育的公平。（2）授课方式灵活，与学位教育接轨。（3）整合教育资源，建立广泛支持系统。首先，为实习教师提供"学徒制"培训。其次，为学员提供海量的教育信息。澳大利亚职前教师全纳教育对我国教师全纳技能培养的启示：（1）转变教育标准，推行全纳教育。我国应该借鉴澳大利亚经验，将全纳教育能力纳入教师专业标准中，并将全纳教育的内容渗透到教师教育的各个阶段，从教师从业资格的层面，明确全纳技能不仅是教师的必备技能，更是教师的法定责任，更使得全纳教育能力的培养贯穿于师范教育的各个阶段，涵盖教师专业发展的全过程。（2）加大实践课程比重，提高全纳教学能力。澳大利亚职前教师的培养十分注重提高学员的教育实践能力，课程设置每学年都安排相关的实践课程，让职前教师更多地参与到与特殊教育需要人士相关的活动中去，让学员对特殊儿童有更直观、深入的了解。鉴于此，我国师范院校应该为学员提供尽可能多的实践机会。（3）开展教学研究，完善教学支持系统。我国全纳教育应从专业支持入手，在理论性知识方面，我国师范院校应将全纳教育纳入师范教学课程体系，为师范生提供基本的全纳教育理论知识，同时开设特殊教育心理学、特殊技能（手语、盲文）等选修课和短期培训课程，并且支持教师对全纳教育开展专题研究，探索全纳教学与专业教学相整合的教学模式，设计与专业特征相吻合的全纳教学课程，并依托校园网，把国内外、校内外最新的研究成果予以发布，以方便师生利用网络了解和学习相关知识，推动全纳教育的发展。此外，学校应该建立学徒机制，为实习教师配备经验丰富的资深教师和专业人士进行跟踪式指导，对实习教师在真实的教学环境中出现的教学问题进行及时的解答，这样既方便实习教师通过真实的案例来获取实践性知识，又有利于他们巩固理论知识，拓展反思的能力。

（六）澳大利亚的教师专业发展

黄非非（2013）考察了澳大利亚的高成就教师和主导教师认证体系。教师认证是澳大利亚教师专业化进程中的关键，经过多年的发展，形成了自己的特点，为该国教师专业发展提供了基准，也为该国中小学教师素质的提升提供了依据。澳大利亚高成就教师和主导教师认证是一个全国性的认证系统，综合其目标、原则、标准及认证过程。该体系的特点及对我国教师专业发展的启示是：成立专门的认证机构；开展预评估；采用多种途径考察教师实践；设定认证有效期。

胡秀威、肖甦（2013）对澳大利亚变革型教师专业化工程的内容与实施进行了述评。澳大利亚20世纪90年代初开始的变革型教师专业化工程是澳政府在其社会整体改革进程中对教师教育领域的一种变革。针对传统教师专业培养过程存在的"独立""排他""保守"等弊端，变革型教师专业化体现了融合"合作""开放"等后现代社会发展特征的人才培养观。变革型教师专业化工程的内容包括：学习（Learning）、参与（P anticipation）、协作（Collaboration）、合作（Cooperation）和行动（Activist）。变革型教师专业化工程主要通过国家统一学校联盟工程与教师专业化的中小学与大学创新链接工程来实施。由于"联盟工程"和"链接工程"是同时受政府和社会资助的国家级教师专业化工程，因此它们在澳大利亚受到社会广泛关注。现任悉尼大学副校长的朱迪·萨兹教授一直是该系列工程的积极支持者、参与者和研究者，并从开始就对该系列工程进行跟踪研究。朱迪·萨兹教授在其 2003 年出版的《积极行动者的教学专业》（*The activist teaching profession*）的专著中，就该系列工程实施的效果做了四个方面概括：第一，变革型教师专业化发展了教师的研究能力。借助于行动研究，教师们对自我、对学生、对教学的认识均得以提升。第二，各类工程的实施使学校成为专业学习型社区，教师作为学习型社区中的一员，主动承担变革者责任的意识得到不断增强；研究型文化活动的展开，也进一步丰富了学校中学习型组织的内涵。第三，同行协作相互学习、相互磋商和相互借鉴的新型人际关系。第四，变革型教师专业化工程能够取得成就离不开社会各界在财政、技术和政治等方面给予的支持，而获得这些支持必须以社会信任为前提。强有力的社会信任不仅可以促进社会的凝聚力，化解社会的一些复杂矛盾，还有助于个体适应复杂的社会环境，促进自我认同的形成，加强自我与外部世界的联系，并从社会变革中受益。从变革型教师专业化实践推进的角度可以看到：澳大利亚政府是以国家工程的形式自上而下、由点到面立体推进的，既考虑到中小学校及其教师的适应性和接受能力，又倡导调动其他社会资源和教育资源开展互利协作，追求学校改革的社会利益最大化。其科学而理性的实施策略值得借鉴。

袁丽、刘维兰、黄运红（2012）考察了澳大利亚维多利亚州（以下简称维州）基于教师专业学习理念引领下的初任教师培训模式。澳大利亚的教育大州——维州在基于教师专业发展历史阶段论和教师专业学习理念的基础上，建立了以"初任教师辅导制"（Beginning Teacher Mentoring）为核心的包括校内外资源融合、学习共同体与个人相互促进的初任教师培训模式。维州初任教师培训模式是以教师专业学习理念为理论基础的。维州的教师专业学习理念来自于州教育部关于"专业学习理念"（Professional Learning）的定义，认为教师与学生互动的学习过程是专业学习的重要部分，强调教师的实践就是专业学习的过程，由此发展出的教师专业学习理念主要内容：（1）教师专业学习不仅是教师个体的需要，还要侧重于学生的学习成果。（2）教师的专业学习是集中且嵌入于教师的实践当中的，与学校教学密不可分。（3）教师专业学习要以有效教学研究（research on effective learning and Teaching）的最新成果为依据，而不局限于已有的理论基础。（4）教师专业学习是学习共同体的合作，包括反思与反馈，而不仅仅是个体的答疑解惑（individual inquiry）。（5）教师专业学习是在实证和数据的驱动下指导改进和衡量影响的，不是基于任何道听途说的轶事（anecdotal）。（6）教师专业学习是持续性的，而非片段和零散的（episodic and fragmented），应该得到支持并充分融入由学校、各种工作关系、区域等构成的文化和业务系统当中。维州初任教师培训模式的特点：（1）初任教师辅导制（mentoring）是双向度的专业学习过程和辅导关系，而非单向度的接受；（2）初任教师辅导制的实施过程不仅要基于辅导标准，更要给予教师更多的情感支持；（3）初任教师辅导制的实施是帮助教师不断拓展校园以外的资源，甚至接受来自传统意义上的"对手"和"批评者"的声音；（4）基于人口统计学的视角，避免初任教师辅导制有可能带来的学校文化的"分裂"状态，维州教育者注意到当前的初任教师群体从人口统计学的视角来看具有代际的特点，基于教育成长和时代背景的重大变革，代际群体在学校其他群体中有可能因为文化冲突而引起"分裂"状态；（5）为初任教师辅导制拟定出一些具体的评价标准；（6）初任教师辅导制的制度化。我国基础教育领域里的初任教师培训工作也有着类似维州初任教师辅导制的传统，结合我们自己的经验，以上维州的培训模式特点和实施将带给我们重要的启示。

（七）澳大利亚的教师职业道德建设

田爱丽（2013）考察了澳大利亚的教师职业道德建设。她认为：澳大利亚教师职业道德整体状况令人满意。在教师职业道德建设内涵方面，澳大利亚各州非常强调尊重、责任和正直等核心价值；在教师职业道德建设举措方面，各州重视对教师进行价值引领，制定明确的规范，注重团队间的相互帮助以及给予有效的安全保障等。澳大利亚教师职业道德的内涵

与建设实践的启示：（1）注重提升教师的价值追求。澳大利亚全国各地
的教育行政部门和学校非常重视教师职业精神的提升。各地教师职业伦理
准则的制定，都把明确教师职业伦理的核心价值作为首要内容。除此之
外，西方国家的基督教情怀和教义都把从事本职工作看作是脱离尘世的上
帝召唤，这对于提升工作人员的价值追求和精神境界同样大有裨益。提升
教师的价值追求是提升其职业道德素养的根本所在，通过各种活动让教师
感悟、体验到自身工作的重要意义和价值，是当前我国师德建设的重点。
（2）制定出明确的教师行为准则。在澳大利亚教师职业道德建设过程中，
各州以及每所学校都结合本地的情况，制定了适合本地需求的《教师行
为准则》，详细规定了教师在具体情况下的可为与不可为，并说明了如果
遇到突发情境和事件时，第一时间应向谁求助等。有了这些规定和规范，
教师的工作质量就有了保障。相比较而言，我国关于教师职业道德规范的
规定较为笼统和抽象，地方教育行政部门和学校需要根据教师职业道德规
范的要求，细化出适合本地与本校需要的教师行为规则。（3）缓解教师
压力，提升教师幸福指数。澳大利亚属于发达国家，社会保障体制健全，
教师经济来源稳定，再加上终身教职的岗位，侧重于诊断而非终结性的评
价体制等，都有助于缓解教师的生存压力，改善教师的生活状态，提升教
师的精神追求。近年来，我国为改善教师收入和待遇做了诸多努力，但现
实中，因激烈竞争所致的巨大心理压力和经济压力无时不困扰着教师群
体。因而，完善评价机制，减轻教师压力，改善教师生存环境，是我国当
前师德建设的又一重点。

小　结

（一）简要述评

2012 年在中国改革开放和现代化建设进程中具有重要意义，对中国
教育也非同寻常。《教育规划纲要》的贯彻落实取得了重要进展，教育改
革深入推进。国内学者结合国内基础教育发展中的重大理论问题与现实问
题，对澳大利亚基础教育进行了深入研究。回顾 2012—2013 年我国学者
对澳大利亚基础教育的研究文献，我们可以发现以下几个明显的特点。

1. 研究重点相对突出

从研究领域来看，2012—2013 年国内澳大利亚基础教育研究主要集中在：澳大利亚的基础教育改革实践、发展战略、课程改革、教育评价、教师教育、中小学管理。研究内容逐步深入，出现了一些新的研究视角。

2. 研究成果层次较高

2012—2013 年国内关于澳大利亚基础教育的研究成果比较丰富，研究层次较高。第一，本章中涉及的研究成果均发表在国内公认的较权威的教育学研究刊物上，如《比较教育研究》《教育发展研究》《外国教育研究》《全球教育展望》等核心期刊。我国教育学术界的顶级刊物《教育研究》也陆续出现有关澳大利亚基础教育研究的文献。第二，国内研究澳大利亚基础教育的学者不断涌现，研究视野进一步扩大。以上述核心期刊为平台，我们发现，2012—2013 年，国内学者从比较研究的角度，以更广阔、全面的视角研究分析了基础教育的国际动向与实践，旨在为我国提供经验与借鉴。

3. 研究主题紧扣时代脉搏

2012—2013 年国内有关澳大利亚基础教育研究的学术研究紧密贴近当前我国教育改革的实际，问题意识进一步增强；加强了对澳大利亚最新的国家教育政策、国家标准等的解读与分析，同时与其他发达国家的教育实践进行对比研究，梳理了基础教育的国际经验与动态，以期服务我国的教育决策。针对我国义务教育普及、高等教育大众化、高中教育的发展战略迫切需要重新调整与定位的现实，国内学者对澳大利亚中小学课程改革、人才培养模式与路径、新时期教师的专业发展、德育建设等从理论和实践层面进行了深入研究。随着我国中等教育的普及，加之受国际中等教育与职业教育相互渗透与结合的影响，如何开展综合中学实验成为我国教育界理论研究和实践探索的热点。而随着教育国际化理念的逐步深入，2012—2013 年国内学者重点考察了澳大利亚在基础教育领域的公民教育与全球教育；围绕教育公平，国内学者探讨了澳大利亚基础教育中的特殊教育，并为我国的基础教育发展总结出了可供借鉴的经验。另外，中小学的安全教育也成为 2012—2013 年的研究重点。

（二）研究展望

1. 继续拓展研究领域

从 2012—2013 年的研究成果来看，大部分学者追踪了澳大利亚基础教育的前沿与最新动态，从宏观层面解析了澳大利亚基础教育领域的国家政策及质量标准；也有不少研究成果从微观层面，以学校为主体，对其教育管理与改革的具体实践进行研究。未来我国对澳大利亚基础教育的研究领域可以继续拓展，努力做到对宏观教育政策的执行情况进行追踪研究；同时，继续从微观上加强调研，掌握第一手文献。

2. 继续结合我国基础教育选择研究主题

随着我国教育改革逐步深入，教育水平显著提升，国内教育更加关注教育国际化，不断推进教育公平。因此，教育改革实践、课程改革、教育评价、教师教育与发展、中小学管理、非政府资源在教育中的作用等受到我国政府与社会的持续关注。这些领域的研究也将继续成为未来国内澳大利亚基础教育研究的热点。另外，关注国际学习科学研究的最新进展，尤其是了解这些进展对世界发达国家和地区新近课程变革的影响，是当前我国转型期教育研究的重要命题之一。

3. 继续完善研究方法、拓展研究视角

2012—2013 年国内出现了一部分基于实际调查的研究成果，准确把握澳大利亚基础教育改革与发展的现实，为我国教育改革与发展提供了有效的经验借鉴；也有部分学者对澳大利亚教育政策的实施效果进行评价和跟踪研究。还有部分学者从新的研究视角，如从学习科学的视角探讨对教育改革的影响等。未来国内澳大利亚教育研究应该继续采用调研式的研究方法，以新的研究视角，对澳大利亚教育进行考察，回应社会关切，提高为我国教育决策的服务水平。

参考文献

1. 陈法宝、张民选：《发达国家 2012 年教育改革的关键词——以英、美、澳三国为例》，《外国中小学教育》2013 年第 6 期。

2. 陈丽华、彭兵：《欧美学前教育质量评价研究述评》，《外国中小学教育》2013 年第 11 期。

3. 范涌峰、廖其发：《基础教育质量监测：国际经验与本土路向》，《教育导刊》2013 年第 4 期。

4. 黄非非：《澳大利亚高成就教师和主导教师认证体系解析》，《比较教育研究》2013 年第 6 期。

5. 胡秀威、肖甦：《澳大利亚变革型教师专业化工程的内容与实施述评》，《比较教育研究》2013 年第 6 期。

6. 康明媛、曹一鸣、XU Li-hua、David Clarke：《中、澳、芬数学课程标准中内容分布的比较研究》，《教育学报》2012 年第 1 期。

7. 李冬冬：《中澳教师专业标准内容设置比较——基于理论思路与实践思路差异的视角》，《基础教育》2013 年第 3 期。

8. 刘昊：《美国、澳大利亚学前教育质量监控系统比较及启示》，《首都师范大学学报》（社会科学版）2013 年第 6 期。

9. 刘莉：《澳大利亚〈全国中小学校长专业标准〉透析》，《教学与管理》2013 年第 4 期。

10. 刘彦臻：《西澳大利亚州基础教育课程框架探析》，《世界教育信息》2013 年第 8 期。

11. 吕杰昕、耿薇：《当前澳大利亚基础教育核心政策及执行情况》，《外国中小学教育》2012 年第 5 期。

12. 罗爽：《澳大利亚维州公立中小学教师聘任制度研究》，《外国中小学教育》2013 年第 9 期。

13. 董素芳：《澳大利亚〈学前教育及儿童保育国家质量框架〉的产生、内容与特点》，《学前教育研究》2013 年第 2 期。

14. 曹燕：《澳大利亚基础教育国家统一课程大纲改革初探》，《世界教育信息》2012 年第 13 期。

15. 代俊、庞超：《澳大利亚儿童课外看护教育服务与启示》，《外国中小学教育》2012 年第 7 期。

16. 杜海清：《澳大利亚、欧美国家应对网络欺凌的策略及启示》，《外国中小学教育》2013 年第 4 期。

17. 韩娟、周琴：《卓越与高质量：澳大利亚制定和完善〈全国教师专业标准〉的教育价值理念》，《外国中小学教育》2012 年第 5 期。

18. 高莉、褚宏启、王佳：《卓越与公平：澳大利亚英才教育发展》，《比较教育研究》2012 年第 12 期。

19. 胡芳：《澳大利亚首套〈国家校长专业标准〉透析》，《教学与管理》2012 年第 22 期。

20. 贾爱武、钱晓霞：《澳大利亚中小学外语优秀教师专业标准解析》，《外国中小学教育》2012 年第 11 期。

21. 塞世琼、饶从满：《澳大利亚最新国家教师专业标准述评》，《比较教育研究》2012 年第 8 期。

22. 肖丹、陈时见：《促进学生发展为导向的教师专业发展——澳大利亚教师专业发展及教师专业标准的启示》，《教师教育研究》2012 年 11 月。

23. 李丽洁：《澳大利亚发展综合中学的新举措——基于对 MESGS 课程包（2011—2012）的分析》，《教学与管理》2012 年第 16 期。

24. 李萍、张清年：《澳大利亚高中数学教材的特点及启示》，《教学与管理》2012 年第 18 期。

25. 李先锋、董小玉：《澳大利亚的媒介素养教育及启示》，《教育学报》2012 年第 3 期。

26. 刘 鲲、杨广学、Umesh Shama：《澳大利亚的融合教育支持体系——维多利亚州的模式》，《中国特殊教育》2012 年第 9 期。

27. 裴新宁：《学习科学研究与基础教育课程变革》，《全球教育展望》2013 年第 3 期。

28. 庞丽娟、夏婧：《国际学前教育发展战略：普及、公平与高质量》，《教育学报》2013 年第 2 期。

29. 钱小龙、汪霞：《澳大利亚普通高中课程改革的基本特征研究》，《全球教育展望》2013 年第 7 期。

30. 钱小龙、汪霞：《美、英、澳三国教师教育课程改革动向分析》，《外国教育研究》2012 年第 1 期。

31. 荣军、李岩：《澳大利亚职前教师全纳能力的培养》，《教育科学》2013 年第 2 期。

32. 唐科莉：《为了使我们对中小学投资的效益最大化——澳大利亚教育研究委员会对提高教师质量的建议》，《基础教育参考》2013 年第 9 期。

33. 唐祥来、倪琳：《国际基础教育公私伙伴关系（PPP）模式：论争与启示》，《外国教育研究》2013 年第 4 期。

34. 田爱丽：《引领、规范和保障：澳大利亚教师职业道德建设考察与启示》，《比较教育研究》2013 年第 6 期。

35. 王丽佳、卢乃桂：《教育问责的理论基础与实践模式：英、美、澳三国的考察》，《比较教育研究》2013 年第 1 期。

36. 王玲艳、冯晓霞、刘颖：《世界主要国家和地区学前教育投入方式分析》，《比较教育研究》2013 年第 6 期。

37. 王建梁、陈瑶：《英、澳、美、加四国公民教育课程改革影响因素比较研究》，《外国教育研究》2012 年第 3 期。

38. 汪霞、钱小龙：《澳大利亚教师教育及其课程标准的改革》，《全球教育展望》2012 年第 8 期。

39. 王艳玲、原青林：《亚太地区基础教育 PPP 的运行机制探析》，《外国中小学教育》2012 年第 1 期。

40. 王艳玲、原青林：《国外基础教育公私合作伙伴关系探析——以教育治理为视角》，《外国中小学教育》2013 年第 3 期。

41. 吴琼、高夯：《澳大利亚维多利亚州教师教育课程标准述评》，《外国教育研究》2012 年第 1 期。

42. 夏雪梅：《澳大利亚国家学业质量标准的设计与反省》，《全球教育展望》2012 年第 5 期。

43. 夏雪梅：《澳大利亚高中课程多样化：基于首府领地的实例与机制分析》，《当代教育科学》2013 年第 14 期。

44. 肖丹、陈时见：《促进学生发展为导向的教师专业发展——澳大利亚教师专业发展及教师专业标准的启示》，《教师教育研究》2012 年第 6 期。

45. 徐瑾劼：《澳大利亚中小学校长的专业发展及领导力构建》，《学术探索》2012 年第 2 期。

46. 闫闯、晁秋红：《加强中小学全球教育塑造具有责任感的全球公民——〈全球视角下澳大利亚学校全球教育的框架〉解读》，《基础教育发展》2013 年第 1 期。

47. 袁丽、刘维兰、黄运红：《澳大利亚维州基于教师专业学习理念引领下的初任教师培训模式述评》，《外国教育研究》2012 年第 5 期。

48. 曾天山、王小飞、吴霓：《澳新两国国家教育智库及其服务政府决策研究——澳大利亚、新西兰教育科研考察报告》，《比较教育研究》2013 年第 8 期。

49. 曾莉：《聚焦澳大利亚早期音乐教育》，《教育导刊》2013 年第 3 期。

50. 张伟平：《澳大利亚 Mathsquest 教材呈现方式：体验式隐喻的视角》，《全球教育展望》2012 年第 1 期。

51. 张文军、钟启泉：《教师教育课程改革的国际趋势》，《教育发展研究》2012 年 10 月。

52. 中国教科院教育质量标准研究课题组：《教育质量国家标准及其制定》，《教育研究》2013 年第 6 期。

第七章

澳大利亚的高等教育

在中国知网通过标题搜索"澳大利亚",检索结果显示,2012 年至 2013 年,以澳大利亚高等教育为主题发表的各类论文数量较多,其论述内容通过分类,可以分为六块主题:澳大利亚高等教育改革、澳大利亚高等教育质量保障、高等教育国际化、大学教师的专业发展、研究生教育、澳大利亚大学发展史和大学生就业。以下就各类主题的文章分别根据相关文献进行综述。

一 澳大利亚高等教育质量保障

2012 年至 2013 年间论述澳大利亚高等教育质量的文章较前两年多,文章作者分别对澳大利亚高等教育质量框架体系的构建、澳大利亚高等教育质量保障体系的发展与改革以及澳大利亚高等教育质量问责等进行了研究。

(一) 澳大利亚高等教育质量保障与质量标准框架体系研究

江波(2012)、丛昕和朱泓(2013)、荣军和李岩(2012)分别对澳大利亚高等教育质量保障与质量标准框架体系进行了研究。江波(2012)从审核的角度,研究了澳大利亚高等教育质量保障体系。该体系由联邦政府、州与地方政府的资格认定机构(GAA),大学学历资格评定框架署(AQF),大学高等教育机构(SAI 和 NSAI),以及高等教育质量保障署(AUQA)等 4 个部分组成,形成多元化的高等教育质量保障体系。江波(2012)还指出,澳大利亚不仅有一套较为完善的质量保障体系,还设置了多个专业委员会,这些委员会收集所有大学的办学信息,形成完善且权威的信息网络，为质量审核提供参照点。高等教育质量保障署（AUQA）每5年对高等院校进行一次质量审核，以"目的适切性"为基本原则，以政府发布的权威数据和法律法规为参照点，检查高校内部质量保障机制的运行效率。2011年，澳大利亚成立高等教育质量和标准署（Tertiary Education Quality and Standards Agency，TEQSA），代替高等教育质量保障署的工作，加强了联邦政府的作用。

澳大利亚高等教育质量和标准署成立后，为提高高等教育的质量，建立了《高等教育质量标准框架体系》。丛昕、朱泓（2013）对澳大利亚高等教育质量标准框架体系进行了研究。《高等教育质量标准框架体系》成为高等教育质量和标准署的监管依据，主要包括高等学校标准、学历资格标准、教学标准、信息标准和研究标准等。另外在文章中，作者还归纳了澳大利亚高等教育新保障标准框架的特点，具体包括：完善的大学治理系统，资格标准的规范、明确、灵活，以学生的发展为核心目的等。这对我国高等教育质量保障体系框架的建设有一定的指导意义。荣军、李岩（2012），马丽娟（2013）认为澳大利亚高等教育质量的保障在于其构筑了以外部监管和内部控制机制相结合的质量保障体系。外部监管是指国家对高等教育教学质量的保障，主要体现在政府宏观导向、政策支持、根据国家需求和大学绩效表现的拨款制度等三个方面。内部控制主要指高校对教育教学质量的保障，主要从人才培养目标、人力资源管理和教育教学管理三个层面入手。荣军、李岩（2012）对澳大利亚高等教育机构内部质量保障体系进行了研究，分析了内部质量保障体系的措施、特点和不足之处。澳大利亚高校内部质量保障体系具有健全的组织机构和注重学生反馈的机制，注重提高外部主体保障的专业性，注重教师发展，有规范的考核程序，形成了以质量意识为核心的校园文化和以能力为本的质量观。

（二）澳大利亚高等教育质量保障体系的发展历程与改革

荣军、李岩（2012），马丽娟（2013），肖毅（2013）对澳大利亚高等教育质量保障体系的发展历程与最新改革进行了论述。荣军、李岩（2012）认为澳大利亚质量保障体系的发展可以划分为三个阶段：政府管理阶段、远距离调控阶段和内外结合阶段。在政府管理阶段中，高等学校需对本校的教学开展自评，并将报告提交给质量保障委员会评定是否达标；在远距离调控阶段，政府对高等教育保持一定距离的引导，强调高校自治；在内外结合阶段，高校通过建立内部质量保障程序和发布学术标准的方式促进外部评估体系做出调整。马丽娟（2013）指出，澳大利亚构筑了外部监管和内部控制机制相结合的质量保障体系，其中外部监管主要在于政府部门的宏观控制，并以时间为脉络标出澳大利亚高等教育质量保障外部监管体系的发展阶段。澳大利亚于1995年制定实施了澳大利亚高等教育标准框架；2011年，澳大利亚高等教育质量与标准署（TEQSA）成立；2012年澳大利亚高等教育质量与标准署建立了高等教育机构名单。肖毅（2013）则对澳大利亚高等教育质量保障的最新改革举措进行研究。归纳了改革的四个重要举措：颁布《2011年高等教育质量和标准署法案》，成立高等教育质量和标准署，建立新保障标准框架和新风险评估框架。此外，肖毅（2013）还归纳了澳大利亚高等教育质量保障改革的特点，主要有加强中央集权监管；改革以需求为导向，和评估标准首重学业成就。

（三）澳大利亚高等教育质量保障的具体实施

卜焕芳（2012）、杨斯茗和刘晶（2012）分别从远程教育和以堪培拉大学为具体案例的角度，研究了澳大利亚高等教育质量保障的具体实施ADRI。ADRI主要指规划（Approach）、实施（Deployment）、结果（results）和提升（Improvement），是高等教育质量保障署（AUQA）审核高等教育机构质量的方法。ADRI有三个特点：首先，审核的主题由AUQA和接受审核的大学校长共同确定；其次，ADRI目标明确，针对性强，持续性强；最后，ADRI以目标适切性为原则。杨斯茗和刘晶（2012）研究了澳大利亚远程高等教育质量保障，认为其特点包括政府大力支持；"一体化双重院校"模式（即一所大学同时承担传统学校教育与远程教育两种功能）；专业的课程开发和课程发送委员会；先进的远程教育技术；完善的教育质量评估体系等。

（四）澳大利亚高等教育质量问责

陈欣和郝世文（2013）、田凌晖（2013）研究了澳大利亚高等教育质量问责机制。澳大利亚重构了质量问责体系，创新性地开发了国家层面的高校教学绩效指标，用来应对高速大众化、国家化给高等教育系统带来的学生学习体验质量下滑、本土学生高等教育参与程度相对降低的挑战。澳大利亚的高等教育问责制度始于 20 世纪 80 年代,当时主要是通过大学向政府提交"年度教育情况报告"的形式来实施;2004 年机构评估框架取代了"年度教育情况报告";从 2099 年开始,产生了一种新的强调通过大学与政府之间建立契约的方式来重构问责体系。在新的问责模式中强调以契约为核心,但是大学的绩效信息收集仍然是重要的一个环节。

二 澳大利亚的高等教育改革

澳大利亚在高等教育的发展过程中,不断进行改革,从政府主导的单一高等教育模式到 20 世纪 80 年代末著名的道金斯改革,以及如今的高等教育市场化进程。在改革过程中,澳大利亚高等教育的质量也在稳步提升。一些学者从不同角度对高等教育改革的历程、内容和特征进行研究。

(一) 澳大利亚高等教育改革的发展历程

诸园 (2012)、何晓芳 (2013) 对澳大利亚高等教育改革的发展历程进行了研究,强调澳大利亚在 21 世纪注重在高等教育中运用市场化策略。澳大利亚高等教育改革前期分为两个阶段,政府完全主导的单一高等教育模式 (1850—1987) 和二元体系的高等教育模式 (1960—1987)。二元体系是指高等教育系统主要包括综合性大学和高等教育学院。1987 年开始,澳大利亚高等教育进入市场化改革时期,澳大利亚高等教育从二元体系走向了统一的联邦高等教育体系。20 世纪 80 年代末的道金斯改革通过体制改革,引入竞争机制与市场手段,合理配置高等教育资源,缓解政府经济压力,同时提高高等教育效率。1996 年开始的霍德华政府在高等教育改革中,为了尽量减少对高等教育的支出,进一步加强了高等教育领域的竞争,大力推进高等教育的市场化改革进程。2002 年至今的尼尔森改革增强了竞争性拨款,给予大学更多权力并且改革董事会体制。

(二) 澳大利亚高等教育改革的内容

何晓芳 (2012)、白华和兰玉 (2013)、诸园 (2012)、陈欣和郝世文 (2013) 分别对澳大利亚高等教育改革的具体内容和措施进行了研究。20

世纪 80 年代末改革的内容有四点：废除大学和高等学院泾渭分明的双轨制，代之以单轨制；改革高等教育收费制度；解散政府与高校之间的第三方机构——联邦高等教育委员会（CTEC）；推行高校管理体制改革。到了 21 世纪，澳大利亚高等教育面临着诸多挑战，主要有经费投入减少，高等教育质量出现下降，高等教育的普及率和完成率不高等。因此，基于对布拉德利《高等教育审核报告》的回应，澳大利亚政府对高等教育进行了一系列改革，主要包括建立新的高等教育质量保障机构，统一高等教育管理体制，扩大高等教育参与数量等。澳大利亚高等教育新的质量管理体系由四个部分构成：高等教育质量和标准署（简称 TEQSA），高等教育提供者的国家注册机构，新的国家高等教育标准框架，以及"我们的大学"网站。其中，高等教育质量和标准署是整个高等教育质量和管理体系的核心所在。澳大利亚高等教育改革带来了一系列的影响，诸园（2012）认为这主要包括新的大学分层的出现，高等教育服务贸易国际化和大学科学研究商业化。

甘永涛（2013）、王莉华（2013）则以案例的形式，从澳大利亚高等教育科研绩效拨款的角度，对澳大利亚高等教育改革的具体措施进行了阐释。甘永涛（2013）以巴里迪大学为例，研究了澳大利亚"双部门"高校学术治理结构的整合模式。澳大利亚高校"双部门"学术治理结构共有分离模式、混合模式和整合模式三种。三种模式各有利弊，但是从目前的发展形势来看，澳大利亚"双部门"高校学术治理逐步走向整合模式。王莉华（2013）认为澳大利亚高等教育科研绩效拨款政策的实施受到高等教育体制改革和高等教育大众化进程的影响，澳大利亚科研绩效拨款依据定量方式建立绩效指标，高校科研收入在科研拨款绩效公式中的比重非常大。

（三）澳大利亚高等教育改革的特征

司晓宏和侯佳（2012）、陈欣和郝世文（2013）对当下澳大利亚高等教育发展的特征和改革特点进行了研究。司晓宏和侯佳（2012）认为澳大利亚高等教育发展特征主要包括五点：把高等教育视为国家头等重要的产业；国际化特征明显；注重学生创新精神培养；大学办学模式多样并高度自治；大学内部管理科学化和精细化。首先，澳大利亚视高等教育为第一国防，坚持大学公立，高等教育是澳大利亚第二大支柱产业。其次，澳大利亚大量招收国际学生，教师和管理队伍也大量吸收国际元素。同时，澳大利亚大学强调教学实践环节，在教学环境设计上非常重视非正式学习空间建设。此外，澳大利亚大学还强调特色发展，坚持大学自治，推崇企业模式。最后，澳大利亚大学管理层级清晰，职能面广，管理人员素质高。陈欣和郝世文（2013）基于新的问责机制和质量管理体系的实施运作，归纳出四点高等教育改革的特点。第一，将国家建设与高等教育的可持续发展联系起来；第二，加强关于高等教育机构水平和绩效等公共信息的发布；第三，强调问责和质量管理过程中标准的作用；第四，政府与大学间关系的重构。

三　澳大利亚高等教育的国际化

澳大利亚高等教育的国际化进程发展迅速，其留学生教育发展策略、高等教育国际化管理模式以及国际化战略都有很多值得我们借鉴的地方。一些学者也从这方面展开了研究。

（一）澳大利亚留学生教育

刘原兵（2013）、吴敬（2012）分别对澳大利亚的留学生教育进行研究。刘原兵（2013）分析了澳大利亚留学生教育的历史，主要分为四个阶段：加入"科伦坡计划"开始接受留学生（1950）；学术资本主义出现（20世纪80年代）；取消海外留学生名额限制（1980）；强化留学生服务（2007）。刘原兵（2013）对澳大利亚留学生预科教育进行了论述。留学生预科教育是非学历教育，其课程标准需得到州政府以及联邦政府的认可。预科课程的主要形式有，以专业为本的预科教育和多学科通识的预科教育。刘原兵（2013）还指出预科学习的留学生需满足以下两个标准，一是在本国完成了11年的学习，二是雅思总分达到5.5以上。

吴敬（2012）从中澳比较的角度对澳大利亚留学生教育发展策略进行了分析，并对我国的留学生教育提出借鉴性意见。澳大利亚在留学生教育方面重视制度规范性建设，形成人性化的教育服务体系，探索多样化的留学生项目拓展模式，并致力于促进教育资源与社会优势资源的有效结合。

（二）澳大利亚高等教育国际化特点与发展阶段

陈步云（2012），沈雕（2013），孔江榕、周涛和王晖（2012）分别从不同角度对澳大利亚高等教育国际化的发展阶段与特点进行了论述。陈步云（2012）认为澳大利亚高等教育国际化的特点主要包括办学理念国际化、教育主题国际化、课程建设国际化和交流合作国际化。沈雕（2013）从另一个角度，将澳大利亚高等教育国际化的特点归纳为：广阔的国际视野、紧密的政校合作、准确的市场定位。荣军（2012）、李岩（2012）将澳大利亚高等教育国际化的特点归纳为：准确的市场定位、革新的营销模式、完善的质量体系和政学联动机制。

孔江榕、周涛和王晖（2012）指出，在澳大利亚高等教育国际化的特点方面，首先，教育服务出口给澳大利亚带来巨大的经济价值，还帮助澳大利亚实现其政治、社会以及文化目标。其次，澳大利亚联邦政府非常重视通过加强立法来管理国内和国外提供的教育服务质量，非政府机构对国际教育政策制定及国际教育项目活动的开展起到了相当大的作用。

荣军、李岩（2012）将澳大利亚高等教育国际化发展历程分为三个阶段："科伦坡计划"阶段（20世纪50年代至70年代末），对外贸易阶段（80年代至90年代中期）和法制化阶段（90年代中期至今）。

（三）澳大利亚高等教育国际化管理模式

唐颖（2013）研究了澳大利亚高等教育国际化管理模式，其特点包括：以保障教学质量为核心；各职能部门既有纵向管理关系，又有横向监督关系；所有部门都受到社会监督，以保障管理模式的可行性和适应性。此外，唐颖（2013）还认为澳大利亚高等教育质量保障体系为澳大利亚教育产业国际化做出了杰出贡献，该体系具体包括：国家及地区性认证机构，隶属于联邦政府的研究和计划机构，澳大利亚大学质量审计机构，澳大利亚大学学术标准的制定等。

（四）澳大利亚高等教育国际化政策与战略

魏航（2013）认为澳大利亚高等教育国际化成果突出，主要在于其形成了颇具特色的高等教育国际化战略，如设立国际教育机构，包括澳大利亚国际教育处（AEI）、澳大利亚教育国际开发署（IDP）。与此同时，澳大利亚积极参与国际合作计划，包括双边合作计划和国际组织活动。其中国际组织活动包括世界贸易组织（WTO）、东南亚教育部长协会、亚太大学交流会议、经济合作与发展组织和联合国教科文组织。另外澳大利亚设有对国际学生的质量保障制度，包括教育质量、学生权益和学历质量的保障。

徐晓红（2012）则从微观的角度，以澳大利亚一流研究型大学组成的八校联盟为例，分析了澳大利亚大学的国际化战略与特色。如通过政府支持和各项基金资助，促进成员大学的科研国际化，并积极与海外高校战略联盟合作，促进成员大学教职员工和学生的国际流动性。徐晓红（2012）总结出澳大利亚八校联盟成员大学国际化体现出的六个方面的特色：第一，与海外高校达成多种形式的合作协议；第二，拥有较高比例的国际学生；第三，丰富的本土学生的国际化经验；第四，开发国际化课程；第五，形成国际学生服务体系和国际化的校园环境；第六，实行科研合作的国际化。

（五）澳大利亚高等教育国际化发展的制约因素

荣军（2012）、李岩（2012）研究了澳大利亚高等教育国际化发展的制约因素，具体包括：政府过度干预，弱化大学独立性；追求经济利益，淡化教育属性；资金来源单一，制约教育品质等。

四　澳大利亚高校教师发展

（一）澳大利亚高校教师发展

澳大利亚大学教师发展的历史比较悠久，与美、英等其他国家一样，都开始于20世纪五六十年代，其成效与策略有很多值得学习的地方。胡秀威和王河江（2013）、张虹和曹苏群（2013）、徐晓红（2013）从不同角度对澳大利亚大学教师专业发展进行了研究。

胡秀威和王河江（2013）对澳大利亚教师专业化发展模式进行了研究。澳大利亚的社会改革运动为学校教育和教师带来了各种挑战，政府对教师的要求也越来越高。胡秀威和王河江（2013）认为教师专业化发展共有六个步骤：第一，确定教师专业化发展的政策；第二，确定专业化发展的目标；第三，确定教师专业化发展的群体；第四，确定教师专业化发展的知识领域；第五，选择教师专业化发展途径；第六，教师专业化发展的评价。张虹和曹苏群（2013）重点研究了澳大利亚青年教师的发展。澳大利亚政府设立专门机构，持续关注青年教师发展；设立专门基金，资助青年教师科研开发；修订《全国教师专业标准》，为青年教师发展指明方向；强调综合素质，科学制定青年教师评价体系；重视后续支持，提倡青年教师终身教育。徐晓红（2013）则从微观角度，以莫纳什大学为例分析了澳大利亚大学的教师发展，如具有健全的组织保障，开发合理的绩效评价项目鼓励教师的持续专业发展，对教师进行提升国际化能力的多元文化培训。

（二）澳大利亚高校的教师职称晋升制度

郭号林和赵星（2013）研究了澳大利亚大学教师职称晋升制度，归纳出澳大利亚大学教师职称制定与发展的三个阶段：20 世纪 70 年代以前是澳大利亚大学教师职称制度初步建立与发展阶段；20 世纪八九十年代是低谷时期；20 世纪 90 年代以后，澳大利亚大学教师职称晋升制度进入完善时期。成立权威的职称评审组织、制定合理的职称评审标准和实行公平公正的评审程序是澳大利亚大学教师职称晋升中的三个重要做法。

（三）澳大利亚高校的教师教学发展机构

冉源懋（2013）、黄洁（2013）从不同角度对澳大利亚高校的教师教学发展机构进行了研究。冉源懋（2013）提出，以提升大学教学质量为目标，以文凭课程和学位课程为重要内容，以大学教师发展机构为主要载体，以各种信息技术手段为支持是澳大利亚大学教师教学发展机构的四个特色。并以澳大利亚国立大学高等教育与教学中心为例，研究了作为世界一流大学教师教学发展机构的主要功能，包括研究、咨询与协调，提供学历教育和进行教学评估和奖励三个方面，为全校教师教学发展提供支持与帮助。

黄洁（2013）采用网络文本数据分析调查法对澳大利亚不同层面大学教师发展机构进行网络调研，研究结果显示，澳大利亚国家层面大学教师发展机构名称突显战略重点，董事会拥有背景多样化的成员，各部门指向不同战略目标；高校层面大学教师发展机构名称体现理念的变化，组织结构呈现扁平化趋势，员工分组突出工作重心。

小　结

回顾 2012—2013 年我国学者有关澳大利亚高等教育的研究文献，可以发现几个特点：首先是关于澳大利亚高等教育研究的文章明显比前两年增多，在研究范围方面也更加广泛；在主题方面增加了更多关于澳大利亚高等教育国际化、质量保障和大学教师发展的内容。这说明尽管澳大利亚大学数量不多，但其高等教育的质量和经验越来越受到国内学者的关注，从而为我国高等教育改革和发展提供了经验。在研究方法上，从所搜集的文献来看，更加丰富，并主要来源于第一手资料。其次，研究的主题也更加与我国高等教育发展的需求结合起来。目前如何提高我国高等教育国际化进程，使其具有健全的质量保障措施，吸引和留住高质量的师资，都是我国高校提高竞争力，改进学生学习成果所面临的挑战。因此通过对澳大利亚高等教育各个领域的研究，探索澳大利亚在教师发展、国际化，以及质量保障等方面的先进经验，对于我们解决这些问题具有一定的借鉴意义。

参考文献

1. 白华：《试论金融危机背景下澳大利亚高等教育改革》，《黑龙江高教研究》2013 年第 1 期。

2. 卜焕芳：《审核的精神与质量的保障——对澳大利亚堪培拉大学审核的案例研究》，《世界教育信息》2012 年第 2 期。

3. 陈步云：《澳大利亚高等教育国际化对我国思想政治教育的启示》，《浙江师范大学学报》2012 年第 4 期。

4. 陈欣、郝世文：《澳大利亚高等教育问责和质量保证：2007 年之后的新举措》，《外国教育研究》2013 年第 4 期。

5. 丛昕、朱泓：《澳大利亚高等教育质量标准框架体系研究》，《教育理论研究》2013 年第 1 期。

6. 甘永涛：《澳大利亚"双部门"高校学术治理结构的整合模式——兼以巴里迪

大学为例》,《长春工业大学学报》(高教研究版) 2013 年第 3 期。

7. 郭号林、赵星:《澳大利亚大学教师职称晋升制度及启示》,《求是》2013 年 S2 期。

8. 何晓芳:《20 世纪 80 年代以来澳大利亚高等教育政策变迁》,《高等发展与评估》2013 年第 1 期。

9. 何晓芳:《新自由主义背景下的澳大利亚高等教育管理模式转型》,《清华大学教育研究》2012 年第 12 期。

10. 黄洁:《澳大利亚不同层面大学教师发展机构组织结构研究》,《教育考试》2013 年第 3 期。

11. 胡秀威:《澳大利亚教师专业化发展模式研究》,《世界教育信息》2013 年第 1 期。

12. 江波:《英国、澳大利亚的质量审核——国际高等教育质量保障模式研究(二)》,《世界教育信息》2012 年第 9 期。

13. 孔江榕、周涛、王晖:《澳大利亚国际教育及其对中国的启示》,《现代大学教育》2012 年第 6 期。

14. 刘原兵:《学术资本主义语境下的留学生教育——以澳大利亚留学生预科课程为核心的考察》,《高等教育研究》2013 第 9 期。

15. 马丽娟:《澳大利亚高等教育质量保障与科学研究特点》,《邵通学院报》2013 第 3 期。

16. 冉源懋:《澳大利亚大学教师教学发展机构探析》,《教育学术月刊》2013 年第 3 期。

17. 冉源懋:《世界一流大学教师发展机构特色研究——以澳大利亚国立大学高等教育与教学中心为例》,《世界教育信息》2013 年第 1 期。

18. 荣军、李岩:《澳大利亚跨国高等教育发展探析》,《教育探索》2012 年第 1 期。

19. 荣军、李岩:《澳大利亚高等教育内部质量保障体系的构建与启示》,《现代教育管理》2012 年第 6 期。

20. 沈雕:《新时期澳大利亚高等教育国际化的特点评析》,《重庆高教研究》2013 年第 5 期。

21. 司晓宏、侯佳:《澳大利亚高等教育发展特征探析》,《高等教育研究》2012 年第 3 期。

22. 唐颖:《澳大利亚教育产业国际化策略及其管理模式分析》,《煤炭高等教育》2013 年第 3 期。

23. 田凌晖:《澳大利亚高等教育质量问责:绩效指标的开发》,《复旦教育论坛》

2013 年第 5 期。

24. 王莉华：《澳大利亚高校科研绩效拨款改革及其影响》，《外国教育研究》
2013 年第 7 期。

25. 魏航：《澳大利亚政府的高等教育国际化政策解析》，《辽宁行政学院学报》
2013 年第 6 期。

26. 吴敬：《借鉴澳大利亚经验转变我国留学生教育发展策略》，《高等理科教育》
2012 年第 1 期。

27. 肖毅：《澳大利亚高等教育质量保障体系改革新动向探究》，《外国教育研究》
2013 年第 4 期。

28. 徐晓红：《论澳大利亚大学教师发展——莫纳什大学的经验与启示》，《河北
师范大学学报》2013 年第 6 期。

29. 徐晓红：《论澳大利亚八校联盟高等教育国际化战略及启示》，《高教探索》
2013 年第 3 期。

30. 杨斯茗、刘晶：《论澳大利亚远程高等教育质量保障及启示》，《辽宁教育行
政学院学报》2012 年第 5 期。

31. 张虹、曹苏群：《澳大利亚大学青年教师发展探析及启示》，《淮海工学院学
报》（人文社会科学版）2013 年第 23 期。

32. 诸园：《澳大利亚高等教育市场化改革发展历程、影响及启示》，《高教探索》
2012 年第 5 期。

第八章

澳大利亚的职业教育

一 职业教育和培训体系

澳大利亚的职业教育在经过一系列制度创新后，形成了完善的终身教育体系和职业教育网络。其主要组成部分为澳大利亚技术与继续教育体系（Technical and Further Education，简称 TAFE）、培训包体系（Training Packages）和新学徒制。

（一）TAFE 教育概况及其主体

澳大利亚技术与继续教育体系是借鉴美国、英国、德国和俄罗斯等诸多国家职业教育的成功经验发展起来的职业教育模式。它集各国之所长，已经成为澳大利亚全国通行的职业教育和培训体系。TAFE 教育的主体是 TAFE 学院，一般由政府所有和管理。

陈冬英（2012）将 TAFE 学院的发展历程分为三个时期：初步发展时期、快速发展时期和调整稳定时期。初步发展时期为 20 世纪 70 年代，其标志事件为《坎甘报告》的发布。《坎甘报告》正式对 TAFE 的角色和使命进行了定义，提高了公众对 TAFE 的认知和理解。报告发布期间，"TAFE 学院"这一称谓作为一种独特的办学模式被载入国家相关文件中。第二个阶段为快速发展时期（20 世纪 80 年代）。1985 年，关于劳动力市场计划的《柯尔比报告》发表。这份报告提出澳大利亚应当建立一个由脱产正规培训和在企业工作实习两部分组成的职业技术培训系统。此外联邦政府 1987 年发表的文件《技能澳大利亚》（Skills for Australia）提出，"目前存在的非经常补助金、特殊装备、TAFE 小工程和为受训者服务的设备方案将被组合成一个 TAFE 基建项目"。基于此，在政府的支持下 TAFE 学院得到了快速的发展，学院办学重点逐步向培训市场发展，向综合技能推进。第三个阶段为调整稳定时期（20 世纪 90 年代至今）。20 世纪 90 年代以来，澳大利亚先后出台的一系列报告和研究都提出要拓展 TAFE 学院的培训体系，加强青年在培训中的参与度，建立一个统一而强有力的国家培训体系。为了建立与行业、企业发展、个人生涯发展需求相适应的职业教育与培训体系，澳大利亚又出台了《戴维森报告》和《费恩报告》，对 TAFE 进行进一步的改革。

万苗苗（2012）总结了 TAFE 学院在经历了三个发展阶段后的几大特点：第一，在招生上，不受年龄限制，鼓励人们不断地学习；第二，在培养目标上，注重职业能力的提高，使人们较快适应职业需要；第三，在课程安排上，设有阶段性又可持续的教育培训课程，人们能够在不同时期根据不同需求进行自由选择；第四，在教学组织上，采取各种灵活多样的方式、方法和手段开展教学工作，为所有愿意接受教育培训的人群提供方便、快捷、有效的服务。

陈龙、徐跃进（2013）认为澳大利亚 TAFE 学院的学校文化从源头到现代，都是以实用技能传授为本位，在澳大利亚社会经济大背景下，其形成与发展经历了一个从无到有的历程。这样的历程分为三个阶段：核心思想生成阶段、赋予价值观的 TAFE 学院建立阶段和最终形成与内化阶段。每一个发展阶段都有自身的特点。最终形成以实用技能传授为本位的思想，这既是澳大利亚 TAFE 学院的核心价值观也是其存在的意义。

陈冬英（2012）指出，随着社会的高速发展，TAFE 也时刻面临新的问题和挑战。TAFE 学院正渐渐发生"培训、学术和培训与学术并重三个转向"。一是转向培训道路。它们继续以就业为导向，不把服务对象称为学生而是称为"客户"，引入国家培训局所倡导的"用户原则"，即客户可以得到他们想要的任何培训。二是转向学术。从 20 世纪 90 年代初开始，以学分转换为手段的 TAFE 学院与大学的衔接逐步推开，一部分 TAFE 学院重新注重学术，并独立开办一些学士学位课程。三是培训与学术相结合的转向，这既能满足行业对培训的需求，也能满足个人兴趣及发展的需要。一些 TAFE 学院秉承《坎甘报告》所倡导的技术与继续教育思想，实行岗位技能培训和普通知识教学并重的原则，同时为学生的就业和升学做准备。

（二）培训包体系

澳大利亚国家培训包体系是澳大利亚职业教育与培训体系的核心组成部分，它将职业关键能力融入所有行业证书的要求中，确立了开展职业关键能力培养和考核鉴定的国家标准。培训包主要包括两部分内容：一是国家认证部分，这是培训包的主体，包括国家能力标准（Competency Standards）、鉴定考核指南（Assessment Guidelines）、资格证书（Qualifications）三项具体内容；二是非国家认证部分，包括学习方法指导、鉴定材料和职业发展资料等。其中，澳大利亚资格证书框架（Australian Qualifications Framework，简称 AQF）作为培训包的重要部分，其本身也是澳大利亚国家技能框架（National Skills Framework，简称 NSF）的三大支柱之一。

1. 澳大利亚资格证书框架

刘浩（2012）简要介绍了澳大利亚资格证书框架。1995 年，全国统一的资格证书制度——澳大利亚资格证书框架建立，从宏观上实现了国家资格证书体制的统一。这一框架横向上包括所有教育部门，纵向上则覆盖了所有义务教育后国家认可的资格证书。最新版本的资格证书框架体系指南手册于 2011 年 7 月 1 日开始实施，对框架中核心结构要素的等级标准（共 10 级）作了进一步完善。

白汉刚（2012）指出，澳大利亚在国家资格证书框架下，形成了以学生为中心，政府、行业、企业与学校紧密合作，中学教育、职业教育和高等教育三大教育有效衔接而又相对独立的体系。从证书教育和文凭教育的角度看，澳大利亚的职业教育和培训体系通过在国家资格证书框架中设立职业教育研究生证书、文凭，将职业教育从高中层次经本科延伸至了研究生层次。

姜大源等（2012）认为澳大利亚不断完善国家资格证书框架，建立了基于资格分级的规范性国家体系，彰显了从低端到高端的晋级。在澳大利亚普通中学实施的"资格"教育从横向维度跨越了普通教育与职业教育两种教育类型。而在职业教育与培训领域里所实施的"资格"教育则从纵向维度跨越了高中教育与高等教育两个教育层次。

匡瑛（2013）分析了澳大利亚国家资格证书框架的嬗变，分析了其与高职发展的关系。作者认为 1995 年国家资格证书框架确立了二级高职体系，搭建了职业教育与中、高等教育的桥梁。在此框架下，澳大利亚的高等教育与职业教育虽有重叠之处，但只是为了学制上的衔接，基本处于"层次关系"。而 2005 年的国家资格证书框架，则提升了职业教育层次，确立了四级高职体系。澳大利亚通过国家资格证书框架的改革，进一步加强了三类教育间的衔接和沟通，实现了高等职业教育的多层次化，从而使职业教育与高等教育之间的关系发生了本质的变化：从原来的"层次关系"转变为"类型关系"，即高等职业教育成为高等教育的一个类型。

姜大源等（2012）强调，国家资格证书框架的一个显著优点是体现了教育的人本性、公平性、等值性。从人本性方面来说，澳大利亚教育界认为，学生的智力类型存在差异，一部分学生的智力倾向学术性，而另一部分学生则为非学术性。因此，在高中阶段学校尽可能地既提供普通高中教育课程也提供职业教育的课程供学生学习。此外，国家资格证书框架也显示了教育的公平性。澳大利亚政府在职业教育与培训领域提供的"资格"，第一步实现了从"一级证书"到"高级专科文凭"的 6 级递进；第二步又在此基础上实现了从"职业研究生证书"到"职业研究生文凭"的 2 级递进。国家资格证书框架也反映出教育的等值性，通过规范的澳大利亚资格证书框架形成了一个在高中教育及高等教育之间，以及在职业教育与普通教育之间，实现教育和谐与教育平等的互通互认机制。

靳燚（2012）在肯定澳大利亚资格证书框架优点的同时，也指出了其不完善之处。一是存分标准不健全。资格证书框架所涉及的先前学习认证在赋予学习者空前的弹性学习自由的同时，也限制了存分机制的健全与完善。由于先前学习认证程序缺乏统一、规范的标准，在传统教育观念的支配下，各院校缺乏协作意识，各自为政地制定了本校的先前学习认证标准，导致同一学习者的学习成果在不同院校的学分积累往往存在较大差异。二是知识保值不完善。澳大利亚资格证书框架独特的证书结构开创了学分存储的新模式，但是对学分存储的设计仍不完善，在学业证书的衔接过程中没有对学分的知识保值进行充分的考虑。

2. 培训包的国家认证与非国家认证部分

崔景茂（2013）认为培训包体现了澳大利亚注重职业关键能力的教育和培养。培训包的一个重要内容是国家认证的能力标准，其中公共单元部分的能力被称为"受雇就业能力",包括沟通能力、团队合作能力、问题解决能力、主动性与事业心、计划与组织能力、自我管理能力、学习能力、技术能力等八个方面。由于教师必须在遵循培训包规定的前提下实施具体的教学方案,开展培训教学,因此职业关键能力培养既能够有效融入课程或培训项目的教学目标中,也能在教学过程中得到落实。

培训包中除了前述的国家认证部分,非国家认证部分也不可忽视。根据段立霞(2013)的文章,非国家认证部分又称为支持材料,是对国家认证部分的补充,对于注册培训机构学员的学习和评估具有指导作用。支持材料包括学习策略、评估材料和专业发展材料三个组成部分,主要由注册培训机构、培训和评估人员、私人或商业开发人员以及国家代理机构开发。

3. 培训包的开发

段立霞(2013)介绍了培训包开发的历史和参与部门。培训包的开发最初由 1992 年成立的澳大利亚国家培训局提供经费并负责组织。国家培训局委托澳大利亚行业培训咨询委员会进行培训包的开发和修订工作。2003—2005 年,澳大利亚在对行业培训咨询委员会整合的基础上,成立国家行业技能委员会,继承了旧有咨询委员会的工作职能。目前,在澳大利亚参与职业教育培训包开发和认证的部门有澳大利亚教育就业和劳动关系部、澳大利亚国家行业技能委员会、澳大利亚国家培训质量委员会、澳大利亚开发决策委员会,以及注册培训机构和行业协会、相关企业等。

蒙秀琼(2013)概括了培训包开发的原则和主要步骤。培训包规定了受训者在企业中高效工作所必需的技能与知识,但它并不规定如何培训受训者。同时,培训者与监督者开发了相应的学习策略来诠释如何学习,最主要的还是视受训者的需要、能力及个人情况而定。培训包具体开发过程可概括为七个步骤:环境扫描、持续更新计划、国家咨询及发展、行业技能委员会与企业一起进行产品验证、国家质量委员会认证及出版、认证案例、利益相关者协议。

为满足现代经济和个人发展的需要,近年来澳大利亚也对其职业教育培训包进行了改革。根据吴雪萍和周婷婷(2013)的研究,澳大利亚为进一步保障职业教育培训包的质量,颁发了新的《培训包标准》、《培训包产品政策》和《培训包开发、认证过程政策》。其中新《培训包标准》

共12条，分别对培训包产品（Training Packages-Product）、政策（Training Packages-Policy）、内容（Training Packages-Components）做了具体规定。新《培训包标准》的颁布对保障职业教育的质量起到了很大的作用。

（三）新学徒制

澳大利亚的新学徒制是澳大利亚政府为保障职业教育发展，促进就业而采取的一项重要举措，虽是模仿英国的模式，但是也有着自身的特点。

石品德、杨早娥（2012）简要介绍了澳大利亚的新学徒制。澳大利亚于1996年从英国引进了新学徒制（实质是将原有的学徒制与受训生制合并而成）。与英国学徒制不同的是，澳大利亚的学校是在一个以培训包为基础的新学徒培养项目下完成对学生的培训，使其获得相关行业认可的技能。澳大利亚新学徒制课程强调市场导向，将行业标准转化为课程标准，同时，在课程开发中格外注重能力标准的统一。

姜大源（2012）的研究表明澳大利亚新学徒制的推进，离不开澳大利亚国家层面的支持。然而国家支持并不意味着国家包办，国家支持主要体现在对新学徒制发展环境的营造。首先是制度支撑。新学徒制是以国家资格证书框架为指导、培训包为基础来开展培训项目，新学徒可以获得相关行业认可的技能。其次是机制支撑。政府充分运用市场机制的作用，以市场需求为导向，以经济手段为杠杆对新学徒制进行管理。其三是经费支撑。新学徒制以基于国家注资的学徒启动奖金为引擎。

吴艳红（2012）指出，新学徒制作为职业教育的一种新旧结合的形式，为产业的发展培养了优质的劳动力，但是其在发展的过程中，也面临着来自产业、企业和教育系统等各方面的挑战。首先社会的发展带来产业结构的变化，进而导致就业结构发生变化。这就要求职业教育学校等劳动力供给部门能够紧跟甚至预测劳动力市场的变化，做出相应的结构调整。其次，企业在实施学徒培训时也面临挑战。主要体现在因招收学徒难、培训成本高、人才的流动使企业时刻面临风险。最后，挑战也来自管理系统。管理混乱、培训体系滞后都制约着澳大利亚新学徒制的发展。

二 职业教育政策

在澳大利亚职业教育的发展过程中，政府给予了高度重视，制定各种有关职业教育的政策法规，采取统一管理、宏观调控的方式，并赋予职业教育充分的自主权和发展空间，使职业教育的发展不仅有健全的法制保障，还有政府的大力支持、统筹和指导，同时，教育机构和政府的关系也呈现出清晰、协作、互动的特点。总的来说澳大利亚政府对职业教育的推动主要体现在政策制定和法制保障两个层面。此外，政府在职业教育经费的筹集中也扮演了重要角色。

（一）职业教育的国家政策

臧志军（2013）分析了澳大利亚政府在职业教育发展中的作用。首先，澳大利亚政府通过实现注册培训机构的待遇平等来构建国家职业教育市场。在澳大利亚，企业、公立培训机构、私立培训机构、集体培训机构、中学、技术与继续教育学院、大学都可以成为国家认可的注册培训机构，其待遇平等。此外，澳大利亚通过联邦与州的协商机制规定了联邦与州的权限划分，联邦主要负责决策和质量保障，州主要负责经费使用和日常管理。澳大利亚通过政府间协议规定联邦与州政府按1∶2的比例参与职业教育日常经费的投入，联邦教育部与州教育部门是日常经费的主要管理者。国家还通过财政专项转移支付方式鼓励个人和雇主参与职业教育。另外政府通过全国统一的资格证书框架和管理系统，规范教育成效，并通过介入雇员的工资率规定技能的市场价值。最后，国家通过认证、资助与授权等方式鼓励行业参与职业教育。

陈取江、顾海悦（2012）列举了参与澳大利亚职业教育和培训政策制定与规划的主体。包括（1）职业教育和培训部长委员会。该委员会由澳大利亚负责制定相关政策和规划的政府机构——职业和技术教育部长理事会，以及就业、教育、培训和青年事务部长理事会组成，委员会为在宪法规定内发展和实施全国性政策提供必要的机制。（2）澳大利亚政府理事会。该理事会由澳大利亚联邦政府总理、6个州的总理和两个领地的总理组成。（3）全国质量委员会。其职责是监督澳大利亚职业教育和培训的质量。（4）

各州的政府机构——州培训局。负责在其管辖范围内实施和管理澳大利亚质量培训框架。（5）行业与雇主。负责在政策制定过程中提供咨询。（6）职业教育和培训的提供者。负责向政策制定机构提供建议和反馈。

李作章（2012）对澳大利亚政府为应对职业教育入学机会存在的"非均等"状况而采取的一系列政策进行了分析。首先，推广采用交互式远程在线学习。通过在线学习，学生可以根据自己的兴趣和技能需求选择不同的职业教育专业和课程。其次，提供升学通道。对于要求接受更高层次教育的学生，澳大利亚的职业教育系统为他们提供了更多的升学机会，使他们从低学历的职业教育转到高学历。最后，扩大社会弱势群体子女入学的机会。澳大利亚政府通过消除他们参与职业教育的资金障碍，同时为学生提供及时准确的信息服务，努力促进社会弱势群体与主流社会的文化整合。

（二）职业教育的法制保障

刘育锋（2012）概述了澳大利亚职业教育法律体系。纵向而言，有联邦法和州法；横向而言，有《职业教育与培训法》《就业法》《劳动场所与平等法》等。在联邦层面，澳大利亚颁布实施了《用技能武装澳大利亚劳动力2005年法案》，该法案是澳大利亚联邦政府与州政府签署的关于职业教育与培训的协议。依据该协议，联邦政府于2005—2008年向州与领地提供44亿澳元。为接受联邦政府提供的经费，州和领地政府要遵循联邦政府提出的发展州职业教育与培训的一系列条件。此外，因为澳大利亚是联邦制国家，所以其职业教育由州和领地直接管理。为此，各州都有自己的职业教育法。与联邦法相比，州职业教育与培训法内容更系统、更全面。如昆士兰州的《职业教育、培训和就业2000年法案》共有十章、344条，主要包括：培训机构、学徒和受训者、职业实习、调查官和委员会、TAFE学院、团体培训机构、主要雇主机构、上诉等内容。

马铮（2012）强调，澳大利亚职业教育的相关法律制度的主要内容是职业教育与产业结合、职业教育的经费保障两个方面。澳大利亚先后颁布了《职业教育法》《拨款法》《培训保障法》《拨款（技术与继续教育资助）法令》《职业教育与培训资助法》等法律法规，从法律层面强制企业参与职业教育，并为企业提供行业发展趋势信息、技术前沿信息、人才需求信息，以此引导职业教育培养方向。同时，还以法律的形式规定了政府对职业教育的投入、企业对职业教育的投资（如果企业投资不能达到法定比例，则需向政府补交），政府还对接受职业教育并不断提升资质认证等级的劳动者给予经济支持。

（三）职业教育经费政策

澳大利亚职业教育经费来源广泛，这依赖于其很早就建立的政府、企业和个人多元化的职教投资体制。

王红英、胡小红（2012）分析了澳大利亚职业教育经费的主要来源。澳大利亚职业教育经费的投入主要来自于三个方面：一是联邦政府和州政府的投入，约占总经费的50%。职业教育主要由州政府负责，联邦政府对职业教育的责任主要是制定政策，同时也给予一定的资助，联邦政府的拨款基本用于基建和部分专项设备的购置，同时也考虑重点支持优先发展的领域或专业。二是由学校自己筹集，约占25%—30%。这部分经费主要是通过开展有偿服务和海外培训活动获得的。其中TAFE学院为政府所有并由政府负责管理和资助，除了完成当年的招生计划外，政府还鼓励其以有偿服务的方式为公司企业和社团等用人单位培训人员。三是学生交纳的学费，约占20%—25%。这部分经费并不直接交给学校，而是通过税务部门上缴政府，再根据不同情况返还学校。

王超辉（2013）则以堪培拉技术学院（Canberra Institute of Technology，简称CIT）为例，总结了澳大利亚TAFE学院经费来源结构的特征和作用。CIT经费来源结构与其发展定位之间是相互联系、相互作用的。作为一个公共组织，CIT为毕业生、雇主及地区提供职业教育与培训服务来适应地区社会经济发展对高技能劳动力的需求。政府则通过多渠道、多形式的经费支持CIT，这种支持一方面为CIT实现其机构目标提供了资金基础，另一方面也成为政府对CIT调控的一个重要手段。政府财政拨款在CIT经费来源中的绝对支配地位反映了TAFE学院作为政府公共组织的属性。同时，这也是政府根据区域社会经济发展的公共诉求而做出的理性抉择。CIT的发展与功能的实现已经与经费来源之间形成了密切的联系。稳定的经费来源渠道也不断刺激着CIT主动致力于职业教育质量的提高。

齐雅莎（2012）研究了澳大利亚职业教育专项经费的筹集。在高等职业教育专项经费来源方面，澳大利亚政府不是直接划拨，而是通过公开招标的方式运作。高职院校则通过竞标争取教育培训项目。中标学院要保证培训质量，完成任务后，政府根据预算和实际授课需要把资金拨给学院。澳大利亚政府每年将 20% 的"政府资助项目"公开招标，允许私立与国立职业教育院校一起参与竞标。

张连绪、王超辉（2013）指出，将绩效管理引入高职教育资金投入体制中已成为各国政府财政拨款模式的改革方向，这在澳大利亚高等职业教育体系中也有所表现。澳大利亚高职教育财政拨款的绩效管理主要着眼于学生的就业率和公开招标的教育培训项目。具体来说，政府将取消就业率低于 65% 的学校当年的拨款计划，未完成教育培训项目的学校也要将相应资金还给政府。

三　职业教育质量保障体系

澳大利亚职业教育在国际上享有良好的声望，其中一个很重要的原因是它有着完备的内外部质量保障体系和标准体系。尤其是澳大利亚质量培训框架（Australian Quality Training Framework，简称 AQTF），作为国家职业教育与培训的质量认证标准体系，被用来对职业教育与培训机构的办学质量监控指标进行量化。澳大利亚质量培训框架的诞生标志着澳大利亚真正建立起了培训机构的注册制度和办学质量评估制度。

（一）职业教育的质量保障体系

澳大利亚职业教育保障体系包含内外诸多环节，有力地促进了职业教育的不断发展。

郭晶晶、黄瑞（2013）把澳大利亚职业教育质量保障体系分为内、外部两个方面。外部保障体系包括国家培训框架，其中包含质量培训框架、培训包和资格证书框架等内容。此外，澳大利亚建立了课程设计、认证和注册标准体系以及严格的职业教育教师准入制度。为了协调企业与职业院校之间的协作关系，澳大利亚政府还制定了完备的法律法规，如《教育法》《职业培训条例》《技术教育法》《职业教育法》等。内部质量保障体系的主要内容有：（1）内部审核机制，职业院校会制定一套实施细则和管理规范，配备内部评估人员，负责学校内部评估。（2）统一的课程开发标准。（3）多种多样的课程种类，大致可分为国家资格课程、用户选择的培训课程、培训招标项目和商业运作的培训项目。（4）实施弹性教学方式。

赵岩铁（2013）归纳了澳大利亚职业教育外部质量保障体系的主要特点。一是采取职业教育质量的外部认证制。在澳大利亚学历资格框架下，各院校必须经过审批注册，其所授课程必须通过批准，其颁发的学历资格证书也必须符合国家的指导大纲。此外，职业教育外部质量保障体系由政府主导。政府、学院与行业全面参与职业教育的教学与管理，政府负责制定有关职业教育的方针政策，确定全国学历结构体系和质量监控体系。除此之外，职业教育机构 TAFE 学院主要是按标准进行人才培养。职业技术培训机构所有教育教学过程都要按政府的课程标准、行业委员会的要求进行。课程的开发、专业的设置、学习成果的评价等所有教育教学过程都要接受政府的监督。另外，值得一提的是，政府对职业教育培训机构的评估结果是学院拨款的依据。就业率低于 65% 的培训机构将不能得到当年拨款和下一年度培训项目，连续几年就业率没有达标的培训机构，将会面临破产。

邵元君、滕谦谦（2013）着重论述了澳大利亚职业教育的内部质量保障制度。首先是职业院校内部审核机制。在质量培训框架的宏观政策下，职业院校都有一套与注册培训机构的标准相对应的质量实施细则和管理规范。职业院校一般配备有内部评估人员，他们主要监督教学部门的课程资源是否到位，包括人才培养方案，教学材料和能力本位的技能鉴定所需的人力、物力和环境条件等是否得到合理的配置。其次是教师的准入和考核制度。在澳大利亚，职业教育院校的教师一般由各学院自己聘任，具体负责招聘教职员工的评估小组一般由行业专家、行政管理人员、专业教师等三类人员组成。职教教师从业必须符合三个基本条件：专业资格证书、职教教师资格证书、具备至少 3—5 年的行业工作经历。

宋贤钧、王建良（2012）强调了澳大利亚技能质量署（Australian Skills Quality Authority，简称 ASQA）在职业教育质量保障体系中的作用。ASQA 成立于 2011 年 7 月 1 日，主要职责是质量保证和质量管控，并负责课程和培训机构的注册和再注册。ASQA 颁布了一系列职业教育与培训的条例，要求全联邦的教育培训机构作为一个整体执行统一的标准，从而提供统一的服务，使质量有保障，让学生和企业满意。ASQA 可以在任何时间、任何地点对教育培训机构开展审计，包括其合作机构和海外分支的教学机构。

李玉静（2012）研究了澳大利亚评估职业教育发展质量的具体指标。为实现澳大利亚职业教育与其他国家职业教育发展水平的有效对比，通过借鉴经合组织（OECD）《教育概览》和欧盟《职业培训》提出的关键指标，并基于其职业教育发展的主要目标，澳大利亚从 6 个维度构建了 53 个评估职业教育发展质量的指标，譬如不同性别 24—65 岁成人对职业教育与培训的参与情况，已就业的 25—64 岁不同职业人口对职业教育与培训的参与率等，并把这些指标归入背景、参与、结果、产出、资源的分析框架中。

（二）职业教育的标准体系——质量培训框架

质量培训框架（Australian Quality Training Framework，简称 AQTF）作为澳大利亚职业教育的标准体系，统一了澳大利亚各州培训机构办学标准和资格认证体系，为全面提高职业教育与培训的质量起到了积极作用。

郭晶晶、黄瑞（2013）简要介绍了澳大利亚职业教育质量培训框架的历史和特点。为了提高职业教育的办学质量，2001 年霍华德政府制定了全澳统一的职业教育与培训办学标准，即质量培训框架 2001 版（Australian Quality Training Framework 2001，简称 AQTF2001）。而之后颁布的质量培训框架 2007 版（Australian Quality Training Framework 2007，简称 AQTF2007）则新增了培训机构与课程认证注册和审计的国家标准，完善了职业教育培训和鉴定的质量要求，进一步提高了全国范围内职业教育与培训质量的统一性。澳大利亚质量培训框架主要包括两套质量标准。一是注册培训机构的标准。任何一个培训机构，只要符合该标准规定的条件，即可举办全国统一的职业教育培训，颁发全国认可的职业资格证书。二是各州（领地）注册/课程认证机构的标准。该标准主要对各州（领地）注册/课程认证机构的行政职能做出了具体规定。质量培训框架与培训包、资格证书框架一起，从培训计划、培训内容、资格认证以及培训质量保障等方面，构成了全新的澳大利亚职业教育与培训的质量保障体系。

吕红（2013）也认为注册培训机构的标准是质量培训框架 2001 版与

质量培训框架 2007 版本的核心内容之一。2001 年版主要侧重质量保障的过程和程序的基本要求。而 2007 年版则侧重于结果，并且基于风险，目的是质量风险管理，包括管理和经营业绩、复杂性、投诉和以往历史，并强调支持提供者业绩的管理系统。

为了进一步完善质量培训框架，2010 年澳大利亚又对其进行了修改，形成了质量培训框架 2010 版（Australian quality training framework 2010，简称 AQTF2010），即现行的质量培训框架。裴芳芳（2012）对质量培训框架 2010 版与质量培训框架 2007 版的主要变化进行了对比、研究。最显著的变化体现在注册的必要标准上。关于这一标准，质量培训框架 2010 在原有的基础上强调：准备注册的培训机构要能够证明目前社会所需要的工作技能与其所承办的培训或评估直接相关。另外后续注册标准也发生了改变。如在管理方面，进一步明确了能够影响注册培训机构管理的高级职员、董事和大股东的责任，以确保高级管理部门所做的决定是由培训专家和评估专家的经验而来的，是有事实依据的。澳大利亚政府对培训包课程配置规则也进行了重大调整。如要获得一个职业技术教育合格证书，需要选修至少 1/3 或者更多的课程。选修课的范围则适当放宽了一些，在一个培训包中，允许 1/6 的课程包含在其他培训包和认证课程中。

2010 年修改了质量培训框架之后，澳大利亚政府于翌年又推出了《职业教育与培训（VET）质量框架（2011 年版）》，对质量培训框架加以补充。吕红（2013）认为，2011 年 7 月澳大利亚成立了一个全国性的质量监管机构——澳大利亚技能质量署（Australian Skills Quality Authority，ASQA），并颁布了新的《职业教育与培训（VET）质量框架（2011 年版）》，已经使澳大利亚职业教育实现了从"质量培训框架"到"职业教育与培训（VET）质量框架"的转变。

四 职业教育的市场化与国际化

职业教育是经济、社会发展的产物，具有教育与经济的双重属性。职业教育的双重属性意味着其脱离不了市场。澳大利亚的职业教育一直坚持按照市场机制运作，企业和行业协会在职业教育发展过程中起着不可替代的作用。

（一）职业教育的市场化

澳大利亚职业教育以市场需求为风向标，关注学生和雇主的技能需求，适时调整课程内容。

罗明誉（2012）总结了澳大利亚职业教育坚持市场化运作的表现。澳大利亚职业教育以市场需求为导向，建立"用户选择制"的市场体制，联邦政府首先推行建立私营培训市场策略来打破国家机构的垄断地位，提供无限的选择机会以增强提供者的竞争，降低成本。政府的经费资助不是无偿拨款，而是以"用户"身份，"购买"合格毕业生的方式实施。政府以市场招标的方式，根据学生被定购情况来决定购买哪所学院的培训。这种市场式拨款机制成为澳大利亚职业教育发展的"指挥棒"。无论是企业还是私营培训机构都可参与竞争，从而促使各培训机构积极合作，降低成本，高效率利用教育资源。在市场机制下，澳大利亚的职业教育特别重视开发企业需求的、学生愿选的和政府与行业宏观规划的专业。

崔社军（2012）强调，市场化运作促进了职业教育的发展和质量的提升。最显著的表现是职业学校积极适应市场需要，争取政府培训项目。学校只有提供了高质量且满足市场需要的人力资源，才能中标更多的政府培训项目，赢得更多的拨款，因此学校完全以市场需求为导向，以行业协会和雇主对专业人才的需要为依据，聘请行业、企业高端人士参与课程开发，使课程内容能紧跟技术发展。其次表现在职业学校积极利用资源优势，开展商业培训。在完成州政府职业教育培训任务的基础上，充分利用学校资源，面向行业、企业开展员工技能培训。学校具有非常牢固的"为企业服务、为学员服务"的意识，定期和企业进行交流，了解企业的用工需求，根据企业实际情况为企业量身定制合适的培训计划。此外，职业学校利用澳大利亚国家职业教育品牌优势，积极开拓国外市场。澳大利亚职业教育以统一的质量标准和务实的教学模式，在国际职业教育市场中已经形成了独具特色的品牌，如今教育输出已经成为澳大利亚的第三大产业。

（二）企业、行业在职业教育发展中的作用

职业教育市场化的运作离不开企业和行业的参与。

宋凯、佟淑杰（2012）分析了学校、企业、行业三者在澳大利亚职

业教育与培训体系中的作用。澳大利亚的职业教育与培训体系是以行业为主导，以澳大利亚质量培训框架和培训包为基础的国家培训框架。学校是职业教育与培训的提供者，企业通过参与培训包的开发来反映自己的需求，从而影响能力目标的制定和评估，而行业作为中介，负责协调企业与学校的关系。

卢丽虹（2012）认为行业在职业教育中的主导作用具体表现在以下六个方面：（1）行业主导有关职业教育和培训的宏观决策。澳大利亚各州 TAFE 学院的重要文件及具体的课程都是以行业为主导制定、开发，并由政府颁布的。（2）行业参与 TAFE 学院办学的全过程。澳大利亚 TAFE 学院都设有院一级的董事会，主席和绝大部分成员是来自企业前沿的资深技术专家。（3）行业培养 TAFE 学院教师队伍。（4）行业支持 TAFE 学院实训基地建设。（5）行业参与人才培养、质量评估。（6）行业投资岗位技能训练。

裴冠金等（2013）从三方面分析了行业、企业在澳大利亚职业教育政策、制度实施中发挥的重要作用。首先，教育制度体系中明确了行业、企业在职业教育中的指导功能。依照规定，行业、企业必须全程主导培训标准的制订，提供培训方式、方法，核定培训考核的标准等。其次，国家多元化投资政策中明晰了行业、企业对职业教育经费的支持功能。TAFE 学院主要由政府提供资金，一般占资金总额的 97%，另外 3% 由学院自筹。自筹资金的来源主要是学费，以及为企业开展各种服务的收入等。至于其他类别的学院，政府投入占 55%，企业行业投入占 35%，个人投资与学院自筹经费占 10%。此外，国家行政奖励政策中突出了行业、企业对职业教育的服务功能。澳大利亚培训奖项（Australian Training Awards）是奖励职业教育注册培训机构、行业、企业雇主以及个人的全国性顶级奖励计划，目的是肯定和表彰他们为澳洲职业教育做出的突出贡献。

盛立强（2012）阐述了行业、企业如何直接参与 TAFE 学院管理。所有 TAFE 学院均有院一级的董事会，主席和绝大部分成员是来自企业第一线的资深专家。董事会通常每季度开一次会，对学院的办学规模、基建计划、教育产品开发、人事安排、经费筹措等进行研究并做出决策。此外，任何一名新职员的招聘必须有来自企业的人员介入。国家和州的行业培训顾问委员会除了每年对 TAFE 学院的人才培养质量进行定期评估外，还经常对行业雇主进行关于高等职业教育和培训满意度的调查，企业则积极响应这种调查。

唐智彬、石伟平（2012）的研究表明，在过去的几十年里，企业界在澳大利亚职业教育发展中的要求和影响逐步发生转变，从企业不愿参与，到由企业与行业来决定职业教育的内容和学习评价，再到企业试图利用职业教育来改革学校体系。具体来说，20世纪70年代到80年代，是企业消极参与阶段；到80年代中后期，政府积极支持企业建立国家企业能力标准，并由一个实体单位——国家训练会（National Training Board）具体负责实施，企业开始直接控制涉及相关产业标准的国家课程文件的开发与制定。自20世纪90年中后期开始，企业的需求在职业教育办学中越来越得到强调，企业界普遍期望职业教育的课程更加灵活，并突出特定企业的独特要求。

（三）职业教育的国际化

在综合国力的竞争日益激烈的今天，教育国际化已经成为全球趋势，而以培养技术技能应用型人才为目的的职业教育的国际化也愈来愈受到重视。

段玮玮（2012）指出了澳大利亚职业教育国际化的三大显著特征。一是明确国际化人才培养理念。澳大利亚政府认为，国际化将促进其国内教育和职业培训体制的改革，使之在形式和内容上适应国际教育发展的新需求。二是提供国际援助、参与国际活动及培训。澳大利亚在职业教育国际化初期，提供国际援助，积极打入国际教育市场。之后则采用收费性的海外留学和合作办学等形式。三是吸引留学生，发展国内留学教育。澳大利亚除在地缘、环境、费用、教学质量等方面拥有独特的优势，能够吸引留学生外，还不断推出新政策，如"允许所有到澳大利亚 TAFE 学院学习旅游和饭店管理两个专业的海外学生在完成学业之后，有权自动留在澳大利亚工作一年半的时间"，从而增强对留学生的吸引力。

步光华（2013）对澳大利亚职业教育国际化的发展历程和多维动因进行了探究。作者把澳大利亚职业教育国际化的过程分为萌芽期（20世纪80年代）、发展期（20世纪90年代）和深化期（21世纪以来）。1984年，杰克逊委员会向澳大利亚联邦政府提交的《杰克逊委员会关于澳大利亚海外援助项目的调查报告》被认为是萌芽期的标志。而在澳大利亚职业教育国际化的发展期，即 20 世纪 90 年代，澳大利亚联邦政府对职业教育进行了更深层次的改革，出台了《培训保障法》，为 TAFE 学院与企业合作提供了法律依据。21 世纪，面对新的挑战，澳大利亚政府积极做出回应：为产业界提供市场信息，为劳动者提供再培训，同时将劳动力技能的提升作为澳大利亚在国际上与其他国家竞争的重要策略之一。对于职业教育国际化的动因，作者将其划分为国际动因（经济全球化的要求、信息技术的推动以及世界性的技工短缺）和国内动因（政治、经济动因、人力资源动因、职业教育自身动因）。

刘伟（2012）重点探讨了 TAFE 学院得以快速推向全球并享有盛誉的成功策略。作者引用了澳大利亚教育就业劳资关系部 2011 年 9 月的统计数据，截至 2011 年 9 月，持学生签证全额付费的留学生已达 519025 人，其中接受高等教育的约为 23.78 万人，而接受 TAFE 教育的有 15.57 万人，人数仅次于高等教育。据国际教育与交流洽谈咨询公司的数据显示，澳大利亚 2007 年在世界职业教育最佳目的地国家中排名第三，2008 年则跃居第一。此外，作者概括了澳大利亚 TAFE 学院国际化策略，其中最重要的是创建了一套特色鲜明的职业教育体系，包括澳大利亚质量培训框架、职业培训包等内容。其次是澳大利亚把推动职业教育国际化作为一项国家战略。此外，TAFE 学院为海外留学生量身定制了英语强化课程。TAFE 学院语言培训中心会根据每个学生的学习目的、语言水平及学习能力将其编入相应的强化学习班。另一个不可忽视的特点是澳大利亚职业教育国际化方式灵活多样。TAFE 学院实行开放办学，主动进行国际合作办学，既可以是学历教育，也可以是非学历短期培训；既欢迎学生来澳大利亚留学，也可在海外合作建设国际校园。

步光华（2012）对澳大利亚技术与继续教育国际化策略进行了更为全面的分析，并指出 TAFE 学院国际化的成功与澳大利亚政府的政策保障密不可分。首先，澳大利亚政府一直在推行稳定的促进 TAFE 学院国际化的政策。其中"商贸式"政策、国际援助或合作政策、移民政策都起到了关键性的作用。此外，澳大利亚政府十分重视海外职业教育及培训的质量保障。在"国家培训认证框架"协议中，明确了一系列的国家方案，包括 TAFE 机构海外注册、学分转移、培训认证等。另外，澳大利亚政府指出，国际教育是全球化的，因此要重视与世界其他国家及地区的合作，确定重点发展区域。除此之外，澳大利亚职业教育国际化的成功，很大程度上应归功于其拥有世界一流的法律保障体系。最后，专门的机构也是必不可少的。教育国际发展署、澳大利亚国际教育处、澳大利亚 TAFE 指导部等机构在职业教育国际化的过程中分别发挥着不同的作用。

五　职业教育课程与教学

澳大利亚所有的职业教育课程设置都以培训包为框架。作为职业教育代表的 TAFE 学院课程设计尤为丰富，教学方式灵活，极大地满足了学生的个性化需求以及社会对技能型人才的需要。

（一）课程设计

TAFE 学院的课程以行业为导向，强调实用性，在注重课程标准性和规范性的同时，课程设计灵活多样。

易烨、石伟平（2013）简述了澳大利亚 TAFE 学院高等教育学位课程的开设情况。从 2006 年开始，澳大利亚五个州有十所 TAFE 学院已经完成注册并开设高等教育学位课程，共有 1600 名学生选择了这类课程。这些 TAFE 学院中所开设的高等教育学位课程包括创造、表演和视觉艺术；设计、多媒体、IT；商业（包括贸易、会计和管理）；护理、娱乐；工程（包括建筑环境）；环境科学；人类服务（包括护士、幼儿教育和法官）。为了与大学所提供的职业导向的课程区分开来，这些 TAFE 学院所选择的高等教育课程更加关注具体的职业领域，更加注重应用性和针对性。

陈卓（2013）在论文中指出，TAFE 学院的课程设置在很大程度上是由三方决定的：行业、学校、教师。国家教育管理机构设置了专门标准以确保 TAFE 学院课程的设置能紧跟行业发展的最新动态。行业发展和社会需求是 TAFE 学院课程设置的主要导向，所有课程内容必须是企业所需要的。澳大利亚政府设定了关键能力标准之后，行业、企业根据发展趋势和未来需求确定需要何种技能和缺乏何种专业人才，并提交给政府教育管理机构，由管理机构与学校协商沟通，确定课程内容，再根据关键能力标准，由教师具体执行。

胡颖森（2012）强调澳大利亚职业教育课程设计的一个显著特点是

模块化，可体现出层次性与灵活性。TAFE 学院在培训包指导下，根据实际情况选择专业方向并进行模块化的课程设置。每个模块对应培训包规定的不同数量的能力单元，每个能力单元又对应一门具体课程。TAFE 学院模块化课程具有清晰的层次。一般来说，模块层级越低，课程普适性就越强，课程模块数量也就越少；而层级越高，课程的专业性就越强，课程模块数量也就越多。

易烨、石伟平（2013）还指出了职业教育课程所面临的一个问题：课程的独特性。在 TAFE 学院提供高等教育证书之前，澳大利亚的很多大学就已经开设了职业教育课程，有些大学甚至直接设立了 TAFE 部，例如昆士兰技术大学（Queensland University of Technology）就非常注重其课程的实践性和应用性，他们学校网站的宣言是"面向真实世界的大学"（u-niversity for the real world）。那么 TAFE 学院所提供的高等教育课程与大学提供的职业性课程相比，如何形成自己的独特性并提高吸引力是院方必须要解决的问题。针对这些问题，TAFE 学院致力于课程建设，在保证课程基本学术性的同时突出课程的实践性与应用性，加强企业的参与以及企业对课程的投入，同时注重学生在工作场所的学习。

（二）教学特点

澳大利亚职业教育在教学方式、教师备课等方面都有着鲜明的特点。

韩长菊等（2012）认为澳大利亚职业教育注重教学的双向交流和师生的互动。很多 TAFE 学院课桌设计成圆形，学员分组围桌而坐，相互交谈，在思考的同时讨论若干问题，老师倾听学员的讨论并给予指导。并且在对待理论课和实践课的关系上，TAFE 学院更重视实践课。教师很少单独上理论课，而是将理论知识融于实践教学之中。学生上课的教室前半部分是课桌黑板，后半部分就是实验仪器，学生边学习，边动手实践。

邹珺（2012）强调澳大利亚职业教育的教学非常关注培训对象，每位教师都接受过如何关注学习者的培训，这对于整个体系得到学习者认同起到了重要的作用。在澳大利亚职业教育体系中，大到国家培训框架体系的构建，小到每节课程的设计，都以方便学习者的职业发展、关注其需求和特点、提高其职业能力为核心。每个学习者都要进行优势学习管道和多元智能测试，一方面帮助学习者了解自己，建立适合自己的学习方法和发展方向，另一方面帮助培训者了解培训对象的思维特点、擅长领域、学习方式等，从而建立适当的教学方法。

在具体课堂教学方面，胡新贞（2012）以澳大利亚康普利斯教育学院为例进行了研究。文章指出该学院通过课堂、工作现场、模拟工作场所、网络等方式开展教学。一般的课堂教学学生约为 20 人，多采用老师引导、提问，学生分组讨论，形成共同意见，选派代表发言的形式。学生在课堂内讨论发言的机会很多，而且经常要做总结发言，完全实现了以学生为中心，以实践为主旨，以学为主，以能力为本位。

吴双（2012）认为，澳大利亚职业教育的教学采用的是一种灵活、人性化的"以人为本"的模式。TAFE 学院跳出了固定的传统授课模式，对部分特殊群体的学生（如因残疾、生病、休学等不便到校上课的学生），量身定制个性化的学习方式，比如采取远程在线学习等。TAFE 学院各门课程的岗位能力测验没有统一考试，考核方式采用小测验、个人作品、报告、工作情景测试等灵活的方式。对于业余时间上课的在职学生，学院会深入其工作场合进行评估测试，为企业完成工作即视为完成测试。

六　职业教育师资队伍建设

澳大利亚在职业教育方面之所以能取得举世瞩目的成绩，源于他们拥有素质优良的职教师资。澳大利亚政府对师资有严格的规定和要求，并且十分重视职业教育教师的培养、培训工作，把打造一支高素质的职业教育教师队伍作为重要工作规划。

（一）教师资格认定和入职标准

教师资格认定是建立高素质职业教育教师队伍的首要保证，澳大利亚对此有着严格的要求。

姜大源等（2012）指出，获得澳大利亚职业教育教师任职资格的最低要求是，具有与澳大利亚资格证书框架"第四级证书"同级别的教师资格"培训与评估证书第四级证书"。为达到这一规定，澳大利亚职业教育与培训机构的教师，几乎全部从有实践经验的专业技术人员中选聘，而不直接从大学毕业生中招聘。

王昊（2012）进一步强调，澳大利亚对职业教育教师的从业资格要求比较严格。专职教师应当具备以下三个条件：一要具有相关专业大专以上文凭和教师资格证书；二要具有澳大利亚教师认证体系中的四级资格证书；三要具备至少 3—5 年的行业工作经历。在成为 TAFE 学院正式教师之前，一般要先担任兼职教师，经过几年的教学实践锻炼才能转为正式教师。兼职教师也应具备三个条件：一要具有 3 年以上的专业工作实践经验；二要具有合适的专业技术资格；三要具有较强的现场生产操作能力。

莫玉婉（2013）则简述了成为 TAFE 学院教师的具体流程。TAFE 学院的教师实行聘任制，向社会公开招聘，招聘过程一般包括发布招聘广告、个人申请、面试及录用等几个环节。整个过程堪称高标准、严要求。但这里所涉及的"高"与"严"并不是对学历、文凭的要求，而是根据职业教育实用为主的特点，立足于教师理论与实践相结合的经验和经历。TAFE 学院教师聘任坚持的一条重要原则是"只有教师具备了工作能力，才会教给学生工作能力"。

（二）职业教育师资培养

澳大利亚政府十分重视职业教育师资的培养培训工作，不仅有完备的职业教育师资培养体系，而且有独特的培训模式。

党涵（2012）指出，在澳大利亚，实施职业教育师资培养的机构主要是 TAFE 学院，其教师的构成可以分为专职教师和兼职教师。林雪（2013）的研究着眼于澳大利亚 TAFE 学院专职教师的培训。培训可分为三种类型。第一种是新入职的专职教师培训。新教师培训工作计划主要分为校外活动、书面材料、校内活动和其他活动四个部分。新教师必须参加由学校组织的应聘时的面谈、3 天左右的上岗会议、3 天左右的由专家指导的会议以及由地方教育官员组织的地区会议等活动。第二种是专职教师在职进修。在职进修主要有两种形式，一是在大学的教育学院进修，二是在师资培训中心进修。教师可以根据自己的需要来选择培训形式。培训内容包括学历学位、现代教育技能等。第三种则是企业培训。澳大利亚政府要求 TAFE 学院的专职教师不但要参加各种新知识讲座与新技术的培训，还要经常去企业进行实践和培训。

袁霞和田恬（2012）、邹吉权（2012）都在文章中谈及了职业教育兼职教师的培训和职业发展。兼职教师主要是各个行业在职的技术骨干或行业能手，通过公开、公平的竞争应聘上岗，负责讲授专业性和技能性较强的课程。为弥补兼职教师在教学技能和资格上的不足，TAFE 学院会安排他们到教育学院或大学接受师范培训，使他们获得教师职业资格证书。一般情况下，被招聘录用的专业技术兼职人员，需要一边在 TAFE 学院从教，一边到大学教育学院接受为期 1—2 年的师范教育，以获取教师职业资格证书。

小　结

2012—2013 年，国内关于澳大利亚职业教育的研究继续呈现欣欣向荣的景象，文献数量比较多，聚焦点包括职业教育政策、澳大利亚特有的职业教育体制（TAFE 和新学徒制）、职业教育质量保障、课程与教学以及师资队伍建设等。其中，澳大利亚职业教育体系仍然是研究的重点，职业教育国际化等则成为新的研究点。总的来说，研究仍存在片面、表面的问题，很多研究文献局限于对澳大利亚职业教育某个方面的描述和介绍，文章内容雷同。但是，已经有学者开始聚焦澳大利亚职业教育的某个方面，进行比较深入的分析。此外，开始出现新的关注热点，最典型的就是职业教育的国际化。类似的关注点都比较契合澳大利亚职业教育发展的趋势，有研究的必要性和实际意义。

参考文献

1. 白汉刚：《职业教育体系的国际比较》，《中国职业技术教育》2012 年第 12 期。

2. 步光华：《澳大利亚技术与继续教育国际化策略研究》，《世界教育信息》2013 年第 15 期。

3. 步光华：《澳大利亚技术与继续教育国际化的发展历程及动因探究》，《世界教育信息》2013 年第 7 期。

4. 陈冬英：《澳大利亚 TAFE 的发展历程及趋势》，《广州职业教育论坛》2012 年第 1 期。

5. 陈龙、徐跃进：《论澳大利亚 TAFE 学院学校文化的形成》，《职教通讯》2013 年第 10 期。

6. 陈取江、顾海悦：《澳大利亚职业教育和培训政策的演变、制定与规划、挑战》，《职业技术教育》2012 年第 19 期。

7. 陈卓：《澳大利亚 TAFE 课程模式在商务英语专业口译课程设计中的应用》，《湖南商学院学报》2013 年第 1 期。

8. 崔景茂：《澳大利亚与中国职业关键能力培养比较研究》，《职业技术教育》2013 年第 7 期。

9. 崔社军：《澳大利亚职业教育市场化运作模式探析》，《价值工程》2012 年第 11 期。

10. 党涵：《澳大利亚职教师资培养培训的经验与启示》，《职业技术教育》2012 年第 12 期。

11. 段立霞：《澳大利亚职业教育培训包解读》，《现代教育》2013 年第 2 期。

12. 段玮玮：《德、澳职业教育国际化及其启示》，《继续教育研究》2012 年第 2 期。

13. 郭晶晶、黄瑞：《澳大利亚职业教育质量保障机制探究》，《人才资源开发》2013 年第 10 期。

14. 胡新贞：《澳大利亚康普利斯教育学院 TAFE 教学的启示》，《新西部》2013 年第 23 期。

15. 胡颖森：《澳大利亚 TAFE 学分制课程特点探析》，《职业技术教育》2012 年第 8 期。

16. 姜大源、王泽荣、吴全全、陈东：《当代世界职业教育发展趋势研究——现象与规律（之一）——基于横向维度延伸发展的趋势：定界与跨界》，《中国职业技术教育》2012 年第 18 期。

17. 姜大源、王泽荣、吴全全、陈东：《当代世界职业教育发展趋势研究——现象与规律（之二）——基于纵向维度递进发展的趋势：定阶与进阶》，《中国职业技术教育》2012 年第 21 期。

18. 姜大源、王泽荣、吴全全、陈东：《当代世界职业教育发展趋势研究——现象与规律（之三）——基于纵横维度交替发展的趋势：实然与应然》，《中国职业技术教育》2012 年第 24 期。

19. 靳燚：《澳大利亚资格框架存分机制研究》，《才智》2012 年第 28 期。

20. 匡瑛：《英、澳国家资格框架的嬗变与多层次高职的发展》，《高等工程教育研究》2013 年第 4 期。

21. 李玉静：《国际职业教育质量评估指标体系比较分析——以 UNESCO、欧盟和澳大利亚为样本》，《职业技术教育》2012 年第 28 期。

22. 李作章：《澳大利亚职业教育入学机会的"非均等"及其消解》，《职业技术教育》2012 年第 21 期。

23. 林雪：《浅谈澳大利亚 TAFE 学院专职教师的培训》，《吉林省教育学院学报》2012 年第 7 期。

24. 刘浩：《从澳大利亚资格框架体系看中国职业资格证书的"证出多门"》，《科技视界》2012 年第 24 期。

25. 刘伟：《澳大利亚 TAFE 学院国际化策略浅析》，《职业教育研究》2012 年第 10 期。

26. 刘育锋：《五国职业教育法对〈中华人民共和国职业教育法〉修订的借鉴意义》，《河南科技学院学报》2012 年第 6 期。

27. 卢丽虹：《西澳挑战者学院校企合作模式的启示与思考》，《长春教育学院学报》2012 年第 3 期。

28. 罗明誉：《美、德、澳高职教育与区域经济互促发展模式研究》，《现代商贸工业》2012 年第 15 期。

29. 吕红：《澳大利亚职业教育质量保障的新举措——从质量培训框架到质量框架的过渡》，《职业技术教育》2013 年第 22 期。

30. 马铮：《德、日、澳职业教育产教结合、校企合作的比较研究》，《教育与职业》2012 年第 33 期。

31. 蒙秀琼：《澳大利亚国家质量委员会对培训包开发及认证过程的研究》，《职教论坛》2012 年第 30 期。

32. 莫玉婉；《澳大利亚 TAFE 机构师资管理及启示》，《广州职业教育论坛》第 12 卷第 1 期。

33. 裴芳芳：《AQTF2010 新变化及其对我国职业教育发展的启示》，《现代教育》2012 年第 10 期。

34. 裴冠金、陈薇薇、米玉琴：《对澳洲行业在 TAFE 体系中作用的分析及思考》，《中国科教创新导刊》2013 年第 28 期。

35. 齐雅莎：《中外高等职业教育财政性经费的来源》，《天津市经理学院学报》2012 年第 2 期。

36. 邵元君、滕谦谦：《职业教育内部质量保障的制度与政策探微——基于国际比较的视角》，《职教通讯》2013 年第 19 期。

37. 盛立强：《澳大利亚 TAFE 学院校企合作的经验与启示》，《市场论坛》2012 年第 8 期。

38. 石品德、杨早娥：《现代学徒制与中国职业教育研究》，《科技创业月刊》2012 年第 3 期。

39. 宋凯、佟淑杰：《国外行业组织参与职业教育的借鉴与启发》，《安徽冶金科技职业学院学报》第 22 卷第 1 期。

40. 宋贤钧、王建良：《澳大利亚职业教育与培训质量保障体系的印象及启示》，《兰州石化职业技术学院学报》2013 年第 1 期。

41. 唐智彬、石伟平：《比较视野中的职业教育校企合作》，《中国职业技术教育》2012 年第 27 期。

42. 万苗苗：《澳洲 TAFE 办学模式的启示》，《陕西青年职业学院学报》2012 年第 1 期。

43. 王超辉：《澳大利亚 TAFE 经费来源结构的特征及启示——以堪培拉 TAFE 学院为例》，《会计师》2013 年第 5 期。

44. 王昊：《德、美、澳职教师资职前培养模式比较研究》，《中国职业技术教育》2012 年 12 期。

45. 王红英、胡小红：《企业参与高职教育成本与收益分析——基于中德澳的比较》，《教育发展研究》2012 年 23 期。

46. 吴双：《中国与澳大利亚职业教育模式比较与启示》，《天津职业院校联合学报》2012 年第 10 期。

47. 吴雪萍、周婷婷：《澳大利亚职业教育培训包改革新动向》，《职教通讯》2013 年第 31 期。

48. 吴艳红：《现代学徒制的挑战》，《成功》2012 年第 6 期。

49. 易烨、石伟平：《澳大利亚 TAFE 学院中的高等教育学位课程研究》，《职教论坛》2013 年第 9 期。

50. 袁霞、田恬：《TAFE 对我国高职院校师资队伍建设的启示》，《科技资讯》2012 年第 32 期。

51. 臧志军：《国家在职业教育发展中的作用：来自澳大利亚的经验》，《职教通讯》2013 年第 19 期。

52. 张连绪、王超辉：《高等职业教育财政拨款体制国际比较——基于对美国、芬兰及澳大利亚的分析》，《职业技术教育》2013 年第 25 期。

53. 赵岩铁：《澳大利亚职业教育的外部质量保障体系与启示》，《职教研究》2013 年第 3 期。

54. 邹吉权：《高职院校兼职教师聘用与管理的国际比较研究》，《职业技术教育》2012 年第 10 期。

55. 邹珺：《澳大利亚 TAFE 与国内高职物流专业教学比较研究》，《当代职业教育》2012 年第 5 期。

第 三 编

语言文化篇

近年来，随着中澳之间的交流和联系不断增强，国内对澳大利亚语言和文化的兴趣日益浓厚。作为传统的澳大利亚研究领域，澳大利亚语言文化研究仍是语言学界和文化界学者关注的热点。在澳大利亚语言文化篇，作者按照语言文学和多元文化的划分，就"澳大利亚""英语""文学""多元文化""土著"等关键词在中国知网中进行检索与整理，并据此形成 2012—2013 年的研究综述报告。

总体来说，2012—2013 年对澳大利亚语言文化方面的研究不仅体现出对往年研究的延续性，更是出现了新的研究方向，并有一些较高质量的论文发表。

1. 澳大利亚英语语言文学方面的研究主要集中在澳大利亚英语研究和澳大利亚文学研究。英语研究包括澳大利亚英语的语言特征研究、语言政策研究和英语教育研究；文学研究包括澳大利亚文学批评、民族主义文学、妇女文学、华裔文学和澳大利亚文学的历时研究。

2. 澳大利亚多元文化研究方面的研究主要关注多元文化和少数民族研究。澳大利亚多元文化研究包括多元文化主义理论、多元文化政策（尤其是土著政策研究）以及多元文化政策实施与应用研究；澳大利亚少数民族研究包括土著研究（土著艺术和土著教育等）以及移民和华人研究。

第九章

澳大利亚的英语语言文学

一 澳大利亚的英语研究

澳大利亚英语以英国英语为基础，逐渐演变成为一种具有地域性特点的语言，成为澳大利亚文化的标志之一。澳大利亚英语研究最早始于澳大利亚的语言学者，从词汇、句法及土著英语研究逐渐转向社会心理角度以及作为第二语言的研究。自 20 世纪 90 年代开始，国内学者开始关注澳大利亚的英语研究，从最初的概述性讨论，逐渐过渡到对词汇、语法等语言特征、土著英语及社会因素方面的研究。

2012—2013 年，我国对澳大利亚英语的研究仍然主要集中在语言特征上，就研究主题而言，可以归纳为以下三个方面：（1）澳大利亚英语的语言特征研究；（2）澳大利亚语言政策研究；（3）澳大利亚英语教育研究。以下将围绕这几个主题进行回顾与梳理。

（一）澳大利亚英语的语言特征

就澳大利亚英语词汇而言，窦伟莉等（2013）从语言认知学的角度，运用范畴层次、隐喻和转喻等理论对澳大利亚英语的词义变化和构词方法进行了分析，结合语料对澳大利亚英语中采用的复活旧词、创造新词的手段进行阐释，以期指导我国的英语教学及提高学生跨文化交际和应对各种英语变体的能力。姚剑鹏（2012）则以词汇为出发点，基于"语言接触引发语言演变"理论对澳大利亚英语的形成进行分析，认为澳大利亚英语是一门具有多语源、特色鲜明的综合性语言。

就语言和文化而言，侯茜（2013）在《澳大利亚语言与文化》一书的基础上，列举土著文化、殖民文化、淘金文化、移民文化等社会历史文化的变化来分析社会发展与文化变迁对澳大利亚英语发展的影响。高文芳（2012）分析了土著文化、白人文化、移民文化与美国文化在动物、植物、食物和军事等方面对澳大利亚英语所产生的影响，指出澳大利亚英语在语音语调上的变异反映出澳洲不同时期的社会环境对语言的影响与制约。原驰等（2014）认为在经历了殖民时期、淘金时期和两次世界大战的洗礼后，澳大利亚逐渐形成了独特的本土文化；澳大利亚英语作为具有鲜明本土特色的语言，其中的俗语和俚语展现了澳洲人豪放幽默的性格，也展现了澳洲社会的多元化。

（二）澳大利亚的语言政策

澳大利亚是世界上较为典型的多语言国家，也被公认为语言规划最成功的国家之一，因此澳大利亚的语言政策也越来越受到国内学者的关注。刘晓波等（2013）认为澳大利亚的语言政策经历了放任化、同化、多元化和优先化四个时期：（1）20世纪以前由于受到殖民与淘金热的影响，澳洲大陆的语言呈现出丰富的多样性，政府对语言也未采取任何措施干预；（2）20世纪初到20世纪60年代末，澳洲采取白澳政策同化有色人种的语言；（3）20世纪70年代初至90年代初，战后经济重建吸引的大量移民促进了澳洲社会的多元化，促使了《国家语言政策》的制定，接受了澳洲多语种多文化的现实；（4）20世纪90年代至今，澳大利亚语言政策在强调英语读写能力的重要性的同时，也强化了对亚洲语言的学习。作者还就不同发展阶段语言政策背后的动机进行了分析，认为认同、语言交际、平等、经济、国家安全、国际关系和智力开发等构成的多维结构是语言政策演变的动机所在。

王辉（2012）在回顾四个时期语言政策的基础上，分析了影响澳大利亚制定语言政策的三种基本规划观念（即语言问题、语言权利与语言资源），并构建出一个基于语言规划观、反映澳大利亚语言政策演变情况的澳大利亚语言政策模型，为其他国家语言政策分析提供了一定的借鉴价值。

房建军（2012）就澳洲土著语言政策规划进行了分析，指出在《国家语言政策》颁布后，澳洲政府投入了大量人力与资金，通过土著社区和学校的语言恢复与重建项目来保护土著语言。其中，新南威尔士州政府还相继颁布了一系列挽救土著语言的措施，如《新南威尔士土著教育政策》《新南威尔士州政府告土著居民承诺书》来重振及传承澳大利亚土著语言。

（三）澳大利亚的英语教育

长期的移民和不同文化的冲击造成了澳洲社会的多元化，而澳大利亚学校教育在继承了西方——尤其是英国——教育体系的基础上也逐渐形成了澳洲本土的特点。文培红（2012）以中央昆士兰大学墨尔本校区为例，对澳大利亚海外学生英语专修课程（ELICOS课程）的特点进行分析，指出其目标明确，以培养人才为主，理论传授为辅，针对不同层次与文化背景的同学提供不同的课程，旨在培养学生的社会适应能力。慕君（2013）以维多利亚州为例，通过《课程与标准框架》第二版（简称 CSFII），对澳大利亚英语课程标准进行述评，认为 CSFII 的学习内涵主要表现在：注重语言的实用性，联系生活实际，强调语言学习与策略的运用，具有完善的学习成果评价标准，具有递进性与层次性的指标体系。

就借鉴澳大利亚英语教学而言，廖洪跃（2012）通过对澳大利亚双语教学的缘起与概况的分析，提出对我国高校双语教学的四个启示：重视双语教学的战略意义，完善保障机制，推进师资建设与研究细节问题。牛卫英等（2012）通过对澳洲英语教学模式与测试体系进行简要的探讨分析，指出中国的英语教学应借鉴澳洲英语教学模式与测试手段的成功经验，以学生为中心进行教学，以语言的实际运用能力为考核目标。王颖（2012）以无锡职业技术学院为例，对中澳合作办学模式下职业教育体系的英语写作教学特点与面临的问题进行了简要讨论，并针对不同的问题提出了对应的解决方法。陈亚轩（2012）以浙江科技学院中澳班为例，指出澳洲 EAP 课程（即学术用途英语），能有效提高中国学生的英语写作能力，为他们奠定良好的学术英语基础，为中外合作办学的英语教学提供了有效参考。钟泽楠（2012）从学习时间、学位类型、课程设置与课程设计四个方面分析了澳大利亚商务英语相关专业设立的特点，并对我国商务英语专业的设立在提供学位专业、选修课、课程顺序与学习科目上有着借鉴意义。刘勋达等（2013）通过比较中澳两国语文（英语）课程标准的异同，发现我国语文新课标存在的结构性缺失、科学性与规范性不足、指标体系缺乏等问题，通过借鉴澳大利亚英语课标可以帮助构建更科学的语文课标。毫无疑问，澳大利亚先进的教学理念与教学模式对我国高校英语教学具有参考和借鉴意义。

二 澳大利亚的文学研究

澳大利亚文学的演进过程大致经历了殖民主义时期、民族主义时期和现代时期三个历史时期。在体裁和题材上，从早期英国殖民统治下的移民生活及澳洲风貌，逐渐形成独有的民族风格与特色，并于二战后更趋多样化，使得澳大利亚文学蓬勃发展起来。

中国的澳大利亚文学研究历经三十多年，最初以翻译作品和译介性论文为主，逐渐发展到小说研究以及诗歌和戏剧研究，并随着"白人文学主导一切的时代基本终结"，进入"文学多元化"时代，中国的澳大利亚文学研究范围不断拓宽，逐渐走向繁荣。

2012—2013 年，中国学界对澳大利亚文学的研究主要集中在以下几个方面：（1）澳大利亚文学批评；（2）澳大利亚民族主义文学；（3）澳大利亚妇女文学；（4）澳大利亚华裔文学；（5）澳大利亚文学历时研究。以下将针对这些领域两年间的文献做一梳理。

（一）澳大利亚文学批评

作为澳大利亚文学的一个重要组成部分，澳大利亚文学批评受到了中国澳大利亚文学研究者的关注。王腊宝（2013a）就近二十年的澳大利亚文学批评进行了评述，介绍了澳大利亚文学批评界在文学的体制性研究、文学的数字化研究和文学的跨国化研究等三个崭新领域所取得的成绩及形成的影响，为当代澳大利亚文学批评开拓了一条崭新的新经验主义道路。首先，20 世纪 90 年代兴起的澳大利亚文学体制研究不同于 80 年代的各种批评流派，它不是一种单纯批判性的研究，而是具有"肯定性"，它所要探究的是一种包括文学发展在内的全方位的澳大利亚文化史；其次，进入 21 世纪后，澳大利亚的数字化文学研究得到了极大的拓展，在国家研究基金的支持下推出了一批大型的数据平台（如：AusLit、A-PRIL、Aus-

Stage 和 AusRED），极大地改变了澳大利亚文学研究的环境、方式和方法；第三，澳大利亚文学不仅从一开始就具有明显的跨国特征，而且在当今全球化语境中进行澳大利亚文学研究，更应该将澳大利亚文学置于世界文学的大环境中来考量，用跨国的比较方法来重新思考澳大利亚的文学实践。王腊宝（2013b）还就澳大利亚的左翼文学批评做了梳理，指出左翼文学批评活跃于澳大利亚文坛的时间主要为 20 世纪 30—50 年代，其核心观念为"社会主义现实主义"；60 年代，传统左翼思潮归于沉寂，取而代之的是一种后马克思主义的"新左翼"思想，影响了女性文学批评、土著文学批评等许多流派。这些左翼倾向的批评流派在经历了 80 年代的风行一时后，又迅速走向了颓败。

陈振娇（2012）对 20 世纪 70 年代澳大利亚文学批评家多萝西·格林（Dorothy Green）的文学思想进行了分析。多萝西·格林认为，科学化和理论化是 20 世纪 70 年代文学危机的罪魁祸首，并指出文学的真正出路在于关注文学本身，而澳洲文学的出路在于回归西方的人文主义批评传统，重视文学作品中的道德维度。黄洁（2012）对另一位重要的澳大利亚文学批评家 A. A. 菲利普斯（Arthur Angel Phillips）及其民族主义文学思想进行了体系化的介绍。菲利普斯以其创造的文学批评关键词"文化自卑"而闻名，他秉持民族主义立场，主张澳大利亚发展过程中独立自主的民族文化，认为澳大利亚文学具有突出的民族民主主题和传统，批评了对本民族文化感到盲目自卑的殖民心态，他的这种民族主义文艺观在全球化语境下的今天，对各国建立或坚持自身的民族文化传统具有策略性的参考意义。

值得一提的是，华东师范大学彭青龙教授 2011 年 8 月出访悉尼大学时，曾与澳大利亚文学首席教授伊莉莎白·韦伯（Elizabeth Webby）进行过一次访谈。2013 年 2 月，该访谈内容在《当代外语研究》发表。两位学者就澳大利亚现代文学与批评、文学传统、文学理论、女性创作、土著文学和研究趋势等进行了交流。这种学术交流对国内研究澳大利亚文学显得弥足珍贵。

（二）澳大利亚民族主义文学

澳大利亚民族主义文学也是构成澳大利亚文学的重要部分。妇女作家迈尔斯·弗兰克林（Miles Franklin）被认为是澳大利亚民族主义文学的先锋，文学批评家 A. A 菲利普斯也是坚定的民族主义者。近年来，国内学者对澳大利亚民族主义文学也有一定关注。邱世凤等（2013）对迈尔斯·弗兰克林的三部长篇小说进行了分析和综论。其中，《我的光辉生涯》以爱情和婚姻为主题，颠覆了传统价值观念。《乡下》描述了一批追求文雅生活的定居者、前囚犯。淘金者和丛林人群的故事，再现了当时开拓者的勤劳和虔诚，真实反映了澳大利亚殖民时期的生活。而《自鸣得意》遵从澳大利亚文学的主流，以男性的视角记载了牧场主的发家史。迈尔斯·弗兰克林始终围绕澳大利亚进行文学创作，坚持认为要有"自己的文学"。因此，毋庸置疑的是，迈尔斯·弗兰克林对澳大利亚民族文学的发展和繁荣做出了巨大贡献。

李震红（2012）对 G. A. 维尔克斯（Gerald Alfred Wilkes）在澳大利亚民族文化方面的贡献做了梳理。作为澳大利亚历史上第一位文学教授，G. A. 维尔克斯毕生从事澳大利亚文学与文化研究，不仅精确地勾勒出民族文化的发展轨迹，还对民族文化迷思进行反思，并试图探索澳大利亚民族文化发展的理想之路。正如他自己所说，欧洲文明向南的延伸发展和土著文化在澳洲本土的发展这两条脉络从开始相遇，经过磨合到相融，最终形成了澳大利亚自己独立的文学。文章最后指出，维尔克斯关于澳大利亚民族文化的思想为全球化语境中处理民族文化与世界文化的关系提供了有益的借鉴。

黄洁（2013）对 P. R. 斯蒂芬森（Percy Reginald Stephenson）及其思想体系进行了梳理。斯蒂芬森是澳大利亚民族主义文学的早期奠基人之一，其代表作《澳大利亚文化的基石：为民族自尊而作》是当时颇具影响力的文学批评著作。他提出坚持民族文化的地域性原则，发展独立自主的民族文化，认为关注民族文学标尺的界定有利于理清"真""伪"澳大利亚民族文学。斯蒂芬森的民族主义文化观在后来的民族主义浪潮中得到了进一步的发展。

（三）妇女文学

妇女文学在澳大利亚文学史上占有举足轻重的地位。2012—2013 年，澳大利亚妇女文学仍为中国澳大利亚文学研究的一大热点，主要包括女作家及作品评析和作品中的女性分析。

　　张戈平（2012）从伊丽莎白·乔丽（Elizabeth Jolly）的生活经历和写作生涯两个方面来分析乔丽的文学创作，认为是坎坷生活磨炼了乔丽的意志，而她对文学创作的执着也正是建立在这种坚强的意志之上，体现了她对生活、对人类的热爱，并最终获得了成功。郭志军（2012）对女作家克里斯蒂娜·斯特德（Christina Stead）的代表作之一《热爱孩子的男人》进行了风格剖析，从小说叙事视角、语言表达方式及修辞特点三个方面探讨了作品的文体风格特点，其中比喻、拟人、夸张和反讽是主要的修辞手法。

　　雷馥源（2012）对女作家迈尔斯·弗兰克林的经典著作《我的光辉生涯》中女主人公西比拉的女性意识进行了评析。西比拉的女性意识主要体现在三个方面：对男性的排斥和厌恶，对梦想的追求，以及对婚姻的拒绝。造成西比拉的这种扭曲人格的根结在于时代的局限性，在于现实和传统的强大力量。文章最后指出，西比拉的女性意识远远超越了她的时代，这也是造成她的痛苦的根源所在。程丽华（2012）从考琳·麦卡洛的《荆棘鸟》中三代女性中的四位女主人公的女性意识入手，探究了女性意识对三代女主人公婚姻的影响。玛丽·卡森具有强势的征服意识，征服世界的同时却成为爱情的孤独守望者；菲凭借其追求自由爱情的情感意识摘取了爱情果实，却在沉默中回忆着飘渺虚幻的爱情，无视身边的真爱而抱恨终生；梅吉以其独立意识自我抉择了婚姻，在精神上拥有了拉尔夫的一部分，却吟唱了一首凄婉的爱情挽歌。唯有朱丝婷的爱情之花经过克利里家族三代女性的共同滋养培育，经过自由、平等、独立意识的洗礼而最终绽放。

　　朱炯强（2012）对向晓红教授的《澳大利亚妇女小说史》（2011年底出版）做了述评，认为该作品通过不同时期的妇女作家及作品的梳理，展示了澳大利亚女作家们在文学界里如何成功颠覆父权制中女性沉默无声的"他者"形象，构建女性话语并通过女性话语凸显出女性权利的全过程。该书还单辟一章介绍了原住民妇女作家的作品，通过小说来发出反抗的声音。朱炯强认为，该书的出版，对我国研究澳大利亚文学（尤其是妇女文学）是一种补充，也是一种推动，具有重要意义。

（四）华裔文学研究

　　20世纪七八十年代，随着大批有文化的华裔移民扎根澳洲，澳大利亚华裔文学随之产生，在中澳文化相互交流和相互影响的过程中发挥了桥梁纽带作用。郭建等（2012）从澳华文学发展的历史背景出发，着重探讨了华裔文学中"追索"和"构建"两大主题以及华裔文学在中澳文化交流中所做的贡献，同时也提出一些文学作品中存在的问题，如华裔作家缺少对中华文化底蕴的深刻了解以及对澳华文学的推广不够等原因导致华裔文学的发展相对落后，整体水准平平。但张燕如（2012）认为，澳大利亚华裔文学发展至今，已经取得了不小的成就，尤其表现在小说和诗歌方面。文章结合卡斯特罗的《候鸟》、欧阳昱的《东坡事迹》和诗集《墨尔本上空的月亮和其他诗》，分析了流浪和追寻的母题的出现具有一定的必然性，并且通过这两大母题把澳大利亚华裔作家题材各异、风格多样的作品串联起来，从一个独特的视角来观察澳大利亚华裔文学的整体面貌。

梁余晶（2012）以反种族主义与表现移民身份为主线，从文学翻译、诗歌、小说和非小说四类文体角度，对澳大利亚华裔作家欧阳昱的 26 部英文作品进行了较为全面的介绍与评价，展示出欧阳昱作为一个勤奋写作者和创作者的真实形象。2012 年 5 月，欧阳昱的英汉诗集《双语恋：1975—2008 年的诗》（*Bilingual Love: Poems from 1975—2008*）由澳大利亚皮卡罗出版社（Picaro Press）出版。该诗集搜集了诗人 30 年来用英汉语言写成的爱情诗集，排版方式为互不对称的方式，起到双语互补、交相辉映的效果。

（五）澳大利亚文学历时研究

关于澳大利亚文学的历时研究，陈弘（2012）对 20 世纪我国的澳大利亚文学研究做了重要述评，指出我国的澳大利亚文学译介和研究大致经历了一个从无到有、从单一到丰富、从表层到深入的发展过程，是一个来之不易的成功。文章将 20 世纪的澳大利亚文学研究大致分为四个阶段：（1）从我国与澳大利亚相关的最早出版物《五洲图考》开始，到我国学者编撰的第一部澳大利亚历史著作《澳洲建国史》，新中国成立前的中国对澳大利亚文学几乎没有实质性的研究和介绍；（2）继 1953 年第一部澳大利亚小说《外交家》在我国翻译出版后，澳大利亚文学开始起步，并不断翻译出版了大量的长篇小说、戏剧作品和短篇小说；（3）20 世纪 70 年代中澳建交后不久，安徽大学成立大洋洲文学研究所以及 9 名国内高校教师被派往悉尼大学攻读硕士学位，成为澳大利亚文学研究的重要转折，这一时期翻译出版的作品在题材、体裁和风格上呈现百花齐放的特征，关于澳大利亚的评论文章在重要文学刊物上大量发表；（4）进入 90 年代之后，我国的澳大利亚文学研究更深更广地发展，在中国澳大利亚研究国际学术讨论会（双年会）的举办以及澳大利亚政府的支持下，澳大利亚文学研究获得了更大的动力，大量文学名著、小说和诗歌被翻译出版，我国学者撰写的《澳大利亚文学史》和《澳大利亚文学选读》成为澳大利亚文学研究者和读者的重要参考书。文章最后指出，澳大利亚文学研究已经成为我国外国文学研究的一个重要领域，并在 21 世纪取得更大成就。

陈振娇（2013）选取澳大利亚文学发展三个主要阶段的代表刊物《公报》、《南风》和《越陆》，分析了这些刊物的核心价值要素，并通过纵向分析来透析澳大利亚在一个世纪的跨度内价值的变化，以及在劳森这一经典形成中的作用。19 世纪末 20 世纪初，劳森的反英主张和鲜明的澳大利亚特色符合《公报》的民族主义标准，从而确立了他的经典地位；20 世纪五六十年代，当源于英国文学学会的《南风》成为首屈一指的文学刊物后，劳森的经典地位受到挑战；到了八九十年代，《越陆》在文学批评浪潮中脱颖而出，它突出新左翼的价值观，崇尚平等、反抗霸权，这一标准使得劳森再次成为批评家的宠儿。由此可见，文学刊物见证了劳森经典地位沉浮的全过程。

值得一提的是，2012 年 6 月，《西华大学学报》刊登了两篇澳洲学者格伦·菲利普斯（Glen Phillips）的两篇文章（译文版）。一篇是关于澳大利亚人的生态观，菲利普斯（2012）通过分析肯德尔、劳森、斯特德、普理查德、金塞拉等作家的文学作品，来审视从殖民时期到现在人们对"自然"或"土地"的态度的变迁：早期的移民怀着美好理想来到澳大利亚，却发现生存和"战胜自然"成了陌生环境中的当务之急，自然资源的过度开发和利用使得生态环境遭到严重破坏；后来，随着人们与土著人的关系日益和谐以及环保意识的提高，人们开始关注和保护这块土地。另一篇是关于西澳文学作品中对海洋的关注。作者罗列并介绍了当今西澳文学界的主要作家及其关注海洋的主要作品，阐述了海洋话题在澳洲文学作品发展史上的普遍性和重要性。

小　结

综观 2012—2013 年，中国对澳大利亚的英语语言文学研究在传统研究范围的基础上，也出现了一些新的研究领域。随着中澳两国之间不断增强的合作与交流，在澳大利亚的语言研究方面，可将目光投向中澳英语教学实证对比研究，并继续关注澳大利亚的语言政策领域；澳大利亚文学的研究领域将更为开阔，除富有特色的妇女文学和土著文学之外，文学批评、华裔文学以及文学的历时研究将有望融入国际文学研究的主流。

参考文献

1. 陈亚轩：《澳洲 EAP 课程在中国高校的教学实践研究——以浙江科技学院中澳班为例》，《浙江科技学院学报》2012 年第 5 期。

2. 陈弘：《20 世纪我国的澳大利亚文学研究述评》，《华东师范大学学报》（哲学社会科学版）2012 年第 6 期。

3. 陈振娇：《澳大利亚文学批评家：多萝西·格林》，《安徽理工大学学报》（社会科学版）2012 年第 3 期。

4. 陈振娇：《论文学刊物在亨利·劳森经典形成中的作用》，《国外文学》2013 年第 3 期。

5. 程丽华：《〈荆棘鸟〉中女性意识对婚姻的影响》，《长春理工大学学报》2012 年第 1 期。

6. 窦伟莉、李瑛：《认知语言学视角中的澳大利亚英语词汇研究》，《宁波工程学院学报》2013 年第 1 期。

7. 房建军：《澳洲土著语言政策规划研习》，《语文学刊》2012 年第 7 期。

8. 高文芳：《澳大利亚英语的独特文化内涵》，《海外英语》2012 年第 5 期。

9. 郭建、洪增流：《"追索"与"构建"——澳洲华裔文学两代作品主题探索》，《黄山学院学报》2012 年第 4 期。

10. 郭志军：《澳大利亚的"尤利西斯"——〈热爱孩子的男人〉的文体风格剖析》，《名作欣赏》2012 年第 6 期。

11. 侯茜：《浅析〈澳大利亚语言与文化〉融汇多方独具一格的语言》，《青年与社会》2013 年第 12 期。

12. 黄洁：《A. A. 菲利普斯和澳大利亚民族主义文学批评》，《南京邮电大学学报》（社会科学版）2012 年第 3 期。

13. 黄洁：《P. R. 斯蒂芬森论澳大利亚民族文化》，《苏州科技学院》（社会科学版）2013 年第 6 期。

14. 廖洪跃：《澳大利亚双语教育的探究及其对我国高校双语教育的启示》，《科教文汇》2012 年第 10 期。

15. 雷馥源：《扭曲矛盾的人格——评析〈我的光辉生涯〉中女主人公的女性意识》，《西华大学学报》（哲学社会科学版）2012 年第 2 期。

16. 李震红：《G. A. 维尔克斯论澳大利亚民族文化》，《国外文学》2012 年第 4 期。

17. 梁余晶：《欧阳昱英文创作述评》，《华文文学》2012 年第 2 期。

18. 刘晓波、战菊：《澳大利亚语言政策的发展变迁及其动机分析》，《东北师大学报》2013 年第 6 期。

19. 刘勋达、郭元祥：《我国语文新课标表现标准的缺失——澳大利亚英语课标的启示》，《华中师范大学研究生学报》2013 年第 2 期。

20. 慕君：《澳大利亚英语课程标准研制述评——以维多利亚州为例》，《教育科学》2013 年第 1 期。

21. 牛卫英、郭勇、张岩：《澳洲英语教学模式及测试体系研究》，《吉林工程技术师范学院学报》2012 年第 10 期。

22. Phillips, G.：《澳大利亚人的生态观——透过文学作品看澳大利亚人生态意识的演变（1788—2008）》，何桂娟译，《西华大学学报》（哲学社会科学版）2012 年第 3 期。

23. Phillips, G.：《浅谈小文学作品对海洋的关注》，杜洪波译，《西华大学学报》（哲学社会科学版）2012 年第 3 期。

24. 彭青龙：《澳大利亚现代文学与批评——与伊莉莎白·韦伯的访谈》，《当代外语研究》2013 年第 2 期。

25. 邱世凤、杨儒平：《迈尔斯·弗兰克林——澳大利亚民族主义文学的象征》，《成都大学学报》（社会科学版）2013 年第 5 期。

26. 王辉：《基于语言规划观的澳大利亚语言政策模型构建及启示》，《北华大学学报》（社会科学版）2012 年第 6 期。

27. 王颖：《浅谈 TAFE 模式下的英语写作教学》，《科技视界》2012 年第 10 期。

28. 文培红：《澳大利亚 ELICOS 教学特点探析》，《西南民族大学学报》（人文社会科学版）2012 年第 S1 期。

29. 王腊宝：《"理论"之后的当代澳大利亚文学批评》，《当代外国文学》2013 年第 3 期。

30. 王腊宝：《澳大利亚的左翼文学批评》，《苏州大学学报》（哲学社会科学版）

2013 年第 6 期。

31. 姚剑鹏：《澳大利亚英语：移植还是多元化语言?》，《西华大学学报》（哲学
    社会科学版）2012 年第 3 期。

32. 原驰、王旸：《从文化角度浅析澳大利亚英语变体特征》，《绥化学院学报》
    2014 年第 2 期。

33. 钟泽楠：《澳大利亚的商务英语相关专业设立的特点及对我国商务英语专业
    设立的启示》，《吉林广播电视大学学报》2012 年第 1 期。

34. 张戈平：《坎坷的人生之路　执着的写作生涯——评伊丽莎白·乔丽的文学
    创作》，《名作欣赏》2012 年第 6 期。

35. 张燕如：《澳大利亚华裔文学中的流浪与追寻母题》，《译林》2012 年第 2 期。

36. 朱炯强：《评〈澳大利亚妇女小说史〉》，《西南民族大学学报》（人文社会科
    学版）2012 年第 4 期。

第十章

澳大利亚的多元文化

澳大利亚多元文化、多元文化主义、多元文化政策吸引了国内外学界的关注。在中国，对于澳大利亚多元文化的研究主要包括两方面：澳大利亚多元文化与澳大利亚少数民族的研究。澳大利亚多元文化研究包括以下几个方面：多元文化主义理论研究、多元文化政策研究、多元文化政策实施与应用研究。其中澳大利亚多元文化政策研究是重点，土著政策研究是诸多政策研究的重中之重。对于澳大利亚少数民族的研究主要包括土著人与华人的研究。其中土著人的研究主要针对土著艺术与土著教育。

一 澳大利亚多元文化

（一）澳大利亚多元文化主义理论研究

澳大利亚工党于1973年首次提出"多元文化主义"这一概念。在过去的40年中，澳大利亚联邦政府与各州政府都在积极推动这一政策，并使之成为确保澳大利亚文化多元的制度框架，成为积极构建和谐社会、提升社会宽容度和促进发展的政策保障。吴金光（2013）在《澳大利亚多元文化主义》中对多元文化主义做出了详尽解释，并对该主义努力实现的目标进行了说明：所有澳大利亚人民须献身澳大利亚并为澳大利亚国家未来利益分担责任；不受种族、民族、宗教和文化因素影响的歧视；享有平等机会和社会公正，平等地分享政府代表社区管理的资源；必须有充分机会参与社会并参与直接影响他们的政策的决定；应该能够发展和享受他们的文化传统。文章选择澳大利亚作为案例，认为澳大利亚的多元文化主义较之美国、加拿大、瑞士等国的多元文化主义有其典型意义。同时，作者也对澳大利亚多元文化主义的政策实践及相关机构做了说明。

（二）澳大利亚多元文化政策研究

多元文化主义理论最早产生于加拿大。在 20 世纪 70 年代初，加拿大、澳大利亚两个移民国家开始奉行多元文化主义，推行多元文化政策。对于多元文化政策在澳大利亚的实施，学者们观点不一。有些学者认为，澳大利亚多元文化政策不够全面，无法关注土著人的诉求；有些学者认为澳大利亚政府积极推行多元文化政策，对于土著问题的解决无法一蹴而就；也有些学者认为多元文化主义在澳大利亚有非常成功的实践，对其他国家有借鉴意义。

王建波（2013）认为，加拿大和澳大利亚的多元文化政策从长时段和宏观层面来看存在相似性。然而从两国多元文化政策的缘起、内容、特征和实施成效等方面来看，二者之间相异性颇为显著。文章说明，加拿大多元文化政策始终围绕法裔少数民族分离主义的政治难题和维护国家统一；而澳大利亚多元文化政策则更多关注非英语背景移民的社会文化权利和诉求，与土著人无关。冷慧等（2013）从澳大利亚原住民和澳大利亚媒体两个角度来分析"澳大利亚日"在澳大利亚存在的诸多争议，说明澳大利亚土著的诉求没有得到重视。对于澳大利亚土著人来说，每年的 1 月 26 日，即澳大利亚的国庆日，是一个触痛他们伤口的日子。而澳大利亚媒体的报道既不回避原住民要求政府更改"澳大利亚日"日期的强烈诉求，也不回避澳大利亚政府拒绝让步的立场。通过实地调查，作者得出结论，"澳大利亚日"的日期更改能为民族和解创造机会，使原住民与非原住民建立更友好的关系，增加沟通，了解彼此诉求。

在澳大利亚多元文化政策关注土著诉求方面，有学者持较为积极、客观的观点。汪诗明（2013）在《论威特拉姆执政期间土著咨询机构的建立》中，分析了 20 世纪六七十年代澳大利亚土著政策中出现的积极变化。20 世纪 70 年代初，以戈夫·威特拉姆为首的工党政府厉行改革，倡导多元文化政策，土著问题受到了从未有过的关注。"全国土著咨询委员会"（the National Aboriginal Consultative Committee）就是这一时期土著政策发生重要转向的标志之一。然而，作者也说明，就当时情况来考察，"全国土著咨询委员会"建立所产生的实际影响远逊于其象征意义。其原因在于，白人的主流价值观念不可能一夜之间让位于多元文化主义，原住民自身的劣势对其主动性的发挥也是一个制约。

澳大利亚多元文化政策是澳大利亚在过去 200 年中不断发展、进化以及斗争的产物。它的产生既受到宏观的世界主流意识形态的推动，也符合澳大利亚本国的内在需求。杨洪贵（2013）在《澳大利亚土著保护政策评述》中对澳大利亚土著保护政策作出了专题研究，这是目前国内学界鲜有涉及的。文章对澳大利亚土著保护政策的由来、确立、实施和终结进行了探讨。作者认为，澳大利亚土著保护政策是在土著"注定灭绝"的观念下实施的。土著保护试验始于 19 世纪 30 年代，历经任其自行消亡、实施文化同化的阶段，终止于 20 世纪 60 年代。杨洪贵（2012）在《澳大利亚土著"注定灭绝"论初探》中指出，澳大利亚早期殖民者对澳大利亚土著持有一种不正确、不合理的观念，即认为澳大利亚土著是"野蛮人"。这一观念成为剥夺和屠杀土著的思想基础。杨洪贵（2013）在《澳大利亚对混血土著的"血统改造"》中还提出了另外一个关于土著人的问题，即混血土著问题。在 19 世纪末 20 世纪初，"白澳"这一种族主义思潮笼罩了整个澳大利亚。为实现"白澳"理想，澳大利亚提出"血统改造"方案，这一方案实施的理论基础认为，白人比土著优秀的原因在于血统，白人男性与混血土著妇女不断通婚，可以清除其后代身上的土著生理特征，提高智力水平。19 世纪 30 年代，澳大利亚白人男女比例严重失调，政府公开鼓励白人男性娶土著女人为妻；但更为普遍的情况是受本能驱使，白人男性不断诱奸或强暴土著妇女。然而，1937 年土著福利会议的召开，预示土著政策转变的新因素。杨洪贵（2012）在《1937 年澳大利亚土著福利会议述评》中对此次会议的缘起、召开、影响进行了介绍。在这次会议上，与会代表就澳大利亚各州土著状况和土著政策进行讨论，通过了吸收混血土著的决议，认可和批准各州实行土著政策。第二次世界大战前后，支撑澳大利亚土著问题解决思路的理论和观念开始遭到怀疑，混血土著"血统改造"政策也不断受到批评。20 世纪 30 年代后期，澳大利亚政府提出土著"新政"，正式宣布实施文化同化政策；20 世纪 60 年代后期，澳大利亚政府再次放弃同化政策，转向一体化政策。1972 年，澳联邦开始实施土著居民自觉政策，最终承认土著居民为澳大利亚多元文化的重要组成部分（杨洪贵，2013）。

多元文化主义在澳大利亚的成功实践，使得国内民族关系趋于缓解和平稳，也使这种政策得到越来越多国家的欣赏和认同。熊坤新等（2012）

认为澳大利亚民族政策的嬗变对我国民族政策具有一定的启示。作者归纳了过去 200 年澳大利亚的民主政策：宗主国屠杀政策、"白澳政策"、同化政策、一体化政策、多元文化政策；并说明多元文化共存的政策是上策之举，得出结论，只要国家存在一天，国家属性永远在民族属性之前。文章还提到我国的民族问题主要表现在以下几个方面：经济方面、政治方面、文化教育及干部培养方面。作者认为澳大利亚政府协调民族关系、处理民族问题的政策，对我国统一多民族国家民族政策的贯彻落实以及修订和完善有启迪或警示作用。

（三）澳大利亚多元文化政策实施（教育）与应用研究

很多学者从多元文化教育的角度说明澳大利亚在幼儿教育、中小学教育，以及高等教育不同阶段，在课程设置、外语教育政策等方面都体现出对多元文化的重视，同时认为澳大利亚的多元文化教育观对我国不同阶段的学生教育带来了很多的启示。王俞（2012）在《澳大利亚幼儿园多元文化课程评价模式的启示与思考》中详细介绍了澳大利亚幼儿园多元文化课程的评价体系，包括评价理念和评价体制，如程序、范围与监督检查等。从中可以看到，澳大利亚政府的高度重视与积极参与，以及澳大利亚政府所持有的多元文化检视的课程评价观，如本土化、多样性及适应性等。张维忠、岳增成（2013）在《澳大利亚数学课程中的文化多样性及其启示》中选取数学课程作为例子，说明该课程在课程内容、课程组织形式等方面呈现文化多样性，践行多元文化主义的基本理念。如澳大利亚数学课程标准（The Australian Curriculum Mathematics，ACM）的课程内容有 150 多处具体涉及民族、国家或区域文化，多层面体现文化多样性。

在语言教育与政策方面，澳大利亚的语言规划与政策发展经历了 4 个阶段：放任语言政策阶段、同化语言政策阶段、多元化语言政策阶段及优先化语言政策阶段。不同发展阶段的语言政策背后有着多种动机在发挥作用，如认同、语言交际、平等、经济等（刘晓波、战菊，2013）。作者也对澳大利亚语言政策发展变迁及其背后的动机进行了详细梳理。孙燕（2013）在《澳大利亚外语教育政策的演变发展及其启示》中从语言教育的角度说明，澳大利亚政府的教育政策与民族策略是相符合的。在澳大利亚，从同化政策跨越到多元文化政策的同时，外语教育政策也做出了相应的改革。澳大利亚政府的多元外语教育政策促进了澳大利亚向多元社会的发展。

张越（2012）在《国外多元文化教育政策的新趋势》中对荷兰与澳大利亚的多元文化教育进行了比较研究。作者认为，两国的多元文化教育政策都试图在保护少数族裔的文化特殊性与促进少数族裔对国家文化的认同之间获得平衡。在课程层面，两国都从以往关注族裔差异转而关注种族、性别、阶层和其他社会关系的交叉问题，以促进不同文化群体之间的理解与合作，进而消除差异。

对于澳大利亚多元文化的应用性研究还包括对澳大利亚图书馆的研究。张涛（2013）在《澳大利亚公共图书馆多元化服务述略》中说明，澳大利亚是多元文化图书馆最早兴起的国家之一。澳大利亚公共图书馆多元文化服务政策包括对新移民的服务政策、对土著居民的服务政策、对非英语文献与澳洲土著文献的收集与利用等。澳大利亚国家图书馆以收藏、保护和学术研究为主，而州立图书馆针对各个州的不同情况，满足本州居民在信息服务、文化教育、休闲娱乐等方面的需要。

二　澳大利亚少数民族研究

（一）澳大利亚土著研究

1. 土著艺术

澳大利亚土著艺术是澳洲大陆的一份奇异珍宝。作为全世界最古老的艺术形式，澳大利亚土著艺术展现了土著人的历史、文明，也赋予了澳大利亚人独特的身份认同。保罗·塔森（2012）在《祖先的世界》中描述了其在澳大利亚北部城市达尔文以东的卡卡杜国家公园考察岩画遗址的经历。保罗在当地土著人的带领下探寻掩藏在岩石背后土著居民的亡灵世界，通过对岩画图案的描述，讲述了有关渔夫纳摩罗多（Namorodo）、彩虹蛇（Rainbow Serpents）、美美（Mimi）神灵的传说，以及有关澳大利亚北部库文库（Kunwinjku）、嘎古杜（Gagudju）、嘎得比迷（Gundjeibmi）等土著祖先的传说故事。保罗认为，我们可以从这些对神灵世界的描绘中，窥视人类祖先的社会结构和秩序样态。黄立安（2012）对澳大利亚土著彩绘原木棺的传统、制作材料和工作做了详尽的说明。彩绘原木棺上的图案展现了土著人丰富绚烂的精神世界。作者通过对原木棺图案的解释、传说的叙述让我们看到土著艺术古老的传统、丰富的生命力和文化价值。在中国，越来越多的人开始关注、好奇、热爱土著艺术。李蕴慧（2013）对澳大利亚土著艺术的历史、形式、地域特点做了详细说明。土著艺术展曾在中国很多大城市美术馆进行，并引起观众的极大兴趣。文章对土著艺术进入大洋洲博物馆做以简略介绍，并探查了作为大洋洲原生土著艺术的澳大利亚土著艺术在澳大利亚博物馆内的现状。

在中国，有学者将澳大利亚土著艺术与中国的民间艺术进行比较研究，为我们带来跨时间、空间、文化的美的震撼。谢雱等（2013）在三篇文章中从三个角度，即审美方式、审美魅力与传承发展，对中国民间艺术与澳大利亚土著艺术进行了比较研究。文章认为，中国民间艺术与澳大利亚土著艺术的审美体验、审美原型、审美魅力不同，但都有着自己独特的审美方式，这些都植根于本土或乡土的文化中。作者认为两国政府都非常重视艺术的教育，均持有"生态式艺术教育观"。在中国，关键是要培育健全的文化土壤，建立整体的艺术教育观念；在澳大利亚，得益于多元文化主义政策，澳大利亚艺术教育国家课程标准中明确要求各地在编制艺术课程时要加入土著的历史文化。王静（2013）借鉴澳大利亚政府在多元文化政策方面的成功经验，对天津民间文化遗产保护提出了几点建议：利用政府扶持形成文化自觉、强调传承人在文化遗产继承中的专属权利、运用新形式扩大文化遗产的影响。

2. 土著教育

由于历史及土著文化传统（即土著文化传统与主流文化的差别，如不重视财富的积累）的原因，土著人长期受到排斥和歧视，也由于缺乏基本教育和工作技能，失业率居高不下（王建梁，梅丽芳2013）。21世纪以来，澳大利亚政府对土著人的职业教育给予特别关注，采取了一系列措施：开办土著专门职业学校，采用远程教学形式，加强职业教育与土著社区的联系，鼓励土著家长参与教育过程，聘用合格土著教师等。上述措施取得了一定的成效，也对中国少数民族职业教育带来了启示：提高双语教学质量，开展职业教育信息化建设，加强职业教育与少数民族地区实际情况的联系，加大宣传职业教育的力度，培养合格的少数民族教师等。房建军（2012）强调，澳大利亚土著语言是澳大利亚宝贵的文化遗产，但

其使用却日益缩减。为了保护和挽救土著语言，澳大利亚联邦政府及各州
政府都推出了土著语言政策及规划，以及澳洲语言恢复重建项目。在民族
教育方面，陈立鹏、张靖慧（2012）介绍了澳大利亚土著民族教育机会
均等政策的主要内容、特点及实施成效，认为澳大利亚土著教育机会均等
政策对我国少数民族教育法规建设具有借鉴意义。

（二）澳大利亚移民、华人研究

19世纪后期，澳大利亚建立了在英帝国体系下的"澳大利亚次帝国"，
但利益分歧的出现推动了澳大利亚民族主义高涨。高涨的民族主义促进了
澳大利亚联邦运动的发展，加快了政治现代化的进程，但同时，澳大利亚
对有色人种的偏见加深。澳大利亚的这种种族偏见最集中体现在对待澳大
利亚土著民和华人的态度上（张荣苏，张秋生2013）。也有学者认为，多元
文化主义政策在澳洲的实施并不成功。王腊宝（2013）在《边缘之声》中
介绍，20世纪70年代澳大利亚兴起了两个边缘批评流派：土著原住民文学
批评和移民文学批评。20世纪90年代，在白人右翼批评家的打击下，土著
原住民、移民两个文学批评流派的重要代表人物愤然离开，两种批评流派
黯然陨落，标志着澳大利亚实施多元文化主义政策的结束。

澳大利亚作为一个移民国家，多元文化共存是普遍现象。同时，新移
民政策使得澳洲社会文化多样性的特点更为突出。颜廷（2013）在《海
外移民与澳大利亚文化多样性的发展》中比较了2001年与2011年澳大利
亚人口普查数据，选取的数据包括：人口出生地（地区或国家）、族裔血
统、宗教信仰、语言习惯。作者在分析对比数据后得出了以下结论：20
世纪末澳大利亚移民政策全面转型，强调移民选择的技术标准，使得21
世纪初以来澳洲亚裔和其他非欧美裔移民所占比例越来越大，进一步推动
了澳洲社会文化多样性的发展。随着社会经济地位的变化，在澳华人已经
成为澳洲社会政治和经济生活中一个非常具有活力的组成部分。（高佳，
2013）

小 结

纵观2012—2013年澳大利亚多元文化的研究，我们可以看到多元文

化政策仍然是很多学者的主要研究方向，值得注意的是，多元文化政策的应用研究也吸引了很多学者。在对澳大利亚土著文化的研究中，中国少数民族文化与澳大利亚土著文化的对比研究是一个新的领域，尤其是在艺术比较方面。澳大利亚少数族裔的研究，包括土著人、华人与其他移民的研究，仍主要体现在多元文化大的背景下，少数族裔的生存状态以及社会存在两个方面。

参考文献

1. 保罗·塔森：《祖先的世界——澳大利亚土著岩洞与岩画世界》，李迪译，《内蒙古大学艺术学院学报》2012 年第 9 卷第 3 期。

2. 陈立鹏、张靖慧：《澳大利亚土著民族教育机会均等研究》，《比较教育研究》2012 年第 10 期。

3. 房建军：《澳洲土著语言政策规划研析》，《语文学刊·外语教育教学》2012 年第 7 期。

4. 黄立安：《灵魂的栖所：澳大利亚彩绘原木棺的制作工艺和精神世界》，《上海工艺美术》2012 年第 2 期。

5. 高佳：《澳洲华人的中产阶级地位及其参政诉求：2007 年大选以来的变化》，《华侨华人历史研究》2013 年第 3 期。

6. 冷慧、郭蕊、卢意：《澳大利亚民族和解中的感慨——以"澳大利亚日"为例》，《西华大学学报》（哲学社会科学版）2013 第 32 卷第 3 期。

7. 李蕴慧：《大洋洲土著艺术与博物馆——以澳大利亚国家博物馆为例》，《中国美术馆》2013 年第 4 期。

8. 刘晓波、战菊：《澳大利亚语言正常的发展变迁及其动机分析》，《东北师大学报》（哲学社会科学版）2013 年第 6 期。

9. 孙燕：《澳大利亚外语教育政策的演变发展及其启示》，《教育教学论坛》2013 年第 22 期。

10. 王春、王幼林：《美国与澳大利亚对华移民政策的差异及其成因（1820—1996）》，《乐山师范学院学报》2012 年第 27 卷第 6 期。

11. 王建波：《加澳多元文化政策的比较分析（1960—1990）》，《河南社会科学》2013 年第 21 卷第 7 期。

12. 王建梁、梅丽芳：《澳大利亚发展土著人职业教育的主要措施及其成效初探》，《民族高等教育研究》2013 年第 1 卷第 3 期。

13. 王静：《从澳大利亚土著文化保护看天津民间文化遗产的传承创新》，《沈阳工业大学学报》2013 年第 6 卷第 3 期。

14. 王腊宝:《边缘之声——当代澳大利亚土著文学与移民文学批评》,《解放军外国语学院学报》2013 年第 36 卷第 6 期。

15. 汪诗明:《论威特拉姆执政期间土著咨询机构的建立》,《华东师范大学学报》(哲学社会科学版)2013 年第 4 期。

16. 王俞:《澳大利亚幼儿园多元文化课程评价模式的启示与思考》,《北方文学》2012 年第 9 期。

17. 吴金光:《澳大利亚多元文化主义》,《今日民族》2013 年第 1 期。

18. 谢雱、李泽萍:《美术教育的神态意识——对中国民间美术与澳大利亚土著美术"生态式传承发展"的教育思考》,《艺术中国》2013 年第 11 期。

19. 谢雱、万君:《筚路蓝缕为圆梦——解读中国民间美术与澳大利亚土著美术传承发展的审美魅力及异同》,《艺术中国》2013 年第 1 期。

20. 谢雱、王佳薪:《一脉相承的民族群体审美方式——简论中国民间美术与澳大利亚土著美术的审美体验与审美原型》,《艺术中国》2013 年第 12 期。

21. 熊坤新、杨新宇、李乔杨、胡琦:《澳大利亚民族政策的嬗变及对我国民族政策的启示》,《西北民族大学学报》(哲学社会科学版)2012 年第 3 期。

22. 颜廷:《海外移民与澳大利亚文化多样性的发展——以 2001、2011 年人口普查数据为比较研究中心》,《学海》2013 年第 6 期。

23. 杨洪贵:《澳大利亚对混血土著的"血统改造"》,《历史研究》2013 年第 3 期。

24. 杨洪贵:《澳大利亚土著保护政策评述》,《苏州科技学院学报》(社会科学版)2013 年第 30 卷第 3 期。

25. 杨洪贵:《澳大利亚土著"注定灭绝"论初探》,《世界近现代史研究》2012 年第 9 辑。

26. 杨洪贵:《1937 年澳大利亚土著福利会议述评》,《西华师范大学学报》(哲学社会科学版)2012 年第 1 期。

27. 张荣苏、张秋生:《19 世纪后期澳大利亚"次帝国"的建立及其影响》,《西华大学学报》(哲学社会科学版)2013 年第 32 卷第 5 期。

28. 张涛:《澳大利亚公共图书馆多元化服务述略》,《山东图书馆学刊》2013 年第 6 期。

29. 张越:《国外多元文化教育政策的新趋势》,《世界教育信息》2012 年第 4 期。

30. 张维忠、岳增成:《澳大利亚数学课程中的文化多样性及其启示》,《外国中小学教育》2013 年第 11 期。

第 四 编

专题研究篇

第十一章

从《国防白皮书》透视澳大利亚
对华政策新动向

《国防白皮书》（以下简称《白皮书》）是一国对自身防务政策的公开表述，能够透射其如何看待自身所处的战略环境，如何应对面临的挑战和威胁，以及如何处理同主要国家或地区之间的关系。2013 年 5 月 3 日，澳大利亚总理吉拉德和国防部长史密斯正式公布了澳大利亚 2013 年《国防白皮书》，《国防白皮书》作为澳大利亚政府对外政策的纲领性文件，与此前发布的《亚洲世纪中的澳大利亚》白皮书（2012 年 10 月发布）及《国家安全战略》（2013 年 1 月发布）一起构成了指导新时期澳大利亚对外政策、繁荣经济的综合性战略方针，代表了新时期澳大利亚政府最新战略布局以及对外安全和外交政策的最新动向。对比 2009 年及 2013 年澳大利亚《国防白皮书》有关中国的内容，不难发现，时隔四年，澳大利亚对华政策发生了转变。本文基于 2009 年与 2013 年新旧《白皮书》内容对比，分析澳大利亚对华政策调整背后的原因及对中澳关系长远发展可能产生的影响，以便为相关部门决策提供参考，为中澳关系相关研究提供借鉴。

一　2009 年和 2013 年澳大利亚《国防白皮书》中
有关对华政策的内容比较

2013 年澳大利亚《国防白皮书》共 13 章，内容涵盖澳大利亚的战略环境、战略选择、国防建设、防务合作、国防预算、科技发展、未来目标、人力资源、国防工业改革等方面，其中第 2 章至第 7 章较多内容涉及中国。与 2009 版《白皮书》传递的澳大利亚政府对于中国军力增长的

"担忧"，及视中国为"威胁"相比，新版《白皮书》对华态度较为友好，不再将中国视为"威胁"，而是欢迎中国崛起并肯定中国在促进亚太地区发展中所发挥的重要作用。综观新版《白皮书》在涉华内容上主要有以下变化：

首先，对于亚太地区的安全与稳定，2009 版《白皮书》指出："尽管概率不高，亚太地区的主要大国间仍然有可能爆发地区冲突。"（Department of Defence，2009）。而澳大利亚政府在新版《白皮书》中认为短期内不太可能爆发大规模冲突，并强调中美在某些领域的竞争不可避免，中美两国关系将保持建设性关系，既有竞争又有合作。澳大利亚"不需要在中国和美国之间选边站队"（Department of Defence，2013）。

其次，在地区维稳机制方面，2009 版《白皮书》指出，澳大利亚反对任何国家在亚太地区使用武力胁迫其他国家，对此类国家应进行政治、经济、军事遏制。而新版《白皮书》则强调澳大利亚主张建立地区对话机制来实现亚太地区和印度洋——太平洋地区的和平，通过东亚峰会和东盟机构与本区域内国家进行多边合作。

再次，在对待中国崛起的态度方面，2009 版《白皮书》通过分析中国崛起对澳大利亚的启示作用，折射出澳大利亚对中国军力增长的"担忧"——"中国军队现代化的速度、幅度和结构有可能为周边邻国带来隐忧。如果中国不向别国解释其军队现代化的原因，区域内国家会怀疑中国的长期目标，特别是当中国军队的现代化程度超过了解决台湾问题所需的程度"（Department of Defence，2010）。而澳大利亚新版《白皮书》肯定中国经济发展为澳大利亚及全球其他国家做出了积极贡献。面对中美竞争及中国崛起，其表示不会将中国视为对手，相反，其政策旨在鼓励中国和平崛起以及确保该地区的战略竞争不会导致冲突。明确表示"欢迎"中国崛起并肯定中国在促进亚太地区发展中所发挥的重要作用。而对于近期中国同周边国家在南海和东海的领土争端问题，《白皮书》措辞也很中立，认为领土争端可以通过地区组织内部外交途径解决；对于中国跟菲律宾、越南等国领土纠纷，新版《白皮书》只是提到"东南亚各国感觉到了中国的崛起，该地区中国和越南、菲律宾、马来西亚和文莱对海洋领土有争议"（Department of Defence，2013）。可见澳大利亚在涉及中国领土争端问题上的谨慎态度。

二 2009 年澳大利亚《国防白皮书》
叫嚣"中国威胁论"的背景

2009 年 5 月，堪培拉发布的《国防白皮书》声称，中国军事现代化引起邻国担忧，将中国崛起作为澳大利亚大规模扩充军备的借口，并指出："维持本地区稳定的最佳策略是美国与日、韩、印度、澳等国的同盟和安全伙伴关系网络得以持续，并且美国在西太平洋保持相当可观的军力存在"。"在 2030 年之前，尤其是在亚太地区，不排除在大国间发生高强度战争的可能性。"（Department of Defence，2009）更有甚者，在澳大利亚国防决策人员、部分智库高级研究员和情报分析部门人员中存在这样的观点："鉴于中国军力的快速增长，应对中国实行遏制和围堵政策。"（喻常森，2010）此言论一出，舆论一片哗然。另据维基解密披露，2009 年陆克文曾向美国政府提议把中国纳入国际社会，并做好制华手段失效时对华实施武力打击的准备；同时指出，倡议建设亚太共同体的目的，是为了凸显美国在亚洲的霸权地位，并削弱中国的影响（Daniel Flitton，2010）。澳大利亚对亚太政治格局嬗变的焦虑，借由焦虑驱动联美制华的战略思维跃然纸上。种种论断的背后，澳大利亚政府是否真正认为中国的发展已经打破地区战略平衡以致威胁自身安全？其叫嚣"中国威胁论"背后的原因是什么？又为中澳关系良好发展势头蒙上哪些阴影？

（一）亚太政治格局演变导致对华战略的焦虑感

1972 年中澳建交伊始，双边贸易额仅 8655 万美元。多年来，中澳双边贸易稳步增长，截止到 2007 年，澳大利亚成为中国第九大贸易伙伴，中国则是澳大利亚第一大贸易伙伴，第一大进口来源地，第二大出口市场。2008 年中澳双边贸易额达到 596.6 亿美元，占澳大利亚贸易总额的 13%。2009 年尽管遭遇全球金融危机，但中澳两国贸易额还是增长了 30%，达到 830 亿美元。（徐一帆，2010）在全球经济复苏形势不明朗，传统欧美市场需求持续疲软的背景下，澳大利亚成为中国前 10 大贸易伙伴中，在国际金融危机严重冲击下，唯一一个双边贸易保持持续增长的国家。然而，光鲜的数据、持续扩大的经济互补和依存关系，掩藏不住澳大利亚在安全上对中国崛起的"隐忧"。据洛伊国际战略智库发布的澳大利亚国内民调显示，2009 年，在认同中国崛起的 95% 的民众中有 50% 的人认为中国在澳大利亚投资太多，应该加以限制；甚至有 41% 的人认为，未来 20 年中国可能对澳大利亚构成军事威胁（Andrew Shearer，2010）；澳大利亚智库洛伊学院也发表报告称中国的战略意图是利用其强大的经济影响力增加其在中澳自贸谈判中的筹码，以实现其外交政策目标。媒体对中国崛起的各种负面报道及民众从众心理的推波助澜，一时间，"中国威胁论"在澳大利亚甚嚣尘上，中澳自由贸易协定谈判也在良好发展势头下一度"搁浅"。在 2009 年《国防白皮书》对华政策阐述中，陆克文政府延续了这一舆论导向，其初衷不乏工党对于执政地位稳定性和持续性的考虑。

（二）战略上为追随美国采取"萧规曹随"策略

金融危机背景下澳大利亚对地区安全和稳定隐忧，战略上采取追随美国的"萧规曹随"策略。20 世纪 90 年代冷战结束以后东亚地区的经济优势和安全优势逐渐由中美两国分享，很容易引起两国互疑和竞争，尤其是美国对于中国崛起的担忧，担心中国的经济优势转化为军事优势和安全优势，进而挑战美国的霸权地位。美国政府所推行的"战略东移"和"重返亚洲"政策，被看做是应对中国崛起的重要战略调整。（楚树龙，2012）2008 年，由美国次贷危机所引发的金融危机对全球经济产生了强烈冲击。美国经济持续萎靡，多极化格局逐渐凸显，国际政治经济格局发生显著变化，以中国为代表的新兴国家危机处理得当，所受影响相对较小，经济持续增长。随着中国实力的不断上升和美国战略东移力度的不断增强，中美竞争很可能逐渐朝着政治、经济、军事、文化等多领域深层次发展。进入 21 世纪，中国与日本、越南、菲律宾等国家领土争端问题突然升级，其原因不乏美国"战略东移"和"重返亚洲"政策背后对中国周边国家的支持。同时，澳美同盟的紧密程度不断加强，合作内容涉及反导系统、反恐、联合军演等各方面，中美竞争越来越成为东亚国际关系的突出特征，澳大利亚作为美国的政治与安全盟友，确保美国在亚洲的霸权地位可为澳和平、繁荣发展提供基本保障。可以说，澳大利亚在对华战略上基本是"萧规曹随"，长期随着美国对华关系的步调而起舞。陆克文政府的思维是"一个没有美国存在、而受中国主导的亚洲令人担忧，因而，要鼓励美国继续担当亚洲安全的领导，阻止中国主导亚洲，控制亚洲"（侯敏跃，2011）。

此外，2009 年澳大利亚出版的《国防白皮书》将中国视为地区发展的威胁，直接叫嚣"中国威胁论"，其有意营造的氛围也为中澳关系的良性发展蒙上了阴影。一时间，澳大利亚国内高涨的制华情绪致使中国在澳投资项目遭遇限制，尤其是中国中铝公司向澳大利亚力拓矿业巨头注资 195 亿美元增持其股份，最后因力拓单方面毁约导致合作戛然而止，随后，中方依法拘捕涉嫌商业间谍罪的力拓在华铁矿销售代表胡士泰等人，指责澳大利亚力拓、必和力拓，巴西淡水河谷三大矿企垄断国际铁矿市场，使我国钢企成本因矿价飙升而剧增，对经济整体运行的稳定性和安全性产生冲击。一时间，各种负面报道和评论充斥媒体，引发中澳两国在谁威胁谁问题上的相互批评和指责，侵蚀着彼此多年合作互利共赢沉淀的好感，中澳关系逐渐跌入低谷，高层互访一度中断，中澳双边贸易及相关合作项目也一度搁浅。

三　2013 年澳大利亚《国防白皮书》欢迎中国崛起的背景

面对中美两国全面竞争及中澳关系发展的波折，澳大利亚政府逐渐意识到提高斡旋中美矛盾、减小中美冲突风险能力的重要性。一方面要巩固澳美政治与安全同盟以获取政治利益，另一方面要发展对华经济战略伙伴关系以获取经济利益。2009 年 10 月，澳大利亚外交部长史蒂芬·史密斯曾强调："尽管澳中在一些问题上存在争议，但是澳中有着长久和广泛的战略利益，澳中关系具有不可估量的发展潜力。"（Garnaut, J. and B. Nicholson，2009）在澳方有意营造的友好氛围下，时任国务院副总理李克强于 2009 年 10 月对澳大利亚进行了友好访问，中澳双方发表了《中澳联合声明》。这是两国自 1972 年建交以来第一次联合发表涵盖政治、经济、人文、外交等多个方面的综合性指导文件。此后几年，双方政府高层领导互访频繁，进一步探讨巩固中澳全面合作关系的途径，并签署了涉及金融、科技、服务等多领域的合作协议。特别是 2013 年 4 月海南博鳌论坛期间，双方政府正式建立了互信、互利、共赢的战略伙伴关系。随后国务院总理李克强在北京与吉拉德会晤期间，双方高度评价了中澳关系及其发展前景，决定正式启动两国总理年度会晤机制，成为两国关系新的里程碑。

2013 年 5 月，澳大利亚政府发布的《国防白皮书》，大幅调整了 2009 年《白皮书》的安全和外交政策，其中引人注目的是明确表示不再将中国视为"威胁"，而是欢迎中国崛起并肯定中国在促进亚太地区发展中所发挥的重要作用，同时认为中美两国在某些领域内竞争不可避免，其不需要在传统盟友美国以及关系日益密切的战略伙伴中国之间做出选择，等等。澳大利亚对华关系的战略调整，背后也有较为复杂的战略背景。

（一）改善对华关系是澳大利亚政府巩固执政地位的需要

2013 年是澳大利亚领导人换届大选年，自由党和澳工党历来在争夺澳执政权上斗争激烈，能否有效制定顺从民意的战略政策，博取民众相关支持是获取执政权和执政地位的重要途径和方法，2013 年 5 月澳大利亚政府公布的《国防白皮书》中有关中国政策的调整就不乏澳工党为巩固执政地位而采取的政治手段。澳大利亚国内无党派倾向的洛伊国际政策研究所（Lowy Institute for International Policy）自 2003 年起每年都会发布民意分析报告。其民调意向作为澳政府制定政策的重要参考依据，在澳国内具有重要影响力。在 2010 年、2011 年和 2012 年的民意报告中，超过60% 的民众认为，相对于澳政府出台有关经济的宏观调控政策，中国对于澳大利亚资源方面的拉动需求才是澳大利亚在全球金融及欧债危机中保持持续增长的主要原因。在有关"中国军事威胁"的调查中，约 55.5% 的受访民众认为短期内中国不会成为澳大利亚的军事威胁。只有大约 41%的澳民众担忧"中国军事扩张"。同时应该注意到，认为中国不可能成为澳军事威胁的受调民众由 2010 年的 52% 上升到 2012 年的 58%，同时，认为中国可能成为澳军事威胁的民众比例也从 46% 下降到 40%。由此可见，逐步有更多的澳民众不相信"中国军事威胁"这一论断。澳大利亚国防部长斯蒂芬·史密斯曾表示，澳大利亚对于中国加强军事力量建设既不感到惊讶也不感到担忧，随着中国经济实力的增强，中国有权推进其军事现代化建设，澳大利亚对此充分理解，只要中国对其战略意图保持透

明，澳大利亚就不会感到担忧。（澳大利亚国防部长，2012）

（二）调整对华关系是吉拉德政府对陆克文政府外交策略的反思和修正

2009年陆克文政府发表的《国防白皮书》推动了"中国威胁论"。无可厚非，作为澳大利亚的第一大贸易伙伴，存在一定的竞争关系是正常的（Manicom, J. and A. O'Neil, 2010），但直接视中国为"威胁"似乎过于主观臆断和偏激，此举也引发中澳双方质疑，经贸合作关系发展一度受阻。陆克文政府出台此言论显示了其对中国崛起的忧虑，但似乎澳政府忽略了中澳贸易关系的不对称性。中国的经济发展需要澳大利亚的大宗类资源，但是其多元化投资却可以确保不过分依赖澳大利亚。（马克·比森、李福建，2012）此外，2008年陆克文曾主张组建"亚太共同体"，因不太切合实际而广受民众质疑。事实上，吉拉德政府上台后，微调了对华政策，将"中国威胁"淡化为"一定程度的竞争"，并有意提升中澳战略合作，"修补"中澳关系。

（三）改善对华关系是澳大利亚经济长期繁荣发展的需要

建交以来，中澳双边贸易稳步增长，中国从澳大利亚进口的主要产品有铁矿石、煤炭、石油及其衍生品、羊毛、有色金属、粮食和水产品等，中国已经成为澳大利亚大宗类产品的重要出口市场，特别是澳大利亚出口到我国的铁矿石迅速增长，到2011年澳大利亚对中国铁矿石出口额达到440亿澳元。而中国对澳大利亚出口的主要产品有机电产品、纺织品、家具及工业用品等。早在2007年，中澳双边货物进出口总额达到438.5亿美元，澳大利亚成为中国第九大贸易伙伴，中国成为澳大利亚第一大贸易伙伴，第一大进口来源地，第二大出口市场。至2013年，中国已经成为澳大利亚第一大贸易伙伴，第一大进口来源地和第一大出口市场，并成为澳大利亚第一大服务贸易出口市场。中国市场对澳大利亚相关产品需求强劲，有力促进了澳大利亚的经济发展，同时，中国外汇储备丰富，中国企业对澳投资兴趣浓厚，截止到2012年底，中国对澳大利亚各类投资超过400亿美元，澳大利亚已经成为中国企业重要的投资国。2013年5月时任澳大利亚总理的吉拉德访华期间，中澳签署了16亿美元有关中国神华在澳开发风电项目以及中国五矿斥资15亿美元在澳开发铅锌银矿的协议。

在国际金融危机和欧债危机的严重冲击下，澳大利亚成为中国十大贸易伙伴中唯一保持双边贸易稳健增长的国家，也是经济合作与发展组织中唯一没有陷入衰退的国家，且在 2012 年，澳大利亚也顺利超越西班牙晋升为全球第十二大经济体。澳大利亚政府 2012 年 10 月颁布的《亚洲世纪中的澳大利亚》明确指出，如果澳大利亚能够抓住亚洲崛起的难得机遇，搭乘中国经济发展的顺风车，到 2025 年，澳大利亚人均 GDP 将从目前的 6.2 万澳元增长到 7.3 万澳元。一旦澳大利亚执意助长"中国威胁论"，甚至采取手段遏制中国和平崛起，中澳关系将出现波折，将影响双边贸易及投资。2009 年因澳大利亚单方面终止合约的中澳力拓案件暨由此引发的一系列连锁效应就是最好的佐证。基于中国和平崛起的事实及澳大利亚经济长期繁荣发展对中国的依赖，澳大利亚有必要营造一种友善的氛围，尊重彼此的核心利益和重大关切，为中澳战略伙伴关系的进一步发展特别是在深化经贸合作中追求共赢创造机会。

（四）改善对华关系是澳大利亚实现亚太战略目标的需要

随着欧洲经济一体化的推进和北美自由贸易区的建立，英国加入了欧盟，摒弃了澳、新，美国的贸易保护主义也一度将澳排斥在外，加之 20 世纪 70 年代开始，以东亚为代表的亚洲经济的快速发展及其未来广阔的市场及巨大发展潜力，两方面原因共同促使澳大利亚迫不及待地在地缘临近的亚洲寻找新的战略支撑点及缔结新的贸易伙伴。（周立冰，2013）澳大利亚自 20 世纪 90 年代提出了"面向亚洲"和"融入亚洲"的口号，其亚太战略可以概括为：以东亚为重心，积极推动亚太经济合作组织（APEC）和东盟地区论坛进程，提高澳大利亚在国际上的地位，尽快融入亚洲，以东亚蓬勃的经济带动澳大利亚经济的持续发展。（孙晖明，1997）20 世纪末，中国在维护地区经济秩序的作用越来越明显，截止到 2012 年，中国已经成为周边 11 个国家最大的贸易伙伴。同时，中国作为世界第二大经济体、亚太地区多边合作机制中最重要的国家之一，以及世界范围内有重大影响力的国家，在联合国、东亚峰会、亚太经济合作组织、东盟地区论坛、上海合作组织、六方会谈等组织中处于核心领导地位。基于美国传统的霸权地位，以及随着美国政府所推行的"战略东移"和"重返亚洲"政策，在东亚地区，中美两国分别在经济领域和安全领域占据优势，形成了二元格局。（周方银，2012）随着中国实力的不断上升以及美国战略东移力度的加强，中美竞争很可能朝着全面和深入方向发展，在政治、军事、经济、文化等各个方面展开。在 2013 年澳大利亚政府公布的《国防白皮书》中，澳大利亚对华政策的阐述明确指出不会在中美之间选边站队，而是会基于全方位考虑处理澳中关系，一方面是在强调澳大利亚政府对于澳中关系的重新审视以及澳大利亚开展独立外交政策的战略思考；另一方面，也折射出了澳大利亚基于自己的安全和经济等核心利益，面对中美两国的全面竞争，体现出自身斡旋中美矛盾、减小中美冲突风险能力的平衡外交能力。2012 年 10 月，澳大利亚政府公布了《亚洲世纪中的澳大利亚白皮书》，描绘了一幅澳大利亚融入亚洲世纪的宏伟蓝图。基于以上分析，若澳大利亚要融入亚洲并在该地区发挥其影响力，处理好与中国的关系对于其实现亚太战略目标至关重要。

此外，2013 年澳大利亚《国防白皮书》传递出对华政策的积极调整，其有意营造的友善氛围也为中澳关系的"曲折"发展带来了新的机遇。2013 年下半年，两国高层领导人频繁互访，积极推动了涉及资源能源、基础设施、金融、节能环保、生物医药等新兴领域的多元化经贸合作，促进了涵盖教育、旅游、科技等人文领域的交流和合作，全面深化了全球战略伙伴关系，为中澳关系注入了新动力。2013 年 10 月国家主席习近平在印度尼西亚巴厘岛会见澳大利亚总理阿博特，双方表示将共同致力于巩固两国关系的互信、经贸、人文、安全四个纽带，并将积极推动两国在自由贸易协定谈判、二十国集团、亚太经合组织等方面的协调合作。特别是 2014 年 3 月 6 日，澳大利亚作为首任特邀贵宾国出席了第 11 届中国—东盟博览会，标志着东盟从"10 + 1"紧密合作向"10 + 6"全面拓展的跨越，对于发挥中国和东盟同世界其他经济体合作交流的桥梁作用，扩大中国—东盟作为一个整体在世界的影响力，为中国和东盟参与全球经济合作提供了更广阔的商机。

四　结语

中国与澳大利亚自 1972 年建交以来，两国关系发展虽然历经"曲折"，但整体较为平稳友善，目前已发展成为战略伙伴关系，并成为亚太地区最重要的双边关系之一。2009 年陆克文政府颁布的澳大利亚《国防白皮书》，在政治上鼓噪"中国威胁论"，个中原因，既不乏陆克文政府对东亚格局演变的政治焦虑，也有陆克文政府基于澳美同盟关系及自身核心利益，随美国"战略东移"和"重返亚洲"策略而作出的战略策应。当然，这也折射出了当时澳大利亚政府对中国崛起事实的担忧以及陆克文政府提出的"中等强国"外交策略。2013 年吉拉德政府发布的澳大利亚《国防白皮书》是新时期澳大利亚对华政策的重要转折点。在美国全球战略收缩之际，吉拉德政府向外界表明了澳大利亚核心利益所在和国家发展战略：澳大利亚经济的长期繁荣发展离不开亚洲特别是中国这个新兴经济体，维系繁荣稳定最好的方式是通过地区内多边协商机制。其对华政策调整背后的原因，既有吉拉德政府顺应民意巩固执政地位的需要，也有澳大利亚为经济长期繁荣发展以及实现亚太战略对中国的客观需要。

澳大利亚政府在全球经济复苏形势尚不明朗，传统欧美市场持续疲软的背景下，搭上中国和亚洲崛起的"便车"几乎在意料之中，澳大利亚政府务实外交还体现在坚持"不在中美竞争之间选边站队"的独立外交政策以及提倡发挥"东亚峰会"和东盟机构作用的多边主义合作机制上。从前两届政府外交政策可见，澳大利亚对华外交策略整体基调温和，虽曾有宣扬"中国威胁论"等鹰派作为，强调在政治上牵制中国，但在经济上澳大利亚对中国十分依赖。

新上任的总理阿博特在竞选之初就表示了其外交政策重点，即把亚洲关系放在第一位，并反驳了澳工党有关"中国威胁论"等言论，打出"对华经济牌"，其对中国的青睐似乎证实了中国国际地位的提升，但实际上澳大利亚与英美的传统盟友关系不会改变，相比于前任政府的对华现实主义外交政策，中澳关系或将打破温和状态，开启更为友好的新篇章。

参考文献

1. 澳大利亚国防部长：《中国有权加强军事力量建设》，《国际在线》2012 年 11 月 11 日，http://military. china. com/important/64/20121111/17521679. html。

2. Andrew Shearer, "Sweet and sour: Australian public attitudes towards China", Sydney: Lowy Institute for International Policy, Analysis, August 2010, p. 6.

3. 楚树龙：《美国全球和亚太战略调整及对中国影响》，《国际关系学院学报》

2012 年第 4 期。

4. Department of Defence，"2009 Defense White Paper"，Commonwealth of Australia，2009，pp. 21，34，43.

5. Department of Defence，"2013 Defense White Paper"，Commonwealth of Australia，2013，pp. 9，32，65.

6. Daniel Flitton，"Rudd the butt of Wikeleaks expose"，Sydney morning Herald，6 December 2010.

7. Garnaut，J. and B. Nicholson，Warm welcome signals diplomatic thaw，The Sydney Morning Herald，2009.

8. 侯敏跃：《后冷战时期澳大利亚对华政策和态度中的美国因素》，《历史与教学问题》2011 年第 6 期。

9. Manicom，J. and A. O'Neil，Accommodation，realignment，or business as usual Australia's response to a rising China，The Pacific Review，2010，23（1）：23 - 44.

10. 马克·比森、李福建：《中澳关系：地缘政治抑或地缘经济》，《国际问题研究》2012 年第 3 期。

11. 孙晖明：《澳大利亚的亚太战略》，《当代亚太》1997 年第 2 期。

12. 喻常森：《澳大利亚对中国崛起的认知和反应》，《当代亚太》2010 年第 4 期。

13. 徐一帆：《中国贸易外经统计年鉴》，中国统计出版社 2010 年版。

14. 周立冰：《国内关于澳大利亚的亚洲政策研究综述》，《哲学政治》2013 年第 8 期。

15. 周方银：《中国崛起、东亚格局变迁与东亚秩序的发展方向》，《当代亚太》2012 年第 5 期。

第十二章

澳大利亚高等教育国际化政策的
变迁及其成效分析

澳大利亚高等教育的发展同世界许多其他国家相比，属于较晚的，但是澳大利亚高等教育发展十分迅速，其国际化高等教育的发展更是得到了世界人民的认可。第二次世界大战之后，澳大利亚有了自己的教育体系。但是，国际化高等教育基本没有突出表现。20世纪60年代之后，澳大利亚高等教育进入了较快的发展时期，随着"科伦坡计划"的颁布，澳大利亚也开始通过对东南亚、南亚国家提供技术、资金援助等，一定程度开始发展了本国的跨国高等教育。20世纪80年代末更是进入了高等教育大众化发展阶段。此时的澳大利亚国际化高等教育更加注重自身的质量，国际化高等教育进一步市场化、国际化。到了21世纪，澳大利亚高等教育更加重视国际化发展，成为了世界高等教育国际化水平位居前列的国家。

一 澳大利亚以援助为主的高等教育国际化政策
——"科伦坡计划"（二战后至20世纪60年代）

（一）"科伦坡计划"实施的动因

澳大利亚是英联邦成员国之一，一直受到英国的庇护。但是，二战后，英国虽然打败了法西斯，却失去了自己以往殖民帝国的优势，美国渐渐取得了战后世界的领导权，而此时的亚太地区则进行着轰轰烈烈的民族解放运动。面对新的国际形势，澳大利亚为了获得生存发展，一改以往单纯依靠英国的政策，开始倾向于依靠美国，同时，加强与亚太地区各国的联系合作。而此时，英联邦倡导的"科伦坡计划"正是希望通过向亚太地区提供援助来巩固其统治，所以，澳大利亚积极实施了此计划，以此来改善其在亚太地区的形象，与亚洲各国建立良好的外交关系。

当时的亚洲相对落后、贫穷，在澳大利亚政府看来，最好的支援帮助方式就是向亚洲地区国家提供资金与技术支持，发展教育事业，为亚洲国家的发展提供最需要的人才支持，从而改善亚洲的经济和政治状况。当然，帮助亚洲不是此项计划唯一的目的，澳大利亚还希望通过这些援助，稳固英联邦在亚太地区的威望，发展友好的外交关系。

（二）"科伦坡计划"中高等教育国际化的内容

"科伦坡计划"的主要内容有两个：一个是提供技术援助，另一个是提供资金援助。其高等教育国际化政策的内容主要体现在技术援助方面。通过为亚太地区派送专家，提供专业指导，为亚太地区的发展培养储备专业人才。此外，澳大利亚拨出资金为在澳大利亚大学学习的亚洲学生提供奖学金支持，但对赴澳留学的海外学生人数进行严格控制。到1954年底有600名以上来自东南亚的学生根据"科伦坡计划"领取补助金在澳大利亚各大学学习，同时有97名澳大利亚专家被派往东南亚各国服务。到1962年，"科伦坡计划"资助的学生多达1000人，其中2/3可进入大学进行学习。到1986年，澳大利亚共派出了1500名以上专家，并接受了来自非洲、亚洲和太平洋地区的，由"科伦坡计划"资助的9400名学生和受训人员。（张军，2010）

（三）"科伦坡计划"的成效

"科伦坡计划"实施以后，澳大利亚同亚太地区的来往有了良好的开始，该计划对南亚、东南亚地区的政治经济发展起到了极大的促进作用，因此，密切了澳大利亚同这些受援国之间的关系。亚洲国家也依靠此计划完成了许多发展项目，培养了许多有知识、有技能的人才。在这一计划的帮助之下，东南亚国家在农业科技、电力、环境保护、交通建设以及医疗保护等方面都取得了巨大的进步和发展，国家的各项自然资源得到了合理充分的开发和利用，人民生活水平明显提高，粮食产量大大增加，国民人均收入明显增长。

通过"科伦坡计划"澳大利亚接受了很多来自亚太地区的学生。为了给这些学生提供更多的学习机会，澳大利亚要求学校增设课程，建立更多的院校来满足他们的学习需求，这样的模式也使得澳大利亚的教育取得了巨大发展，医学、工程和农业领域的教育做得很突出。这项计划成为澳大利亚同各国交流学生的开端，改变了澳大利亚一直存在的种族歧视政策，使更多的人接受了教育。

而对于南亚、东南亚地区来说，这一计划确实为国民提供了良好的受教育机会，培养了一批有知识、有技术的人才，对于本国经济、教育的发展有着深远影响。

二 澳大利亚高等教育产业化的开始
——道金斯改革(20 世纪 70 年代至 80 年代末)

(一) 道金斯改革的动因

20 世纪 70 年代，世界格局出现了新的变化，资本主义世界出现了美、日、西欧三足鼎立的局面。从 20 世纪 70 年代中期开始，世界经济进入了萧条时期，各国经济发展缓慢甚至出现了停滞，就业率低下，通货膨胀率提升。按照"新自由主义"理论，许多国家开始采取措施减少政府支出，各国政府也开始减少对教育事业的支持与援助。在"新自由主义"思想的指导下，认为教育由政府投资的状态可以转变为通过市场和个人来集资的状态，坚信市场总是正确的，反对对教育进行过多的干预。80 年代初，撒切尔夫人和里根就引"新自由主义"为国策，英国也因此启动了激烈的教育市场化改革。为了减少政府的开支，减轻压力，澳大利亚联邦政府也开始着手对教育进行改革，最具代表性的便是 1988 年道金斯对高等教育进行的改革。

(二) 道金斯改革中主要的国际化高等教育政策内容

其改革的主要内容是：第一，合并院校。这也是道金斯改革的核心内容。通过合并大学与高级教育学院，结束了之前的"双轨制"高等教育发展模式。具体办法是，规模小、学生人数少、未来增长或发展可能性不大的高等教育机构可以选择合并，这种合并主要出于自愿。第二，改变联邦政府的资助支援方式。制定了教育的优先发展领域，根据各高校的发展状况和绩效水平进行资助。第三，改革大学的管理体制。20 世纪 80 年代，联邦第三级教育委员会因为反对联邦政府的一些政策，与政府产生了冲突被解散，取而代之的是就业、教育与培训部（DEET）。第四，保障高等教育的公平性。因为在此之前，妇女、低收入家庭所享受的高等教育利益相对来说比较少，道金斯改革则希望可以为所有人提供公平的受教育机会。

1974 年澳大利亚联邦政府取消高等学校收费制度，留学生可以不用缴纳费用。但到 1979 年，澳大利亚开始实施《外国留学生收费条例》，规定留学生必须交纳培养成本的 1/3 费用，其主要内容有：（1）不再严格规定海外留学生只能有 1 万名的人数限制，并根据外交和国家关系的密切程度向未建交的国家提供留学生配额。（2）要对留学生收取签证费用，约占大学经费总额的 10%。（3）要求所有海外留学生在澳洲完成学业后，至少回国工作两年后才能申请移民澳大利亚。1987 年的《高等教育：政策讨论稿》第一次提出教育是一种产业的观点，联邦政府不能再把自己的角色定位为高等教育和培训服务的主要资助者，而应该把自己定位为高等教育经费资助的合作伙伴，联邦政府倡导高等教育机构扩大资金来源和途径。1988 年澳大利亚政府取消了学生资助项目，规定所有海外学生必须缴付所有培养费用。

（三）道金斯改革的成效

留学教育成为澳大利亚第三大服务贸易产业。大学整体精神气质也发生了变化。自此，竞争无所不在，以往接受政府供养的历史彻底终结，大学必须时刻关心自己的入学率、教学质量、科研成果，以获得更多的竞争性资金。

道金斯改革的另一成果是，高级学院全部升级为大学。全澳 70 余所大学或学院被整合和重组为 39 所大学，双轨（大学和高级学院）转为单轨（大学）。可是改革也存在严重问题。大学和学院纯粹为了得到政府的支持而合并，过多注重学校的规模，却一定程度上忽略了教育教学质量。在只有竞争才能得到政府资助的机制下，各机构都按照联邦政府的要求，改变自己的规模、体制，各教育教学机构日趋相同。到了 20 世纪 90 年代，如何处理高等教育发展过程中的教育机构的趋同化以及数量与质量问题成了教育改革面临的主要问题。

三　注重高等教育质量的发展阶段
——《海外学生教育服务法》与教育质量保障机构
（20 世纪 90 年代）

（一）海外教育服务法实施与教育质量保障机构成立的动因

20 世纪 90 年代，随着经济全球化趋势的日渐增强，科技的迅速发展加快了信息时代和知识社会的到来，国际化趋势也逐渐增强，世界上许多国家高等教育进入了大众化阶段。但随着大学人数的增加，质量问题便日渐突出。因此，此时的世界各国加快了教育国际化的步伐，也相应地更加注重高等教育的质量。

随着高等教育的日益发展，留学人数的日渐增多，澳大利亚的教育事业为国家发展带来了相当的财富，也因此面临着巨大的压力，那就是如何保证教育质量的问题。

90 年代以后，海外学生服务也出现了很多问题，为此，联邦政府制定了海外学生服务法。澳大利亚是世界上唯一一个以立法形式《海外学生教育服务法》（ESOS）来保障海外学生权益的国家（荣军、李岩，2012），同时，还设立一些专门的机构，如澳大利亚国际教育基金会、澳大利亚大学质量保障署等，为海外学生提供最完善的教育保障。

（二）海外学生服务法及教育质量保障机构的国际化教育内容

1991 年，联邦政府发布了《海外学生教育服务法》。法案共分为 20 个部分，此法案的核心内容是对海外学生课程的登记，法案规定了高等院校开设课程的条件，规定开设课程所在的州或者地区要对课程给予认可。1997 年，在此服务法的基础上澳大利亚又出台了《海外学生教育服务法（1997）》，此法是针对那些为海外学生提供学校和课程的机构而制定的。

1991 年和 1997 年的这两个海外教育法案主要内容集中在课程认可和登记、费用收取等方面。随着澳大利亚海外学生的迅速增加，高等教育出现了很多现实的问题，而这两个法案没有针对这些实际的问题作出具体的回答。为了更进一步保障海外学生的利益和权益，促进海外教育健康发展，增加国家经济收益，联邦政府于 2000 年出台了《海外学生教育服务法（2000）》（崔爱林，2011）。该法案具有以下特点：

第一，对提供海外课程的机构和留学生进行管理。法案规定，只有通过联邦政府和各州审核的学校，才能招收海外学生，对于那些擅自招收学生或者任何违反有关行业规定的机构，各州政府要及时调查并采取有效措施，并把情况通报给联邦政府备案，如果州政府行动不力，联邦政府有权直接进行处理和解决。

第二，增加了维护学生利益的条款。保护学生的经济利益是《海外学生教育服务法（2000）》的主要特征，以前的海外学生服务法在这些方面规定得不太详细，《海外学生教育服务法（2000）》对此进行了细化，分别从学生的学费保障、基金保障和学费退还等几个方面进行了规定。

第三，制定了一些有关违法行为的条款。与以往海外学生服务法不同的是，澳大利亚《海外学生教育服务法（2000）》增加了一项条款，对涉及的组织和个人的权利和义务进行了详细的规定，并与国家刑法相结合，对违法行为进行了界定。（张慧君，2008）

为了更有效地促进国际教育的发展，联邦政府成立了澳大利亚国际教育基金会理事会，该理事会的主要职能是将澳大利亚各种教育项目推广到国际上去，吸引更多的外国学生到澳大利亚留学，通过这种教育来吸引更多的资金。该理事会及时总结各国海外教育的经验，在此基础上分析国内的情况，然后向联邦教育部部长提出具体建议。（澳大利亚使馆教育处，1996）

澳大利亚联邦在 1995 年成立了大学质量保障署来监督管理国际化高等教育。这一机构建立的目的主要是为了国家国际教育服务行为更加规范，国家教育服务的质量能够得到保障。

（三）海外教育服务法实施与教育质量保障机构的成效

在高等教育质量保障成为全球关心的问题的趋势之下，澳大利亚为了提高本国高等教育的可信度，进一步推动本国的高等教育走向世界，澳大利亚政府开始全面看待和处理高等教育质量保障问题。澳大利亚是世界上唯一一个以立法形式《海外学生教育服务法》来保障海外学生权益的国家（荣军，李岩，2012），同时，设立一些专门的机构，如澳大利亚国际教育基金会、澳大利亚大学质量保障署，来为海外学生提供最完善的教育保障。该法案不仅进一步规范了海外教育服务，维护了海外留学生的利益，同时，为澳大利亚带来了一定的经济收益。

四　侧重亚洲地区，发展优质教育的时代
——《亚洲世纪中的澳大利亚》白皮书
（21 世纪以后）

（一）《亚洲世纪中的澳大利亚》白皮书颁布的动因

20 世纪以来，尤其是 21 世纪以后，亚洲地区获得了巨大的发展，亚洲的崛起正在改变着世界。亚洲地区涌现出富有且颇具流动性的中产阶级，人数不断增加，人们对于富有多样性的商品和服务的要求也渐渐增加，从健康养老到教育、旅游、金融服务等，为世界各国的交流发展提供了许多新的机会。21 世纪甚至被人们称为"亚洲世纪"，亚洲的崛起改变了亚洲在全球范围内的地位。面对日益变化的世界格局，澳大利亚也加强了与亚洲地区国家的交流来往。此时的澳大利亚仍是世界上经济最强国之一，前景光明，失业率低，通货膨胀得以控制，贸易比率高。同时，基于本国的多元文化以及具备精湛技术和富于创造力的人口，这些得天独厚的条件，与亚洲地区建立了稳固的外交关系。在亚洲迅速崛起的时代，澳大利亚更是抓住机遇，意识到要对亚洲地区的发展做出相应的反应。

（二）《亚洲世纪中的澳大利亚》白皮书中高等教育国际化的内容

《亚洲世纪中的澳大利亚》白皮书（简称"亚洲世纪白皮书"）在学校教育方面提出了几项具体的目标：目标一：随着澳大利亚的学校体系将位列世界前五大教育体系之一，澳大利亚希望到 2025 年，学生在阅读、科学和数学素养方面的表现以及提供高品质和公平的教育系统方面将排在世界各国的前五名。目标二：每名澳大利亚学生都将根据教学计划学习有关亚洲的相关课程，以提高文化知识和技能，让他们在亚洲地区可以更好地发展，所有学校将至少与一所亚洲学校建立合作关系。目标三，鼓励在校学生可以至少学习一门亚洲语言。包括中文（普通话），印度语，印尼语和日语。

由此可以看出，澳大利亚政府意识到要进一步改善教育系统，注重国

民对亚洲文化的学习与掌握，通过严格的要求，使其学生学到亚洲地区的语言和文化。

"亚洲世纪白皮书"在大学教育方面也提出了具体的目标和实现途径。主要目标是澳大利亚要保持世界杰出大学教学和研究的领先地位，为澳大利亚学生提供优秀的科研成果，吸引来自世界各地的优秀学者和学生，并加强澳洲和亚洲地区之间的联系。

澳大利亚注重本国高等教育的质量，希望通过高等教育可以获得一批具有本科或以上学历的人才为国家发展效力。同时，澳政府跟随时代的步伐，提出高等教育要注重与亚洲地区的关系，继续改善高等教育体系，提高澳大利亚高等教育的留学人口，加强与亚洲地区的科研交流。

（三）《亚洲世纪中的澳大利亚》白皮书取得的成效

澳大利亚许多大学还与许多国家建立了跨境合作办学关系。比如，悉尼大学就与中国的大学签订了 20 多条协议。2011 年 10 月，悉尼大学校长斯宾塞博士介绍说，悉尼大学在读的中国学生有 5000 人，已有 1.5 万中国留学生从悉尼大学毕业，悉尼大学将进一步加强对华合作的举措。

澳大利亚政府逐渐加大高等教育机构的自主权，加大高等教育国际化力度，提高本国高等学校的竞争力；把招收留学生的重点放在了研究生和博士生的培养上，注意提高留学生的培养层次；让本国学生也注重学习亚洲地区的文化和语言，增强本国人才的综合素质和竞争力；进一步推动澳大利亚科研事业的发展，提高其高等教育体系的国际地位。

澳大利亚政府认为，经济收益与国家高等教育产业的收益有着一定的关系。根据澳大利亚统计局的国际贸易数据，教育对于澳大利亚经济的贡献仅低于煤、铁和黄金。在新南威尔士州，除了煤炭业之外，教育称得上是第二大出口产业，2011 年，澳大利亚的教育产业为新南威尔士州创造了价值 64 亿的收入。

参考文献

1. Altbach P. G, Knight J., "The Internationalization of Higher Education: Motivations and Realities" [J], *Journal of Studies in International Education*, 2007, 11 (3 – 4): 290 – 305.

2. Anderson D, Johnson R, Milligan B. , "Quality Assurance and Accreditation in Australian Higher Education: An Assessment of Australian and International Practice" [J], *Training and Youth Affairs (DETYA)*, 2000.

3. AustraliaGovernment Department of Education. , *Student Data*, 2013. https://www. aei. gov. au/research/International – Student – Data/Pages/International.

4. Barcan A. , "A History of Australian Education" [M], *Melbourne: Oxford University Press*, 1980.

5. Barr N. , "Higher Education in Australia and Britain: What Lessons?" [J], *Australian Economic Review*, 1998, 31 (2): 179 – 188.

6. Beazley K. C. , "International Education in Australia through the 1990s" [J], *Australian Government Publishing Service*, 1992.

7. Bradley D, Noonan P, Nugent H, et al. , "Review of Australian Higher Education: Final Report [Bradley Review]" [J], 2008.

8. Carrington R, Meek V. L, Wood F. Q. , "The Role of Further Government Intervention in Australian International Education" [J], *Higher Education*, 2007, 53 (5): 561 – 577.

9. Dawkins J. S. , "Higher Education: A Policy Statement" [J], *Basic Papers, Reviews and Reports*, 1988.

10. Blight D. G. , "Issues in Internationalization of Australian Higher Education" [EB/OL]. http://www. dest. gov. au/archive/highered/hereview/submissions/submissions/I/IDP1.

11. Jillian M. M, Bruce D. K. , "The Australian Higher Education System—Diversity: Sought or Neglected?" [EB/OL], 1998, 30.

12. Le Claire K. A. , "Higher Education Choice in Australia: Processes and Impediments" [J], *Higher Education*, 1988, 17 (3): 333 – 349.

13. Marginson S. , "Australian Universities in the Global Context" [J], *Financial Review Higher Education Summit*, 2006, 22 – 23.

14. Marginson S. , "Competition and Contestability in Australian Higher Education, 1987 – 1997" [J], *Australian Universities Review*, 1997, 40 (1): 5 – 14.

15. Mazzarol T, Hosie P. , "Exporting Australian Higher Education: Future Strategies in A Maturing Market" [J], *Quality Assurance in Education*, 1996, 4 (1): 37 – 50.

16. Meek V. L. , "The Transformation of Australian Higher Education from Binary to Unitary System" [J], *Higher Education*, 1991, 21 (4): 461 – 494.

17. Meiras S. , "International Education in Australian Universities: Understandings, Di-

mensions and Problems"［J］，*Journal of Higher Education Policy and Management*，2004，26（3）：371 - 380.

18. Oliver R.，"Assuring the Quality of Online Learning in Australian Higher Education"［J］，*Proceedings of Moving Online II Conference*，2001，222 - 231.

19. Smart D.，"Higher Education Policy in Australia：Corporate or Coercive Federalism?"［J］，*Journal of Education Policy*，1991，6（1）：97 - 100.

20. Smart D.，"The Dawkins《Reconstruction》of Higher Education in Australia"［J］，*Education Research and Perspectives*，1990，17（2）：11 - 22.

21. Vidovich L.，"Quality Assurance in Australian Higher Education：Globalisation and Steering at A Distance"［J］，*Higher Education*，2002，43（3）：391 - 408.

22. 澳大利亚使馆教育处：《澳大利亚国际教育基金会》，《世界教育信息》1996 年第 11 期。

23. 白云龙：《澳大利亚高等教育改革发展中政府主导作用对我们的启示》，《天津教科院学报》2011 年第 4 期。

24. 崔爱林：《二战后澳大利亚高等教育政策研究》，河北大学出版社 2011 年版。

25. 丁安宁：《浅析澳大利亚高等教育改革的基础与趋向》，《江苏高教》1994 年第 2 期。

26. 静炜：《全球化背景下，澳大利亚国际教育服务及其政策》，《比较教育研究》2008 年第 28 期。

27. 李桢丽、迟守政：《澳大利亚教育国际化战略》，《比较教育研究》1998 年第 3 期。

28. 李振全、陈霞：《英德法三国高等教育国际化政策比较研究》，《科技进步与对策》2004 年第 11 期。

29. 荣军、李岩：《澳大利亚高等教育内部质量保障体系的构建与启示》，《现代教育管理》2012 年第 6 期。

30. 司晓宏、侯佳：《澳大利亚高等教育发展特征探析》，《高等教育研究》2012 年第 3 期。

31. 史一涛：《论科伦坡计划》，《世界知识》1955 年第 22 期。

32. 田凌晖：《澳大利亚高等教育发展：战略分析的视角》，《复旦教育论坛》2008 年第 1 期。

33. 王剑波：《跨国高等教育与中外合作办学》，山东教育出版社 2005 年版。

34. 王建国、华娜：《澳大利亚跨国高等教育的现状，特点及问题探析》，《长春工业大学学报》（高教研究版）2010 年第 31 期。

35. 王留栓、褚骊：《澳大利亚高等教育国际化概述——从发展教育出口产业谈

　　起》，《复旦教育》1999 年第 2 期。

36. 西蒙·马金森：《澳大利亚企业型大学的权力结构、管理模式与再创造方式》，浙江大学出版社 2007 年版。

37. 杨尊伟、杨昌勇：《澳大利亚高等教育国际化发展及动因探析》，《外国教育研究》2008 年第 35 期。

38. 张慧君：《澳大利亚海外学生教育服务法体系构建研究》，硕士论文，首都师范大学，2008 年。

39. 张军：《浅析科伦坡计划中的澳大利亚》，《湖南工业职业技术学院学报》2010 年第 4 期。

40. 张秋生：《澳大利亚与亚洲关系史》，北京大学出版社 2002 年版。

41. 张瑞芳：《浅谈中国与澳大利亚高等教育差异》，《山西经济管理干部学院学报》2011 年第 19 期。

42. 张天：《澳洲史》，社会科学文献出版社 1996 年版。

43. 祝怀新：《面向现代化：澳大利亚高等教育研究》，浙江大学出版社 2009 年版。

44. 邹放鸣：《澳大利亚高等教育特点及其透析》，《煤炭高等教育》2008 年第 26 期。

第十三章

澳大利亚养老保障制度改革研究

养老保障制度是当今社会保障体系中最重要的项目之一，在世界人口老龄化加快的前提下，养老保障制度日益引起各国政府、社会公众和学术界的普遍关注。澳大利亚养老保障制度在经过一系列的改革后形成现行的成熟并且规范的体系，被世界银行大力提倡，作为世界养老保障制度的成功典范。国内对澳大利亚养老保障制度的研究包括养老保障制度的理论依托、澳大利亚养老保障制度的建立与历史沿革、改革后的养老保障制度以及实施后对经济社会产生的影响。

一　养老保障制度的理论依托

养老保障相关理论在当今世界各国养老保障制度的建立与发展过程中有着重大意义。它一方面从理论上指导着世界各国养老保障制度的建立、完善与发展；另一方面也随着世界各国养老保障制度的完善而不断前进。养老保障制度理论是世界养老保障制度发展历史中不可缺少的重要组成部分。

（一）福利经济学

1920 年英国经济学家庇古出版了《福利经济学》一书，标志着福利经济学的产生。福利经济学社会保障理论的中心思想为通过提高国民收入并对国民收入进行再分配来增加社会福利。20 世纪 30 年代，西方经济学家对庇古的福利经济学进行了批判，并在此基础上建立了新福利经济学。新福利经济学的主要观点是，福利的最大实现是经济效率，而非收入的均等分配。

（二）消费经济理论

消费经济理论出现在 20 世纪 50 年代至 70 年代，其重要理论包括米尔顿·弗里德曼的持久收入理论、弗朗克·莫迪利安尼德的生命周期理论以及 70 年代兴起的理性预期学派理论。消费经济理论的研究主题包括消费与本期收入之间的关系、影响消费者确定消费行为的多种因素等。

消费经济理论要求政府发挥其在维护社会稳定、保持经济发展中的作用，采取必要的政策措施来保障社会成员对收入的合理规划，比如强制性的储蓄积累资金，或者通过税收调节对处于最低生活水平以下的贫困人群给予社会保障。

（三）贝弗里奇福利国家思想

第二次世界大战期间，为了应对战后可能产生的社会动荡和经济衰退，英国成立了战时英国社会保险和联合事业委员会来调查现有的社会保险及相关服务状况，以便对战后重建工作提出政策性建议。1942 年，委员会主席贝弗里奇向英国政府提交了一份名为《社会保险和有关的社会福利服务》（*Social Insuranceand Allied Services*）的报告，即著名的《贝弗里奇报告》，这是一部影响整个世界社会保障制度发展历史的重要著作。

《贝弗里奇报告》第一次完整地表达了福利国家的思想，并且标志着福利国家思想由理论向现实迈进。

（四）瑞典学派福利国家理论

瑞典学派福利国家理论形成于 20 世纪 30 年代，是世界社会保障理论体系中的重要组成部分。它的主要理论是：社会个体由于所拥有的条件、自身能力和努力程度的不同，其对社会资源的占有度必将出现日趋两极分化的结构，从而对社会的稳定造成不利影响。因此，必须将市场经济的基本原则和社会福利制度结合起来，才能维持社会公平稳定发展。

（五）凯恩斯主义

20 世纪 30 年代的世界性经济大萧条使得各国政府和公众认识到，当市场调节失灵时，失业与贫困会使社会和经济陷入无法摆脱的困境，作为组织者的政府必须实施包括失业保障在内的社会保障制度，并且通过不断扩大社会内部需求、消除通货紧缩，才能使国家从经济危机与社会动荡中脱离出来。凯恩斯主义应运而生，开始占据主流经济学地位。

二　澳大利亚养老保障制度的建立与历史沿革

（一）改革前的养老保障制度

澳大利亚在 1983 年实施养老保障制度改革之前，其作为英联邦国家沿用英联邦的养老保障制度，澳大利亚公民在退休后领取养老金的形式主要有两种：一种是联邦政府于 1909 年建立的由政府为低收入者提供的养老金；另外一种是由雇主为高素质人才提供的作为一种福利措施的职业养老金。

联邦政府为低收入者提供的养老金来源于当年政府的总税收，总税收包括个人收入税、公司税以及批发税，对于符合条件的退休人员统一发放。其主要的发放人群为低收入的老年人群，要求男性年龄在 65 岁以上，女性年龄在 60 岁以上，为其基本生活需要提供帮助。领取养老金的前提是必须是澳大利亚公民，并且接受严格的家计调查，包括收入调查和财产状况调查。

这种政府提供的养老金的特点是覆盖面广、领取门槛不高，但是保障程度低，个人领取水平大约是平均工资的 25%，夫妇双方获得的养老金收入约为平均工资的 40%，只能满足领取者最基本的生活需求。另一种由雇主为少数人提供的职业养老金，其受益人群主要为政府雇员和高级白领阶层。它作为一项福利政策，也有着自身的缺陷，主要表现为：覆盖面窄，只有约 40% 的人群可以享受到这项政策；另一方面雇员在退休或者更换工作时，可以选择一次性领取完所有职业养老金，这种选择就会导致政府财政仍然要承担这些雇员在年老时的养老负担。

（二）养老保障制度改革的推动因素

一方面为了遏制澳大利亚经济出现的长期滑坡现象，另一方面为了预防今后可能出现的经济危机，新一届的劳动党政府在 1983 年进行了一系列的改革。养老保障制度作为劳动党政府综合改革的一个重要组成部分，也进行了全面的改革。

1. 覆盖率低

在原有的养老保障制度中，参加各类公共或私人养老保障计划的雇员人数只占总人口比重的大约不到40%。并且参加的人员以政府部门人员、金融机构雇员和公司企业中的高级白领人士为主，其总体覆盖率远远低于欧美其他发达国家养老保障制度的覆盖率。这样的低覆盖率一方面无法满足澳大利亚普通民众对养老保障的基本需求，另一方面也不利于维护澳大利亚的经济发展和社会稳定。

2. 储蓄率低

澳大利亚政府为低收入者提供的基本养老金制度，实际上是一种现收现付制度。这种现收现付的养老金制度大大降低了国民的储蓄，并且在一定程度上阻碍了经济的增长。据澳大利亚国家统计局数据显示，澳大利亚的全体国民储蓄率在20世纪90年代已经从70年代的25%降低到16.1%。

3. 人口老龄化趋势严峻

澳大利亚步入老龄化社会时间较早，到20世纪80年代初老龄化给养老金给付造成的威胁已经开始显现，到了90年代这种由于老龄化社会给政府财政带来威胁愈加明显。澳大利亚社会老龄化严重的趋势除了其本身的社会及自然因素以外，还受到其移民政策的特殊影响（黄国庆，2001）。

澳大利亚政府在20世纪50年代初到60年代末一直采取接纳性的移民政策，在此期间大批来自英国、爱尔兰以及新西兰等国家的海外移民涌入澳大利亚，海外移民人口占人口总量的将近1/3。此后，澳大利亚政府移民政策有所改变，接纳移民的意向呈逐渐弱化趋势，新的移民政策导致澳大利亚政府拒绝了大批海外青年移民的进入，而早期移民的年龄正在逐渐增加，从而导致澳大利亚社会人口结构呈现老龄化进程加快的趋势。

4. 财政负担过重、赤字过重

人口结构老龄化趋势加重的变化，使澳大利亚政府财政面临着巨大的养老金支付问题，财政负担严重。据相关数据显示，澳大利亚政府在1983—1984财政年度，养老金支出比重占总GDP的3.44%，假设澳大利亚一直沿用原有的养老保障旧制度，到2049—2050这一财政年度，养老金支出占 GDP 的总比重将达到 6.76%，这意味着政府将面临巨大的财政负担（Annual Report，2000）。

5. 工会影响

澳大利亚工会的作用在养老保障制度改革中起到了不容忽视的作用。澳大利亚的工会是指经过注册的独立社会团体，受到国家法律的保护，设有全国总工会和 20 个产业工会。澳大利亚工会的服务宗旨是为工会会员服务，代表和维护会员的利益，主要目标是：确保工会成员享有恰当的薪酬水平、良好的工作环境、法定工作时间并且生命健康安全受到保障。澳大利亚在改革前的低保障低覆盖的养老保障制度处于一种不充分的状况，远远无法满足普通工人对养老保障制度的需求。因此，以代表工人利益为服务宗旨的工会对改革旧的养老保障制度有着迫切的需求，由于澳大利亚工党是澳大利亚三大政党之一，因此，工会一直与澳大利亚工党保持着紧密的联系，并且是其竞选中最强大的后盾，工党政府执政后，工会顺其自然成为澳大利亚养老保障制度改革中极其重要的推动力量。

（三）养老保障制度改革的目标与方向

工党政府对养老保障制度改革制定了三个主要的目标：增加国民储蓄、提高未来退休公民养老金以及减轻政府长期以来的财政支出压力（丁宁宁，2001）。在 1983 年至 1996 年执政的 13 年期间，工党政府实施的改革措施主要有：

1. 加强收入和财产审查制度

改革后的基本养老保障制度对收入和财产审查制度加强管理，重新制定新的养老金标准，养老金的收益比以经过收入和财产审查后的低比例的收益为准。

2. 鼓励公民将养老金保留到退休后使用

1983 年澳大利亚政府制定了两项政策来保证这一策略的实施：一项是允许澳大利亚公民在调换工作时转移已累计的养老金，取代原来的一次性支取政策；另一项政策是对提前（55 岁之前）支取养老金的行为进行税收惩罚，收取高达 30% 的税。

3. 奖励养老金参与计划

1985 年，澳大利亚政府、澳大利亚总工会及澳大利亚总商会达成一致协议：雇主为雇员缴纳相当于其工资金额的 3% 的养老金，来取代工资的增长。这项协议从 1986 年开始实施，到 1991 年，参加奖励养老基金计划的澳大利亚工人已经达到 72%。

4. 推广超级职业年金计划

1992 年澳大利亚政府开始实施超级职业年金计划，将奖励养老保险计划推广到全体澳大利亚工人。强制规定雇主必须将不低于雇员工资的 3% 的金额纳入雇员的养老金账户，并且这一比例将逐年提高。另一方面，也要求雇员自发缴纳一定比例的工资到个人的养老金账户上。

1996 年，由自由党和国家党联合执政的澳大利亚政府在原有的超级职业年金的基础上又进行了进一步的改革。其改革的主要方向为更加优惠的税率，以及对管理基金更多的选择权利。

澳大利亚政府为了鼓励更多的公民参加到养老保障制度中来，对参加养老保障的公民承诺其养老金的收益率将会高于原有制度下的养老金收益率。同时，新的财产和收入审查管理制度也确保了退休者的利益。改革后的养老保障制度使全体澳大利亚公民从不同程度上受益于个人养老金计划，但到 2050 年仍有 33% 的退休者将继续领取澳大利亚政府提供的全额养老金。

三 改革后的澳大利亚养老保障制度

改革后的澳大利亚养老保障制度形成了具有自身特色的"三支柱"养老保障模式，由政府、企业与个人来共同承担养老压力，并且体现了"先市场，后政府"的管理政策，兼顾了公平与效率（姚建红，2002）。

（一）第一支柱：由联邦政府提供的基本养老金

1909 年澳大利亚联邦政府开始实行结合家计调查（Means Test）的国民基本养老金计划，为满足基本条件的澳大利亚全体公民提供最低的退休收入保障，其资金完全来源于政府的财政收入，没有预先的缴费，也不通过额外的税收来进行融资。养老金的发放与管理由联邦政府进行统一运作，通过社会服务机构"中联"（Centrelink）来负责具体运营，这一机构不仅负责登记全国养老金领取人的基本情况、费用的申报，同时也负责采集综合全国养老金申领发放的情况。

政府提供的这一基本退休养老保障计划为澳大利亚公民提供了一张社会福利安全保障网络，只要符合条件的澳大利亚公民都可以受到保障，覆盖了大部分澳大利亚退休老人，为其退休后的生活提供了基本的收入保障。同时这一政策还行使着对收入进行再分配的功能，体现了政府在维护社会公平中的作用。

澳大利亚政府提供的基本养老金政策体现了社会的公平，将养老金提供给最需要帮助的人群，对有限的社会资源进行了合理的配置，有助于维护社会的稳定，促进经济长期有序发展。

（二）第二支柱：强制性由雇主缴纳的职业年金

澳大利亚职业养老金制度的建立开始于 20 世纪 80 年代中期，历经十几年不断的改革、发展与累计。在 1982 年至 1996 年澳大利亚工党连续执政的过程中，澳大利亚政府拒绝了继续实行生产率裁定职业养老金（Productivity Award Superannuation）计划，并且通过立法开始实施超级职业年金保障（Superannuation Guarantee）制度，即强制性由雇主缴纳的职业养老金保障制度。该制度从 1992 年开始正式实施，并逐渐成为澳大利亚养老保障制度中的支柱部分。

超年金制度的实施，一方面减轻了政府长期以来支付养老金的财政压力；另一方面也使得更多的退休人员在退休后享受更多的退休收入；退休生活得到更多保障，同时，也增加了国民储蓄及国家长期投资的资金来源。

（三）第三支柱：个人自愿性质的养老储蓄

第三支柱为个人自愿性质的养老储蓄，是指澳大利亚公民根据自身意愿所进行的养老储蓄，它的主要项目包括个人在银行的存款、家庭住宅等固定资产的投资、保险公司推出的年金产品以及在强制性雇主缴费的超级年金中雇员自愿缴纳的费用等。

其中，自愿性的职业养老金部分由两个部分组成。一部分由雇主为雇员缴纳，是指雇主为雇员缴纳的超出强制性职业年金的部分，即超出雇员缴费工资的 9% 的部分；另外一部分是指雇员用税后收入额外缴纳到职业养老基金账户中的那部分。这两部分中所有缴纳入职业养老金中的部分，其管理、投资以及领取条件都按照统一的规章制度进行运行。

在改革后的澳大利亚"三支柱"养老保障模式中，第一支柱由政府提供的基本养老金是一种"高覆盖、低保障"的制度，保障水平较低，只能满足低收入者的基本生存需要；第二支柱由雇主强制性缴纳的职业年金制度，在不断的改革与发展中，其基金管理与监管机构形成了独特的体系，发挥了市场效率的作用，是澳大利亚养老保障体系中的支柱部分；第三支柱个人自愿性质的养老储蓄也随着澳大利亚公民养老储蓄观念的日益加强，迅速发展，有越来越多的澳大利亚公民参加到了自愿的养老储蓄计划中来。

四 养老保障制度改革产生的影响

改革后的澳大利亚"三支柱"养老保障模式，相比较改革前的旧制度有着明显的优势，取得了显著的成效。

(一) 增加了未来退休工人的养老金

根据澳大利亚国家统计局相关数据显示，如果按照 4.0% 的平均回报率来计算（澳大利亚政府近十年来资本市场的平均回报率约为 5.5%），改革后养老基金的收益率是改革前旧制度下的 2 倍。

(二) 增加国民储蓄

在改革后的养老保障制度下，参加养老保障的人数逐年增加，全体国民养老储蓄金额也不断上升。1985 年澳大利亚养老金账户上的资金总额约占 GDP 的 17%，到 1997 年其比重提升到 GDP 总额的 55%，并且据预计，到 2020 年澳大利亚养老金账户资金总额将超过 100% 的 GDP。澳大利亚财政部数据预测，澳大利亚养老金账户上的金额将以每年 3% 的 GDP 的速度增长（Australian Yearbook, 2010）。

(三) 减轻了政府财政长期高养老金支出的压力

根据澳大利亚财政部门数据的初步估计，如果澳大利亚没有对养老保障制度进行改革，一直沿用旧的养老保障制度，那么澳大利亚在 2049—2050 财政年度养老金的支付将高达 GDP 的 6.76%，这意味着政府将面临严重的财政负担。而在改革后新的养老保障制度下，这一比例将降低到4.72%，从而大大降低了澳大利亚政府支付庞大养老金的财政压力（Treasury A，2000）。

参考文献

1. Australia Y. B. , "Australian Bureau of Statistics" [J], *Number*, 2001, 83: 473 – 474.

2. Authority A. P. R. , "Annual Superannuation Bulletin (June 2012)" [J] . *Sydney*: *Australian Prudential Regulation Authority*, 2013.

3. Cooper J. , "Super for Members: A New Paradigm for Australia′s Retirement Income System" [J], *Rotman International Journal of Pension Management*, 2010, 3 (2): 8 – 15.

4. "Evaluating theFinancial Performance of Pension Funds" [M], *World Bank Publications*, 2010.

5. Holzmann R, Hinz R. P, von Gersdorff H, et al. , "Old – Age Income Support in the Twenty – First Century: An International Perspective on Pension Systems and Reform" [M], *Washington, DC: World Bank*, 2005.

6. Treasury A. , "A More Flexible and Adaptable Retirement Income System" [J], *Australian Government Report*, 2004.

7. Treasury A. , "Australia' s Future Tax System: Report to the Treasurer" [J], *Common Wealth of Australia*, 2009.

8. Treasury A. , "Australia to 2050: Future Challenges" [J], *Intergenerational Report*, 2010.

9. World Bank. , "Averting the Old Age Crisis: Policies to Protect the Old and Promote Growth" [M], *New York* [etc.]: *Oxford University Press*, 1994.

10. Yermo J. , "Governance and Investment of Public Pension Reserve Funds In Selected OECD Countries" [J], *OECD Journal: Financial Market Trends*, 2008, 2008 (1) .

11. 彼得·德鲁克：《养老金革命》，东方出版社 1987 年版。

12. 丁宁宁：《为了整个社会的尊严和稳定——澳大利亚养老保障体制考察报告》，《管理世界》2001 年第 5 期。

13. 国艳敏：《浅析新形势下澳大利亚养老基金改革》，《经济与管理》2009 年第 23 期。

14. 黄国庆：《澳大利亚养老保障制度对我国的启示》，《计划与市场》2001 年第 4 期。

15. 蒋岳祥：《澳大利亚的政府养老保险制度》，《社会》2005 年第 3 期。

16. 劳动和社会保障部社会保险研究所：《贝弗里奇报告——社会保险与相关服务》，中国劳动出版社 1942 年版。

17. 孟志强：《澳大利亚人口老龄化的现状及政府的宏观对策》，《社会福利》2005 年第 3 期。

18. 邱红：《发达国家人口老龄化及相关政策研究》，《求是学刊》2011 年第 4 期。

19. 王华丽：《澳大利亚养老保险体制和中国基本养老保险制度的比较及对中国的启示》，《工会论坛：山东省工会管理干部学院学报》2009 年第 15 期。

20. 姚建红：《澳大利亚的养老保险制度概况》，《中国卫生经济》2002 年第 8 期。

21. 朱小川：《澳大利亚养老保障制度的启示》，《中国发展观察》，2009 年。

22. 张占立：《靠什么消除公众的养老忧虑 澳大利亚养老保险基金监管体制给我们的启示》，《天津社会保险》2011 年第 1 期。

第十四章

准公共产品理论视角下医疗保险
制度改革中的政府职能

——以澳大利亚为例

医疗保险制度是社会保障制度的重要组成部分。构建一个符合本国国情、成熟完善的医疗保险制度一直是各国政府共同面临的问题。事实证明，医疗保险制度的改革乃大势所趋，如何加快医疗保险制度改革进程成为越来越多专家学者关注和讨论的重大课题。与此同时，关于医疗保险制度改革的理论研究与实践探索层出不穷。

本文旨在运用准公共产品理论，以澳大利亚医疗保险制度为实例展开研究，研究内容主要包括三部分：（1）基于准公共产品理论，结合医疗保险基本知识，对医疗保险准公共产品属性进行论证与判断；（2）从准公共产品理论的视角，结合澳大利亚医疗保险制度，对澳大利亚医疗保险制度中政府职能的发挥进行全方位深层次剖析；（3）结合我国医疗保险制度改革的实际，找到问题症结，对于医疗保险制度改革中如何强化政府职能提出几点建议。

一　医疗保险的准公共产品属性

（一）准公共产品理论

社会产品的供给主体及方式关乎其效用的实现。总的来说，基本供给主体及方式可以分为三大类：（1）公共主体供给。以税收来弥补成本，由公共选择来决定供给的数量、品种和质量。（2）市场主体供给。以市场价格作为厂商生产的指南，生产者按照价格来决定其生产的数量、品种和质量，并通过价格来补偿成本，获取利润。（3）混合主体供给。这是以上两种基本供给主体及方式的衍生品，即税收＋价格成本补偿与补贴＋私人投资生产相结合。

而作为介于公共产品和私人产品之间的准公共品，因其兼具公共产品和私人产品属性，使得完全公共主体供给＋税收补偿或市场主体供给＋价格补偿都是无效的（许晶，2012）。当使用完全公共主体供给＋税收弥补的方式时，由于准公共品局部排他性和竞争性的特征，很难设计出公平的税制来弥补其成本，即使通过税收来提供准公共品，由于使用的无偿，将会导致拥挤现象出现，导致成本增大，并最终使准公共品的持续供给困难；当采用完全市场主体供给时，由于准公共品的外部性和局部排他性，使受益者、受害者的数量难以确认，受益程度难以计量，这时生产者的成本将难以得到弥补，从而出现近似于公共品的公共悲剧（贾旋，2007）。这意味着准公共产品必须选择混合主体供给，即政府承担其权责利关系，以补贴或直接投资参与生产供给，通过税收得到补偿；私人组织投资并通过价格获得补偿。其中二者比例问题应视准公共产品的公共性和外部性大小来决定（安春燕，2013）。因此，在准公共品的供给上，表现出政府和私人组织不可分割的特点。

（二）医疗保险理论

医疗保险始于1883年德国颁布的《劳工疾病保险法》，属于社会保险范畴，有广义和狭义之分（陈凌飞，2008）。

广义的医疗保险包括非商业性和商业性医疗保险，涉及支出补偿、收入补偿以及卫生保健服务等领域。不仅包括补偿由疾病引致医疗费用等直接经济损失，还涵盖了因病而产生的误工工资等间接损失，甚至包括对分娩、残疾、死亡的经济补偿，以及社会疾病防控、健康维护等方面的支出。

狭义的医疗保险，相对而言仅指对医疗费用的保险，内容仅涉及劳动者因患病、年老、生育或受伤时，社会对其医疗费用支出的补偿，主要是非商业性险类（王洪敏，2011）。其宗旨在于满足广大劳动者基本医疗需求，减少不合理的医疗费用支出，防止普通老百姓因病致贫、因病返贫，使医疗保险基金真正用于参保人员的疾病治疗和康复。

本文主要基于医疗保险的狭义概念进行探讨。

（三）医疗保险的准公共产品属性判断

依据公共经济理论，纯公共产品具有效用的非分割性、消费的非竞争性和受益的非排他性；而纯私人产品则与其相反。通过上述分析得出，医疗保险在一定技术水平和制度规范下，既可以向"公共"漂移又可以向"私人"漂移，兼具纯公共产品和纯私人产品的属性与特征（安春燕，2013）。

外溢性，又称外部性，指人们的经济行为对他人或整个社会所产生的利益或成本影响。从这个角度来讲，医疗保险通过医疗保险服务的提供和医疗费用的补偿方式，分散了参保个体的患病风险，保障了参保人不因环境而降低生活质量。从整个社会角度看，医疗保险具有正外部性。因为单个患病的参保人在医疗保险的帮助下重拾健康，生活于该个体周围的人将会避免被感染的风险，进而从中获益。另外，患病的参保人无论贫穷或富有，如果都能得益于医疗保险的保护而维持健康的体魄和良好的精神状态的话，整个社会经济都将从中获益，社会因此更加和谐稳定。也就是说，医疗保险产品的整体效用实际为全社会所共享，因此，医疗保险具有明显的外溢性。

根据萨缪尔森的公共产品理论，纯公共产品、私人产品和准公共产品之间如果无法明确从消费竞争与非竞争性、受益排他和受益非排他性去判断，那可以从消费竞争和受益排他的程度得出结论。但得益于医疗保险的外溢性特征使得其效用向整个社会整体效益漂移，因此，医疗保险严格意义上属于一种"公共性"更强的准公共产品。

准公共产品的混合属性决定了医疗保险的供给主体不是单一的，但是又因其公共性强于私人性，所以毫无疑问政府是医疗保险的主要供给主体。

医疗保险的纯公共产品部分的性质决定其具有社会效益高、经济效益低的特点，因此私人不愿意供给这类产品，又因其供给状况主导着人们的健康质量，因此政府的介入与积极作为显得尤为重要；而医疗保险的纯私人产品部分的性质决定其具有产权排他性和消费可分割性，这意味着私人愿意供给，但当遇到市场失灵的情况下，政府要发挥主导作用。

从各国的实践来看，一般先由政府"兜底"，超出部分再由个人或家庭来承担的情况比较多（陈小安，2002）。但是，由于医疗保险既具有鲜明的正外部性，又因其赢利前景和竞争能力比较好，私人部门完全能够通过经营这部分准公共产品获得成本补偿并实现部分利润，因此，医疗保险的供给可以在政府主导下引入市场机制，发挥私人部门的效率优势，同时也可以动员社会的力量进行广济善助。由此可以看出，政府在医疗保险的供给中，包括成本来源、政府补贴以及与私人分工联合合作等方面发挥着巨大作用。政府作为医疗保险的供给主体已经是毋庸置疑的，但是各国政府发挥作用的效用却是千差万别的。因此，本文选取医疗保险制度改革中政府供给职能视角，以期在强化政府职能方面有所思考。

二　澳大利亚医疗保险制度中政府职能分析

（一）澳大利亚的医疗保险制度

澳大利亚现行的医疗保险制度在不断地探索、发展和改革中形成了一套合理完整的制度架构，不仅确保全体公民享有优质而广泛的医疗服务，更能进一步提高全体国民的身体素质，最终升华生命质量，体现"以人为本"。

总的来说，澳大利亚实行"公私结合"的医疗保险制度，由两大部分构成：国家医疗保险和私人医疗保险。其中，前者是主体，包括医疗津贴（Medicare）和药物津贴计划（PBS）两部分；后者是补充。

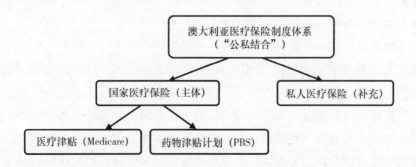

澳大利亚国家医疗保险制度（National Health Care System）指，澳大利亚联邦政府主要通过税收（包括普通税、医疗保险税、医疗保险附加

税等）方式筹集医疗保险资金，然后以预算分配或评估分配的方式，有计划地拨给国立（公立）医疗卫生机构，为人们提供免费或极低收费的"一揽子"医疗服务，以此支配医疗卫生事业。该制度具有"覆盖全澳国民、基本全免费"的特点，是澳大利亚"高收入、高税收、高福利"（三高）的一种表现形式，也是"全民福利性"的集中体现。因其高度计划性，市场机制对其调节作用相对较小。

由于澳大利亚实行严格的"医药分家"，因此国家医疗保险制度由医疗津贴（Medicare）和药物津贴计划（PBS）两部分构成，分别提供基本医疗和基本药物服务。

1. 医疗津贴（Medicare）

医疗津贴（Medicare），又称"医疗照顾、国民医疗保健"等，是国家医疗保险制度的基础和主体部分。该制度根据 1984 年《全民医疗保险法》制定，由澳大利亚政府部门制定具体实施方案并组织实施，医疗津贴提供部门和卫生与老年人事务部（Department of Health and Aging，DHA）合作。

医疗津贴主要涵盖两方面核心内容：全澳医疗津贴享有者（1）在公立医院免费看病就诊，如住院、伙食费也由政府支付；（2）在指定私立医疗机构如全科医疗诊所、专科医疗诊所、参加医疗津贴的牙科和眼科（仅限指定服务）等看病，享受公费或部分补贴医疗。

医疗津贴的结算方式为：澳大利亚联邦政府将筹集到的医疗保障资金以财政转移的方式划拨到各个州，再由州政府支付到卫生服务提供者（公立医院、全科医疗机构等），最后由医疗服务提供者向医疗保险机构结算。

2. 药物津贴（PBS）

澳大利亚政府各公共福利部门、各州及地方政府、卫生教育工作者、医务人员、医疗卫生供应方与供应商、医药企业、医药卫生消费者和媒体等部门十分关注公民对药物（处方药、非处方药及辅助性医疗产品等）的获取和合理使用，因此，澳大利亚政府制定了严格广泛的国家药物政策（National Medicines Policy，NMP）。

药物津贴计划（Pharmaceutical Benefits Scheme，PBS），又称"药物照顾计划"，是澳大利亚广泛的国家药物政策的一部分，也是国家医疗保险制度（National Health Care System）的另一主体，即，澳大利亚将一些必需药物纳入 PBS 框架，规定框架内的药物必须依照政府补贴价出售，即联邦政府支付绝大多数费用，个人仅需承担极少数费用，由此大大降低公民的药物价格承受压力。PBS 通过部分地承担居民的药品费用，以确保居民药品服务的可及性。

（二）准公共产品理论视角下澳大利亚医疗保险制度中政府职能分析

澳大利亚医疗保险制度为国民提供了基本医疗和基本药物服务，为保证国民的身体健康和生命质量，发挥了巨大的社会效用，具有无可比拟的优越性。结合上文分析，作为偏重"公共性"的国家医疗保险制度，澳大利亚联邦政府在其中所起的作用功不可没。本文选取准公共产品供给主体这一具体视角，结合澳大利亚医疗保险制度实施概况，对其主要供给主体，即政府在其职能发挥优势方面进行全面深入的解读。具体可以概括为以下几个方面：（1）政府积极出台健全的法律法规，确保医疗保险有法可依；（2）政府充分利用税收转移支付，确保医疗保险资金充足；（3）政府不断加强监管力度，确保医疗保险的可及性和公平性；（4）政府积极推进创新性改革，完善双向转诊制和社区医疗制；（5）政府建立有效的费用支付机制，合理控制医疗费用增长。

三　对中国的启示

（一）中国医疗保险制度改革现状

随着经济社会的不断发展，改革开放的进程不断深入，中国医疗保险制度改革也基本完成了从旧医疗保险制度到新医疗保险制度的历史性转变，已基本建立起以政府为主导，由个人、集体和政府多方筹资，以"城镇职工基本医疗保险制度、城镇居民基本医疗保险制度和新型农村合作医疗"构成的基本医疗保险制度为主体，以商业医疗保险为代表的多种形式的补充医疗保险制度为辅的多层次社会医疗保险制度体系。

作为中国医疗保险的主体，基本医疗保险原则上实行地市级统筹，采用社会统筹与个人账户相结合的医疗保险模式，由城镇职工基本医疗保险、城镇居民基本医疗保险和新型农村合作医疗三部分构成。

补充医疗保险是相对于基本医疗保险而言的，包括企业补充医疗保险、商业医疗保险、社会互助和社区医疗保险等多种形式，是基本医疗保险的有力补充，也是多层次医疗保障体系的重要组成部分。

（二）中国医疗保险制度改革中存在的问题

我国已建立初具规模的医疗保险制度，促进了我国医疗保障事业的快速发展，对于保障城乡居民身体健康，提高人民身体素质发挥了积极作用。但由于我国仍处于发展中国行列，总体经济发展水平与发达国家还有较大差距，且经济发展也极其不平衡；因此，医疗保险制度本身及其改革过程中依旧面临诸多问题。具体如下：（1）医疗保险相关的法律法规相对不足；（2）医疗保险基金筹资能力相对弱，保障水平较低；（3）医疗保险不公平现象长期大量存在；（4）医疗费用急剧上涨，医疗保险基金负担过重；（5）商业医疗保险覆盖面窄，保险深度低。

（三）对强化中国政府职能的几点启示

世界各国基本国情不同，医疗保险的覆盖范围、筹资模式、保障水平及支付方式等方面也存在差异，但其作为偏"公共性"准公共产品的属性决定了医疗保险惠民的理念是一致的，因此，医疗保险供给主体发挥的职能功效也是可以借鉴和参考的。针对澳大利亚联邦政府在其医疗保险制度成功实施中发挥的作用，我国可以从以下几个方面借鉴适合中国具体国情的对策，充分发挥政府在医疗保险制度建设中的主导性、关键性作用，最终构建具有中国特色的医疗保险制度。具体措施如下：（1）政府应继续完善相关法律法规，构筑医疗保险的法律保障；（2）政府应拓宽医疗保险资金渠道，完善经费补偿机制；（3）政府应加大监管医疗保险实施力度，积极发展社区医疗服务；（4）政府应继续深化制度改革，完善双向转诊制；（5）政府应优化医疗费用控制机制，开源与节流并举；（6）政府应扶持包括商业医疗保险在内的补充医疗保险的发展。

在加快推进医改进程中，如何提高效率，少走弯路，有选择地吸收借鉴包括澳大利在内的发达国家的成功经验不失为一种明智的选择，充分发挥政府职能功效，以"国民全保"为目标，以"国民需求"为导向，以"逐步推进、量力而行"为原则，对先进国家的成功制度"取精华去糟粕"，建立与中国国情相适应，与经济发展水平相协调的中国特色医疗保险制度，关注各类服务的相互协调配合，强调疾病预防和健康促进，关注健康产出，完善投入和激励机制，"全覆盖、多层次、宽领域"且"负责、高效、平等"，并最终构建一个全体国民共同享有公平健康权的社会主义美好社会。

参考文献

1. Arrow K. J. , "Uncertainty and the Welfare Economics of Medical Care" [J], *the American Economic Review*, 1963, 941 – 973.

2. Bamezai A, Zwanziger J, Melnick G. A, et al. , "Price Competition and Hospital Cost Growth in the United States (1989 – 1994)" [J], *Health Economics*, 1999, 8 (3): 233 – 243.

3. Beveridge W. H. B. , "Social Insurance and Allied Services" [J], *British Economist*, 1942.

4. Bitran R, Yip W. C. , "A Review of Health Care Provider Payment Reform in Selected Countries in Asia and Latin America" [J], *Journal of Behavioural Economics, Finance, Entrepreneurship, Accounting and Transport*, 1998.

5. Blumenthal D, Hsiao W. , "Privatization and Its Discontents—the Evolving Chinese Health Care System" [J], *New England Journal of Medicine*, 2005, 353 (11): 1165 – 1170.

6. Buchanan J. M. , "An Economic Theory of Clubs" [J], *Public Goods and Market Failures: A Critical Examinations*, 1992, 193.

7. Chawla M, Windak A, Berman P, et al. , "Paying the Physician: Review of Different Methods" [J], *Harvard School of Public Health. Boston, Massachusetts*, 1997.

8. Dranove D. , "Code Red: An Economist Explains How to Revive the Healthcare System Without DestroyingIt" [M], *Princeton University Press*, 2009.

9. Deeble J. , "Funding the Essentials: the Australian Health Care Agreements, 2003 – 2008" [J], *Australian Health Review*, 2002, 25 (6): 1.

10. Docteur E, Oxley H. , "Health – Care Systems: Lessons from the Reform Experience" [J], *OECD Health Working Papers*, 2003.

11. Duckett S. , "The Australian Health Care System" [J], *OUP Australia and New Zealand*, 2004.

12. Edward D. G. , "Towards Universal Coverage: China's New Healthcare Insurance

Reforms, China´s Reforms at 30: Challenges and Prospects"［M］, *Singapore*: *World Scientific Publishing*, 2009.

13. Eggleston K, Hsieh C. R., "Health Care Payment Incentives: A Comparative Analysis of Reforms in Taiwan, Korea and China"［J］, *Applied Health Economics and Health Policy*, 2004, 31.

14. Ensor T, Weinzierl S., "A Review of Regulation in the Health Sector in Low and Middle Income"［J］, *Oxford Policy Management*, 2006, 1 – 16.

15. 安春燕:《医疗保险的产品属性及其政府定位》,硕士论文,首都经济贸易大学,2013 年。

16. 陈凌飞:《中国城镇居民医疗保险改革研究》,硕士论文,南京师范大学,2008 年。

17. 陈佳贵、王延中:《中国社会保障发展报告:转型中的卫生服务与医疗保障》,社会科学文献出版社 2007 年版。

18. 陈其林、韩晓婷:《准公共产品的性质:定义、分类依据及其类别》,《经济学家》2010 年第 7 期。

19. 陈小安:《准公共产品供给与定价的理论和实践研究》,硕士论文,西南财经大学,2002 年。

20. 陈晓英:《基于公共产品理论的机关后勤服务社会化研究》,硕士论文,上海交通大学,2008 年。

21. 楚廷勇:《中国医疗保障制度发展研究——基于国际比较的视角》,博士论文,东北财经大学,2012 年。

22. 邓纯:《澳大利亚的"健康守门人"》,《中国卫生人才》2013 年第 8 期。

23. 杜乐勋、张文鸣:《中国医疗卫生发展报告》,社会科学文献出版社 2007 年版。

24. 范雅婷:《北欧国家医疗保障制度及其改革研究》,硕士论文,复旦大学,2008 年。

25. 费梅苹、徐永祥、张乐天:《社会保障概论》,华东理工大学出版社 2005 年版。

26. 符露:《公共产品理论视角下的高校图书馆信息服务社会化策略研究——以 SZAD 图书馆为例》,硕士论文,苏州大学,2011 年。

27. 葛延风、贡森:《中国医改:问题·根源·出路》,中国发展出版社 2007 年版。

28. 顾昕、高梦滔、姚洋:《诊断与处方:直面中国医疗体制改革》,社会科学文献出版社 2006 年版。

29. 桂欣：《英美医疗保障制度的比较与借鉴》，硕士论文，西南财经大学，2011 年。

30. 贾旋：《论中国准公共市场供给的公共风险规避》，硕士论文，上海交通大学，2007 年。

后　记

　　经过半年的准备、编写、修改和完善，《澳大利亚研究新进展（2012—2013）》终于付梓。《新进展》丛书每两年出版一辑，由上海大学澳大利亚研究中心成员对两年间中国澳大利亚研究的成果进行整理和总结，形成这本供澳大利亚研究学科的研究生和学者使用的工具书。编写《新进展》丛书看似是简单的工作，但是每个学科的发展都离不开此类基础性的工作。"不积跬步，无以至千里；不积小流，无以成江海"。

　　本辑《新进展》分为四编，共十四章，由上海大学澳大利亚研究中心成员带领学生助理完成，具体分工如下：

　　第一章：贾利军（助理：孙李婷）

　　第二章：吴怡（助理：郑秋仪、何启慧）

　　第三章：刘宁（助理：王一宁）

　　第四章：张倩（助理：刘恒）

　　第五章：王妍玲（助理：陈虹仪）

　　第六章：聂智（助理：邵彬栩）

　　第七章：徐晓红（助理：田佳玉）

　　第八章：顾海悦（助理：何田）

　　第九章：徐芳芳（助理：王雪琳）

　　第十章：何琳琳（助理：王雪琳）

　　第十一章：田圣炳、陈达

　　第十二章：张红艳（导师：龚思怡）

　　第十三章：薛颖玉（导师：胡笑寒）

　　第十四章：席丽明（导师：吴怡）

　　作为上海大学澳大利亚研究中心的常规科研项目，《新进展》丛书的编辑和出版得到上海大学悉尼工商学院的大力支持，在此谨表谢忱。诚挚感谢所有参与编写工作的研究中心成员，以及参与了整个文献资料搜集、整理、排版的学生助理。

　　最后，对文献资料的把握是一个主观加工的过程，在编纂过程中难免出现疏漏和纰误，恳请各位读者批评指正。